사랑하는데
나는 왜 고독할까

미학의 대가 쟝쉰이 알려주는
고독을 이기는 여섯 가지 방법

사랑하는데 나는 왜 고독할까

1쇄 인쇄 2018년 8월 20일
1쇄 발행 2018년 8월 31일

지은이   장쉰
옮긴이   김윤진
발행인   김우진

발행처   이야기가있는집
등록   2014년 2월 13일 제 2014-000062호
주소   서울시 마포구 월드컵북로 375, 2306(DMC 이안오피스텔 1단지 2306호)
전화   02-6215-1245 | 팩스 02-6215-1246
전자우편   editor@thestoryhouse.kr

ⓒ 장쉰, 2018

ISBN 979-77-86761-33-5 03100

이 도서의 국립중앙도서관 출판예정도서목록(CIP)은 서지정보유통지원시스템 홈페이지(http://seoji.
nl.go.kr)와 국가자료공동목록시스템(http://www.nl.go.kr/kolisnet)에서 이용하실 수 있습니다(CIP제
어번호: CIP2018025835).

- 이 책은 《고독육강》의 개정판입니다.
- 이야기가있는집은 (주)더스토리하우스의 단행본 브랜드입니다.
- 이 책 내용의 전부 또는 일부를 재사용하려면 반드시 양측의 동의를 받아야 합니다.
- 책값은 뒤표지에 있습니다.

사랑하는데
나는 왜 고독할까

장쉰 지음 | 김윤진 옮김

미학의 대가 쟝쉰이 알려주는
고독을 이기는 여섯 가지 방법

이야기가있는집

작가의 말

고독은 우리에게 많은 에너지를 선물한다.

고독은 삶을 원만하게 만드는 출발점이다.

자신과 함께 지낸 경험이 없는 사람은 타인과 함께 살아가는 방법
도 이해할 수 없다.

2002년 〈롄허聯合 문학〉에서 고독을 주제로 욕망의 고독, 언어
의 고독, 혁명의 고독, 사유의 고독, 윤리의 고독, 그리고 폭력의
고독 이렇게 여섯 마당의 강연 원고를 집필해 달라는 부탁을 받
았다.

'나는 고독을 즐기는 편인가?'

'나는 좀 더 외로워져도 괜찮을까?'

나는 슬그머니 자신에게 묻는다. 나는 고독을 갈망한다. 나는
고독을 소중히 여긴다. 마치 고독하기만 하면 삶이 풍부하고 화
려하게 변할 수 있을 것처럼 말이다.

지극한 사랑을 몸에 담고 있을 때, 나는 안다.

내가 처절하게 고독함을.

나의 모든 욕망이 비집고 들어올 틈이 없음을.

수많은 언어로 타인과 소통을 시도하는 순간, 나는 말이라고 하는 것이 결국 더욱 큰 고독임을 깨닫는다.

나는 가족과 사회라는 울타리 안에서 원만하고 화목한 모습을 연출하려고 시도해본다. 그런데 윤리라는 테두리 안에서 모두와 화목하게 지내는데 왜 나는 여전히 고독하다고 느끼는 것일까? 나는 폭력을 행사하는 사람을 보면 총소리로 사방을 쥐 죽은 듯 만들려고 시도해본다. 그런데 내 총소리는 단지 거대하고 공허한 고독의 메아리가 되어 돌아올 뿐이다.

나는 사회질서를 뒤집고, 계급 구조를 전복시키자는 혁명가의 외침을 듣는다. 그러나 혁명가는 문명의 폐허에서 숨을 헐떡이며 오열하고 있다. 혁명가의 최후의 숙명이 고독임을 처절하게 깨닫는다.

사실 미학의 본질은 아마도 고독일 것이다. 인류가 수천 년 동안 끊임없이 해온 생각이란 유한한 사고로 무한한 고독을 해석하려 했으니, 헛수고였음이 당연하다. 열심히 귀 기울일 필요는 없을지도 모르나, 나는 알 듯 모를 듯 내가 짊어진 고독의 세월을 벗 삼아 고독과 함께 살아왔다. 그 결과가 모인 것이 바로 이 책이다.

_장셴

4장_ 인간의 내면에 숨겨진 어둠

5장_ 생각하는 사람은 고독하다

6장_ 고독은 어떻게 완성되는가

"

사춘기 시절,

고독은 나에게 일종의 갈망이었다.

고독은 나 자신과

대화를 나눌 수 있도록 해주었다.

"

1장

고독은 나 자신과의
대화이다

　고독은 내가 가장 논하고 싶었던 주제다. 매일 아침 잠자리에
서 일어나 신문을 뒤적일 때면 모든 사건의 배후에 은닉된 고독
의 목소리를 느낄 수 있다. 떠들썩한 기사 뒤에서 왜　고독의 시
름이 느껴지는지 나도 이해할 수 없다. 단지 어렴풋하게나마 도
시의 소용돌이 속에서 오랫동안 무시되고 잊혀 영혼처럼 되어버
린 고독이 깊이 숨어 있다는 느낌만 받을 뿐이다.

나는 조금 다른 시각으로 뉴스를 바라보기 시작했다. 누가 옳고
그른지 따지지 않고 표상表象 그 너머에 자리한 은은하게 들리는
소리를 찾아 나섰다. 그리고 나는 나이와 성격, 계층을 막론하고
고독에 빠져 신음하는 사람들의 소리를 들을 수 있었다.

　크고 작은 섬에서 들려오는 개인의 사생활에 대한 폭로를 접
할 때, 나는 관찰자의 내면에 자리한 고독을 느낀다. 이런 때 그

는 누구와 대화를 할까? 아마도 그 누군가와 대화할 것이다. 그의 내면 깊숙이 자리한 고독은 무엇일까? 이런 물음이 내 가슴속에 오래도록 맴돌았다.

나는 법률에 귀속되는 판단과 도덕에 귀속되는 판단이 있다고 믿는다. 법률적인 것은 법률적인 것에, 도덕적인 것은 도덕적인 것에 귀속시키더라도 문학과 미학에 몸담은 사람으로서 나는 이들의 속사정에 관심을 갖고 새로운 시각으로 살펴야 한다. 모두들 요란을 떠는 미디어에 영합하여 사건 속의 인물을 비난할 때, 우리는 이들의 진실을 경청하는 것이 아니라 그저 습관적으로 끊임없이 떠들어대는 것일 뿐이다.

나는 왜 고독하다고 말하지 못하는가

나는 타이완의 역사적 발전 과정과 함께 성장했다. 내가 어릴 적 타이완은 유교 문화의 지배를 받는 가부장적 사회로, 나는 엄격한 가정교육을 받으며 자랐다. 아버지는 아이들은 입만 열면 언제나 헛소리를 한다고 여기는 분이셨기에 집에서 좀처럼 입을 뗄 수 없었다. 게다가 설 무렵이 되면 해선 안 되는 일이 엄청나게 많아졌다. 특히 입 밖으로 내놓을 수 없는 말이 참 많았다. 예를 들어, 죽음을 뜻하는 '쓰死'라는 글자나 이와 발음이 비슷한 글자는 절대 입 밖으로 내뱉을 수 없었다.

설이 다가올 때면 어머니는 내게 금기 목록에 올라 있는 불길한 단어들을 사용하지 말라고 신신당부하셨다. 하지만 희한하게도 평소에는 잘 사용하지 않던 이런 단어들이 설만 되면 그냥 술술 입 밖으로 쏟아져 나와 벌을 받기 일쑤였다. 보다 못한 어머니께서는 붉은색 종이 한 장을 벽에 붙여놓으셨다. 종이에는 "어린아이가 하는 불길한 말은 귀담아 듣지 말자"라고 쓰여 있었다.

꼭 설이 아니더라도 속내를 털어놓거나 어떤 얘기를 하려면 제약이 아주 많았다. 그래서 내가 문학에 더욱 깊이 빠져든 것인지도 모른다. 문학작품을 읽을 때면 작품 속 등장인물과 대화를 나누거나 혼잣말을 하기 일쑤였다. 이런 것이 바로 고독이다. 이런 고독은 그리움을 품고 있다. 그 속에 뭔지 모를 것이 가득 차 있다.

나날이 과학기술이 발달하면서 정보의 흐름은 더욱 빨라지고 있다. 전화를 비롯해 자동응답기, 문자, 팩스, 이메일 등 정보 전달 수단 역시 날로 진화하고 있다. 하루하루 우리에게 유입되는 정보의 양 또한 기하급수적으로 늘어나 넘쳐나는 정보 속에서 미아가 되기 일쑤다. 여행에서 돌아와 메일함을 열어볼 때면 잔뜩 쌓여 있는 스팸메일을 휴지통에 버린 후에야 대중 속의 '나'가 아닌 특정한 개인으로서의 '나'를 수신인으로 하는 메일을 읽을 수 있다. 이렇듯 넘쳐나는 목소리 속에서 사회는 갈수록 고독해지고 있다.

사회에서 느끼는 고독감은 몇 년 사이에 급속도로 불거지고 있다. 텔레비전이나 라디오에선 시청자나 청취자가 참여하는 형식의 프로그램이 넘쳐난다. 그 어디에도 침묵은 존재하지 않는다. 모두가 목소리를 높여 자신의 의견을 이야기하기에 바쁘다. 나는 이런 프로그램에서 소리 높여 말하는 참여자를 보며 현대인의 뿌리 깊은 고독을 느낀다.

더욱이 시청자 참여 프로그램은 시간제한이 있다. 자신의 이야기를 하는 데 겨우 10여 초 정도만 허용된다. 이야기가 채 끝나지 않았는데도 중간에 잘려나가기 일쑤다. 모두가 다급하게 자신의 이야기를 하지만, 모두가 이야기를 끝맺지 못한다. 통신 기술이 빠르게 발달하였으나 우리 가슴속에 자리한 거대한 황량함과 고독감을 돌보기에는 모자라다.

토막 나버린 이야기를 들으며 문득 나는 도중에 잘려나간 사람들의 이야기가 궁금했다. 이들의 못다 한 이야기를 마저 듣고 싶다. 토막 난 말의 틈에서 사회자도 당황스러울 것이다. 그래도 그나마 자신의 목소리를 낼 수 있다면 행운이다. 프로그램의 막바지에는 시청자 참여의 기회는 사라지고 찬성과 반대를 선택하는 방식으로 텔레비전 화면에는 찬성과 반대를 나타내는 숫자만이 크게 떠오른다.

나는 고독하다, 고독하다

내가 이야기하고 싶은 것은 바로 인간은 자신을 마주할 기회를 상실한 데서 오는 고독이다. 계속되는 자극으로 가슴속 이야기를 버림으로써 자신과 대화하는 방법을 상실했다.

고독은 결코 나쁜 것이 아니다. 고독이 좋지 않게 비쳐지는 것은 우리가 고독을 두려워하기 때문이다. 이를 견디지 못해 고독과 멀어지는 방법을 찾을 때, 우리는 두려움에 떨게 된다. 자기 자신과 잘 지내지 못하는 사람은 다른 사람과 어울리는 것 역시 힘들다. 다른 사람과 잘 어울리지 못하고 커다란 허무감에서 헤어나올 수 없는 사람들은 이렇게 고백한다.

"나는 고독하다. 나는 고독하다. 나는 반드시 이 고독에서 벗어나야 한다."

그러나 고독에서 헤어나려고 성급히 행동하는 것이야말로 고독을 깊게 하는 원인임을 이들은 미처 모르고 있다. 고독이라고 해서 그 모습이 모두 같은 것은 아니다. 연령대가 다르면 마주하는 고독의 형태도 다르다.

내 또래의 사람이라면 중·고등학교 시절 한 사람을 아주 오랫동안 짝사랑해본 경험이 있을 것이다. 연애 경험이 없었던 우리는 감히 상대를 마주볼 엄두조차 못 내고 고작 시나 일기 따위를 쓰면서 자신의 감정을 표출하였다. 거기에 담겨 있던 섬세한 글들이 얼마나 절절하고 아름다웠는지. 오랜 시간 한 획 한 획에 사랑하는 마음을 아로새긴 그 글들은 그 자체로 시이고 노래였다. 이것을 불쾌함과 불만족스러움을 수반하는 욕망의 결여라고 할 수 있을까? 돌이켜보면 우리는 그때 자신과 연애에 빠져 있었는지도 모른다.

여러 사람의 경험을 빌리자면, 첫 번째 연애 상대는 바로 자기 자신이다. 우리는 짝사랑을 하면서 자신의 좋은 면을 발전시킨다. 삶을 서서히 바꿔나가고, 완벽한 아름다움을 지닌 자아로 발전시키기를 욕망한다. 짝사랑에 빠진 사람은 아무런 이유도 없이 나무 그늘이나 온갖 꽃이 피어 있는 곳에 한없이 넋을 놓고 서 있거나, 삶이란 무엇인가 하는 물음에 빠져들거나, 옷을 입고 치장을 하는 등 자신의 모습을 가꾸는 데 점점 신경을 쓰기 시작한다. 그리고 짝사랑하는 그 사람 앞을 우연인 듯 지나쳐 가면서 상대가 자신을 바라봐주기를 바란다.

몇 해 전 한 대학에서 강의를 하게 되었다. 그런데 한 여학생이 매일 잠이 모자란 얼굴로 수업에 들어왔다. 어느 정도 시간이 지나자 이 여학생은 내게 인터넷을 통해 4명의 남자와 교제하고 있다고 은밀히 이야기했다. 이들 4명을 상대하느라 그 여학생은 이름도 성격도 판이하게 다른 1인 4역을 하고 있었다. 호기심이 생긴 나는 젊은이들의 교제 방식을 이해하기 위해 인터넷 사이트에 접속해보았다. 나는 순전히 이 여학생 덕분에 컴퓨터, 그리고 인터넷과 인연을 맺게 됐다.

욕망의 고독은 그 본질상 좋고 나쁨의 구별이 없다. 욕망은 영원히 변하지 않는 물건이나 다름 없다. 우리 몸이 성장한 후에 우리는 우리 밖에 존재하는 또 다른 몸을, 어떻게 불러도 상관없지만, 더 많이 이해하고 포용하고 사랑하기를 갈망한다.

인간은 원래 고독한 존재이며, 고독은 인간의 본질이다. 2000여 년 전 플라톤의 말처럼, "우리 모두는 반으로 쪼개놓은 불완전한 개체다. 우리는 평생토록 나머지 반쪽을 찾지만 반드시 찾는다는 보장은 없다. 왜냐하면 반쪽이 된 사람이 너무 많기 때문이다." 우리는 때로 나머지 반쪽을 찾았다고 행복해하기도 하고, 때로 영원히 찾을 수 없으리라 절망하기도 한다.

전통사회에서 우리는 오랫동안 또 다른 반쪽을 찾았다고 생각했다. 평생 오직 한 번의 기회만 있었으므로 제대로 찾았든 제대로 찾지 못했든 모두 자신의 반쪽을 찾았다고 생각할 수밖에 없었다. 그러나 지금은 다르다. 앞서 이야기한 그 여학생처럼, 오늘날 우리는 서로 다른 여러 가지 모습으로 자신의 반쪽을 찾고 있다. 그 여학생은 자신에게 가장 적합한 나머지 반쪽을 찾을 권리가 있다고 생각한 것이다. 어쩌면 네 가지 서로 다른 모습으로 반쪽을 찾고 있는 그녀가 나보다 진정한 반쪽을 찾을 기회가 많은 것은 아닐까.

내가 오로지 하나의 모습이라면 평생 하나의 반쪽밖에 찾을 수 없을 것이다. 그러나 네 가지 모습으로 반쪽을 찾는다면 잘못된 반쪽을 찾았을 때는 언제든 버리고 다시 찾을 수 있을 것이다. 그렇다면 그 여학생에게 더 많은 기회가 있는 것이 아닐까? 나는 수학을 못하기 때문에 비교도 못한다. 플라톤의 말처럼 모든 사람이 반으로 나뉘어 있다면 이 문제에 대한 다양한 해석을 해볼 수 있을 것이다. 하지만 나는 그렇게 생각하지 않는다. 설령 서로 다른 문화, 서로 다른 철학을 소유하고 있을지라도 고독은 우리 삶 속에서 절대적으로 피할 수 없는 명제라고 나는 믿는다.

'나'는 어디에서 왔을까

앞으로 윤리의 고독을 이야기할 때 유교 문화에서부터 이야기를 풀어나가야 한다. 유교 문화는 고독에 대해 언급하기를 싫어한다. 오륜五倫은 물론이고 유교에서 부르짖는 '군군君君, 신신臣臣, 부부父父, 자자子子', 즉 임금은 임금다워야 하고, 신하는 신하다워야 하고, 아비는 아비다워야 하고, 자식은 자식다워야 한다는 의미는 한 생명이 태어난 후 주변인들과의 상대적인 관계를 논한 것이다. 유교 문화에서는 인간은 고독을 논할 수 없다. 고독을 토로하는 것은 자신의 불완전함을 드러내는 것이기 때문이다. 유교에서 주장하는 대로 아비는 자애롭고, 아들은 효성스럽고, 형제는 서로 우애가 깊고 공경하며, 부부는 화목해야 하기 때문에 부자지간, 형제지간, 부부지간에 고독을 느껴서는 안 된다.

그런데 유교가 정의한 윤리는 일종의 외재적 형식이라는 느낌이 강하게 들지 않는가! 앞에서 이야기한 대로 '기회는 단 한 번뿐, 그런데 찾은 반쪽이 진정한 반쪽이 아니어도 더 이상 찾을 기회가 없다면' 우리 마음 저 밑바닥에 가장 무겁고, 황량한 고독이 찾아올 것이다.

"부모님 앞에 서면 너무 고독하다." 이렇게 이야기하면 여전히 유교 사상의 지배를 받는 우리 사회에서는 당연히 비난을 받겠지만, 이것은 사실이다. 사춘기 시절, 부모님과 대화를 나눌 때 나는 가장 깊은 고독을 느꼈다. 부모님은 내가 무슨 말을 하는지 이해하지 못하셨다. 나도 부모님이 무슨 말씀을 하는지 이해할 수 없었다. 그렇다고 부모님에 대한 나의 사랑이나 혹은 나에 대한 부모님의 사랑이 부족했던 것은 아니다.

어렸을 때는 내가 부모님의 이야기를 듣거나, 부모님이 내 이야기를 듣는 데 문제가 없었다. 그러나 성장하면서 나는 슬그머니 독서에 빠져들었고, 음악에 매료됐고, 영화를 탐닉했다. 부모님께는 이런 이야기를 할 수 없었다. 갑자기 또 다른 세계를 소유하게 된 듯했다. 이 세계는 지극히 개인적이고 지극히 은밀하고 지극히 위대했다. 나는 이 세계에서 생명의 본질에 대해 사유했다. 부모님의 세계 속에서는 이런 것들을 찾을 수 없었다.

나는 금기를 깨뜨리려고 시도한 적이 있다. 저녁 준비로 한창 분주하게 움직이는 어머니께 "나는 어떻게 생겨났어요?" 하고 물었다. 어머니는 정확한 답을 피하셨다. 그저 "주워 왔어"라고 말씀하셨다. 나중에 다시 물어봤지만, 어머니의 답은 대체로 비슷했다. 내가 계속 캐물으면 어머니는 성가시다는 듯 "겨드랑이에서 생겼지"라고 말씀하셨다.

당시 열세 살이었던 내가 궁금했던 것은 내 몸이 어떻게 생겨났는지가 아니었다. '나는 어디에서 왔으며 어디로 가는가', 다시 말해 죽음과 삶에 대한 질문이었다. 당시 내 일기장은 이런 질문에 대한 쓸데없는 망상들을 적어놓은 글귀로 빼곡했다. 어느 날 내 말뜻을 이해한 어머니는 정색을 하고 내게 이렇게 말씀하셨다.

"쓸데없는 생각 그만해."

이 질문은 내 인생에서 고독에 대해 던진 최초의 질문이었다. 나는 고독을 느꼈기 때문에 이런 질문을 한 것인데, 입도 떼지 못하도록 시작부터 봉쇄당했다. 유교 문화나 전통적으로 자녀를 교육하는 방식에서 고독은 발붙일 곳이 없었다.

나는 비뚤어지기 시작했다. 나는 나 자신을 방에 감금시킨 채, 두문불출했다. 어머니는 갖은 구실을 만들어 내 방문을 두드렸다. 예를 들면 "따뜻한 차 좀 마실래?", "닭을 푹 고았어. 나와서 먹어보렴" 하고 말이다. 어머니는 평생토록 고독이 얼마나 중요한지 알지 못하셨지만, 고독이 얼마나 위험한지는 아셨던 것 같다. 부모님은 내가 방에서 무엇을 하는지 모르시면서도 날 혼자 두려고 하지 않으셨다. 부모님은 '얘가 어디 아픈 건 아닐까?', '혹시 무슨 문제가 있는 걸까?', '왜 방에서 나오지 않는 거지?' 등등 온갖 걱정을 하며 내 방문을 두드렸다.

당시 나는 삶에 대한 갈망의 일종이라 할 수 있는 고독에 탐닉하고 있었다. 고독은 나 자신과 대화를 나누게 해주었으며, 문학 속에서 나의 삶을 탐구하게 만들었다.

중국의 여류 소설가 장아이링張愛玲은 자신의 소설 속에서 "전통적인 중국 사회에서 사람들은 새벽 5시에서 6시쯤 자리에서 일어났다. 만약 이 시간에 방문을 열지 않는다면 집에서 나쁜 일을 한다는 의미였다"라는 이야기를 했다. 예전에는 이 이야기를 전혀 이해할 수 없었다. 그러나 장아이링이 자랐던 전통사회에서는 정말 그랬다. 내 또래의 사람들 중 도회지에서 벗어난 읍내나 시골에서 살았던 사람들은 어렸을 적 이 집 저 집 놀러다녔던 기억이 있을 것이다. 지금처럼 친구 집을 방문하기 전에 전화를 걸어 "너희 집에 놀러가도 괜찮을까?" 하고 물어보지 않았다.

어렸을 적 이모가 우리 집에 자주 놀러오셨다. 그런데 이모는 우리 집의 정확한 주소를 모르셨다. 그저 막연히 우리 집 근처의 골목 어귀에 이르렀다 싶으면 이모는 큰 소리로 어머니가 나타날 때까지 계속해서 불러댔다. 어머니는 그 소리를 듣고 대문 밖으로 나가 이모를 모셔왔다.

유교 문화는 사생활을 논하지 않는다. 유교 문화는 개인의 은

밀한 사생활을 중시하지 않는다. 장아이링의 소설을 비롯해 전통사회를 다룬 소설들은 많은데, 그 중 신혼부부와 시부모가 얇디얇은 판자벽을 사이에 두고 한 집에서 함께 사는 이야기가 흔히 나온다. 신혼부부는 밤에 사랑을 나눌 때도 감히 교성을 낼 수 없었다. 이렇듯 개인의 지극히 사적인 공간조차 불허하는 문화에서 고독은 그 존재 자체가 부정될 수밖에 없다.

고독을 인정하지 않는 시대에 자란 내가 고독이 만연한 지금 이 시점에 하려는 이야기는 어떻게 하면 우리의 내면에 자리한 고독을 몰아낼 것인가가 아니라 어떻게 하면 고독을 완성할 것인가, 어떻게 하면 고독을 베풀 것인가, 어떻게 하면 고독을 존중할 것인가에 관한 것이다.

고독을 짊어지다

아주 많은 사람이 유교 문화가 천천히 사라져가고 있다고 말한다. 그러나 나는 그렇게 생각하지 않는다. 고독이 이해받지 못하고 있다면, 개인의 은밀한 사생활이 미디어에 거리낌 없이 공개되고 있다면, 그리고 그런 이야기를 떠들어대는 사람들이 있다면 이는 유교 문화가 우리 삶 구석구석에서 여전히 그 영향력을 행사하고 있다는 의미다. 유럽 사회에서는 개인의 사생활이 공개되는 경우가 극히 드물다. 이는 유럽 사람들이 고독을, 사생활을 존중하고 있다는 방증이다. 아울러 이들은 공적인 부분과 사적인 부분을 확실히 구분 지으며, 각자 자신의 고독을 짊어질 것을 요구한다.

우리는 이 문제를 두 가지 측면에서 다뤄볼 수 있다. 하나는 우리가 다른 사람의 고독을 불허한다는 것이고, 다른 하나는 우리가 고독을 두려워한다는 것이다. 우리는 타인의 고독도 허락하지 않는다. 우리는 고독한 사람들을 끌어내 공공의 관심을, 혹은 감시를 받도록 해야 직성이 풀린다. 또 고독을 두려워하기 때문에 끊임없이 나는 고독하지 않다고 공공연히 떠벌리도록 강요당한다.

1949년, 중국 대륙은 하늘과 땅이 뒤집히는 대혁명을 경험했다. 1970년대 유럽에서 유학할 당시, 내 주위에는 대륙에서 온 유학생이 많았다. 대부분 1950년대, 1960년대를 모두 대륙에서 보낸 사람들이었다. 이들이 해준 말 중 잊히지 않는 것이 있다. "어떤 반 우파 운동을 막론하고 맨 처음 발언하는 사람과 맨 마지막에 발언하는 사람은 온전할 수 없다. 그만하면 됐다 싶을 때, 사회집단이 대충 그 의미를 파악하게 됐을 때 발언하되, 맨 마지막 발언자가 되면 안 된다. 왜냐하면 비판받기 십상이기 때문이다."

이는 유교 사상을 보여주는 전형적인 말이다. '중용中庸의 도'를 지켜야 하기 때문에 첫 번째가 되어서도 안 되고 맨 마지막이 되어서도 안 된다. 그러나 세속에 구애받지 않고 스스로 믿는 바를 행하는 것은 매우 어려운 일이다. 유교 사상은 공동체 문화를 찬양한다. 나는 공동체 문화를 찬양하는 태도가 옳지 않다고 주장하는 것은 아니다. 유교 사상은 농업을 기반으로 하므로 공동체와 밀접한 관련이 있을 수밖에 없다. 공동체는 모든 구성원이 정해진 규칙을 준수해야 한다. 그래야만 비로소 생존의 조건을 갖추게 된다. 가난한 농업사회일수록 더욱 그렇다. 이런 상황에서 독자적인 행동은 공동체를 파괴할 수 있는 위협으로 간주되어 질책을 받게 된다.

5·4운동은 중국 근대사회의 매우 중요한 분수령으로, 인성을 각성하게 된 계기로 알려져 있다. 이 운동을 백화白話운동이라고도 부르는데, 나는 이 운동을 그렇게 단순화해서는 안 된다고 생각한다. 5·4운동이 탐구했던 바는 인성의 가치 변화로 유교 문화, 다시 말해 공동체 문화에 대한 대항이라고 할 수 있다. 5·4운동은 민주와 과학 두 가지 구호를 외쳤다. 민주주의를 뜻하는 영어 단어 데모크라시democracy의 어원은 그리스어 '데모스demos, 민중'와 '크라토스kratos, 지배'다. 이는 단 한 사람이라도 마땅히 존중받아야 하며, 이것이 곧 민주주의의 기초임을 의미한다. 집단에 치중하다 보면 소수의 개체를 돌볼 여력이 없어져 한 개인의 의견은 말할 것도 없이 3분의 1의 의견조차 나머지 3분의 2보다 열등하게 취급받는다.

루쉰魯迅은 소설 《이혼》과 《술집에서》라는 소설을 통해 고독한 사람이 사회집단의 압박에 직면했을 때 감당해야 하는, 죽음보다 고통스러운 삶에 관한 이야기를 담고 있다. 《광인일기》의 금세 미쳐버릴 것 같은 주인공은 '사람을 잡아먹는 예교禮敎'의 죄악상을 낱낱이 고발한다. 한 마을에서 세 명의 남자가 한 여인의 정절을 두고 왈가왈부하기 시작하자 어느새 그 마을의 모든 남성이 여인의 정절을 두고 감 놔라 배 놔라 한다. 결국 그 어떤 법의 심판도 없이 마을의 모든 사람이 사당 안에 있는 여인에게 칼과 밧줄, 독약을 들이밀며 자결을 강요한다. 이것이 바로 사회집단의 공권력이다. 이 공권력은 어떤 법률보다 큰 힘을 갖고 있다.

1920년대 선충원沈從文은 멋진 소설을 발표했다. 부드러운 바람이 불고 햇빛이 찬란한 어느 날, 남녀가 손을 잡고 서로에게 몸을 기댄 채 길을 걷고 있었다. 마을 사람들은 미풍양속을 해친다며 이들을 비난했고, 이들은 곧 현縣을 다스리는 현장縣長 앞으로 끌려갔다. 현장은 탁자를 쾅쾅 내리치며 고함을 질렀다. 구경꾼이 구름 떼처럼 몰려든 자리에서 이들에게 도끼로 목을 베라는 선고가 내려진다. 그런데 형이 실행되기 직전 이들이 부부임이 밝혀진다. 동족侗族이었던 그들은 풍습을 따른 것이었다. 중국 소수민족 중 하나인 동족은 한족漢族처럼 유교 규범에 억압받지 않았다. 이들은 연애할 때에는 노래를 부르고, 춤을 추고, 손을 잡았다.

고독을 거부하는 사회

파리에 처음 가본 중국인이라면 대부분 매우 당황스러울 것이다. 파리의 지하철은 네 개의 좌석이 서로 마주보고 앉도록 되어 있다. 지하철을 타다 보면 앞좌석에 앉은 연인들이 진하게 입맞춤하는 모습을 바라보게 되는 경우가 비일비재하다. 그러나 이렇게 진하게 키스를 하다가 타액이 흘러나오는 모습을 보더라도 못 본 척해야 한다. 왜냐하면 나와 전혀 상관없는 일이기 때문이다. 그들의 사생활을 엿본 내가 잘못이지 그들의 잘못이 아니다. 이런 모습을 볼 때마다 나는 선충원의 소설이 떠올랐다. 이는 서로 다른 문화의 고독에 대한 해석이라 할 수 있다.

신들의 금기를 깨고 올림포스 산에서 인간 세상으로 불을 전해준 프로메테우스Prometheus는 제우스에게 벌을 받았다. 쇠사슬로 바위에 묶인 그는 아침이 되면 독수리의 예리한 발톱에 가슴을 찢기고 간과 폐를 쪼아 먹혔다. 그러다 저녁이 되면 상처가 치유되며 새로 간과 폐가 자라났다. 그는 매일매일 이 같은 고통을 참아내야 했다. 이것이 그리스 신화에 나오는 비극적 영웅의 원형이다. 그러나 현실 사회에서 우리는 세속에 구애받지 않고 홀로 살아가는 사람을 좋은 사람이라고 생각하지 않는다.

루쉰의 소설《약》은 추진秋瑾이라는 한 여인의 이야기로, 삶과 죽음의 강렬한 대비가 매력적인 소설이다. 마을에 폐결핵에 걸린 아이가 있었는데, 사람들은 유일한 치료법이 방금 목이 잘린 사람에게서 뿜어져 나오는 피를 받아 만두에 적셔서 먹는 것이라고 믿었다. 사회를 개혁하려던 추진이 공개처형으로 참수되자 우매한 민중은 뜨끈뜨끈한 만두를 선혈에 담갔다가 아이에게 먹인다.

나는 5·4운동이 항거하는 것이 바로 집단 문화 속에 존재하는 경악할 만한 어리석음이며, 바로 이것이 고독한 추진을 형장으로 걸어가도록 만들었다고 생각한다. 과연 추진의 죽음은 가치 있는 일이었을까? 그녀의 선혈이 단지 폐결핵에 걸린 아이 하나만을 살리기 위한 것이었을까?

루쉰의 소설《광인일기》나《약》은 모두 전통사회에서 부딪히는 억압에 따른 고독을 다루고 있다. 그의 또 다른 소설《고독한 사람》,《술집에서》는 고독이라는 주제를 매우 명확히 다루고 있다. 루쉰은 고독한 사람이었다. 고독은 그를 줄곧 공동체에서 도망치게 만들었다. 우리는 그를 작가나 문학가로서뿐만 아니라, 세속에 구애됨 없이 자신의 신념대로 행동하고 고독을 즐긴 사람으로 바라보아야 한다. 잡지 〈신청년〉에 첫 작품을 발표한 루쉰은 중국 근대화의 기수라는 극찬을 받게 된다. 그러나 고독한 사람은 기수가 될 수 없다. 기수가 되면 수많은 추종자가 따르게 마련이고, 이는 고독과 모순되는 일이다.

그래서 그는 도망치려 했다. 그래서 그는 도망쳤지만 오히려 좌익연맹 지도자로 추대됐다. 공산당조차 그를 가장 훌륭한 문학가로 여겼다. 타의에 의해 집단에 연루되는 것이 두려웠던 그는 다시 도망칠 수밖에 없었다. 그는 줄곧 도망쳤다. 영혼의 사유자는 고독해야만 하기 때문이다.

산산조각 난 고독

유교 문화는 윤리를 바탕으로 한 상호관계를 중시하므로 유교 문화의 지배를 받는 사회에서 개개인의 고독은 억압을 받았다. 당연히 그 고독을 표현할 수도 없었다.

한나라 무제武帝는 오로지 유교의 학술에만 굴복했기에 유교 문화는 정통 문화가 됐고 역대 군주들도 이를 추종했다. 그러나 유교 문화는 단순한 철학 사상이 아니었다. 공자孔子의 제사를 모시는 것을 군주가 마땅히 행할 바로 삼는 등 공권력에 침투한 유교는 공동체의 틀을 유지하는 중요한 규범이 됐다. 공자라 해도 어찌 할 수 없는 이런 상황에서 고독은 산산이 부서지고, 개인은 절대로 이에 맞설 수 없게 됐다.

다행히 우리에게는 노자老子와 장자莊子가 있었다. 노자와 장자는 고독과 도피를 격려했다. 장자는 "고독과 천지의 정신은 서로 왕래한다"라고 이야기했다. 한 인간이 살아가면서 고독과 천지의 정신과 대화하는 것은 인간과 대화를 하는 것이 아니기에 유학 전통의 시각에서는 이단으로 취급받았다. 이 훌륭한 가르침은 시종일관 정통이 될 수 없었다. 노장 사상은 문인들이 벼슬에서 물러나거나, 실의에 빠지거나, 정치적으로 좌절을 맛본 후 자연으로 돌아가야 할 때 표출되는 일종의 멋이었다. 그렇기 때문에 노장 사상은 확고한 시대적 분위기로 자리 잡을 수 없었다.

역사적인 시대 구분을 따라가보면 위진남북조魏晉南北朝 때 유교 세력이 쇠퇴하면서 고독한 사람들, 이른바 죽림칠현竹林七賢이 출현했다. 그러나 이 시대는 한나라, 당나라, 송나라, 원나라, 명나라, 청나라처럼 대변혁의 시대가 되지 못했다. 나는 "죽림칠현에 관한 이야기를 읽으면, 수천 년에 걸친 길고 긴 중국 문화 속에서 드물게 출현한 고독한 자의 표정을 볼 수 있다"고 얘기한다. 고독한 이들은 대부분 비극적으로 생을 마감했다. 이들은 고독의 깃발을 들고 집단의 타락에 항거했다.

나는 죽림칠현의 '휘파람을 불다'라는 의미의 '소嘯'라는 글자를 좋아한다. 이 글자는 이후 무협소설에서만 애지중지하는 글자가 됐다. '협俠'이라는 글자는 마지막까지 고독을 보유하고 있었지만, '사士'라는 글자는 곧바로 정계를 향해 나아갔다.

많은 사람이 즐겨 읽는 무협소설은 거대한 고독을 품고 있다. 황약사黃藥師, 진용의 무협소설에 나오는 천하오절 중 한 사람를 괴상한 사람이라 생각하는가? 진용金庸의 소설 속 인물들은 너나 할 것 없이 고독하다. 이들은 세속과 인연을 끊고 아무도 모르게 꾸준히 무공을 연마했다. 고묘파古墓派의 소룡녀小龍女는 산송장 같지 않은가? '산송장'은 살아 있는 모든 사람에 대한 반항이다. 살아 있는 사람은 더 이상 살아 있는 사람이 아니고, 죽은 사람이 되어야 비로소 살아날 수 있었다. 이는 한마디로 반전의 논리다. 우리가 무협소설을 즐겨 읽는 것은 소설 속 인물들이 정상을 향해 걸어갈 때 이들이 보여주는 정신적인 고독과 적막에 매료되기 때문이다.

욕망의 출구를 찾아서

내 욕망이 비등점을 향해 치달았던 시기는 중학생 때다. 당시 우리 반에는 외설스러운 사진이며 음란소설들이 돌아다니긴 했지만 그리 흔하진 않았다. 대신 우리 반 남학생들은 도시락을 먹으며 무협소설을 보았다. 욕망은 가변적이다. 극에 달한 번민 속에서 욕망은 고독으로 변하기도 하는데, 이런 점을 알지 못하면 욕망이 가변적이라는 사실을 이해하기 어렵다. 왜냐하면 욕망은 쉽게 해소되기 때문이다. 외설스러운 사진을 보고 음란소설을 읽으면 가볍게 생리적인 욕망을 해결할 수 있다. 하지만 고독은 이처럼 쉽게 해소되지 않는다. 우리는 한 가지 사실을 소홀히 하기 일쑤다. 바로 청소년 시기에 욕망의 변환은 매우 멋진 과정이라는 사실 말이다.

나는 특별한 소년이었다. 나는 무협소설을 읽지 않았다. 누나의 영향을 받아《홍루몽》이나《제인에어》같은 문학적인 작품을 읽었다. 그러나 욕망을 변환하려는 본질은 크게 다를 바 없었다. 욕망을 해소하는 가장 저급한 방식은 성인비디오를 보거나 음란소설을 읽으며 감각기관을 자극하는 것이다. 그러나 감각에 불을 지피는 것은 종종 더욱 깊은 고독을 초래한다. 이는 곧 무협소설이나 혹은 문학소설 탐독의 변환으로 넘어가게 마련이다.

나는 아직도 친구들이 어느 산에 가야 은거하는 고수를 만날 수 있을지, 어떤 무공이 《달마역근경達摩易筋經. 달마가 창시했다고 전해지며, 소림사의 모든 승려가 수련하는 무공 중 하나》수준에 도달할 수 있을지 알아내려고 애쓰던 모습을 기억한다. 어떤 친구는 한 손으로 들기에 벅찰 정도로 두꺼운 《달마역근경》한 권을 모조리 필사하기도 했다. 이는 불가사의한 욕망의 전환으로, 친구들은 적극적으로 삶의 또 다른 출구를 찾고 있었던 것이다.

여성의 신체 구조와 심리 상태는 남성과 다르다는 것을 당시의 나는 이해하지 못했다. 만약 당시 인기있던 《창문 밖》같은 소설을 읽고 그 내용을 곱씹어보았다면 욕망 전환의 실마리를 발견할 수 있었을 것이다.

《창문 밖》은 여학교 학생이 선생님과 사랑에 빠진다는 통속적인 이야기로, 많은 사람이 이 소설을 읽으며 눈물을 흘렸다. 이는 문학적 가치 때문이라기보다 독자가 자신의 가슴속에 품고 있는, 다른 사람에게 털어놓을 수 없는 고독과 관련된 일차원적 만족을 얻은 데 따른 것이라고 봐야 할 것이다. 우리가 마주하는 고독의 형식은 다양하며, 얻을 수 있는 답안도 다양하다.

욕망의 고독을 이야기할 때, 청소년기는 아주 중요한 시기다. 욕망의 고독이 생리적 발육에 의한 것이라면 전통적인 경전 중 어떤 책이 욕망의 고독에 해답을 줄 수 있을까?《논어》일까?《대학》일까?《중용》일까? 아니면《십삼경十三經》의 어느 한 부분일까?《시경》에 그 해답이 조금 나와 있다.

물수리 우는 소리, 강 모래 섬에서 들리네關關雎鳩 在河之洲.
아름다운 아가씨는 군자가 찾는 좋은 배필이라네窈窕淑女 君子好逑.
_《시경》305수 중 첫 번째 작품

새를 빗대어 남녀 간의 사랑을 노래한 시다. 그런데《시경》의 해설서인《모시서毛詩序》에서 이것이 '황후와 비빈의 덕后妃之德'이라 했으니 단순한 욕망은 아닌 셈이다.

사실, 전통적인 경전에는 고독을 갈망하는 존재가 없다. 모두 한 꺼풀 감춰져 있다. 그렇다면 이런 문화에 몸담고 있던 청소년들은 어떻게 욕망의 고독을 해소했을까? 되돌아보면 나는 청소년기에《논어》를 암기하고,《대학》을 암기하고,《중용》을 암기했다. 이는 물론 훌륭한 책이지만 해소하지 못한 욕망으로 격동하는 청소년기와 관련된 부분은 너무 적었다.

그러나《홍루몽》은 당시 나와 비교적 가까운 내용이었다.《홍루몽》속 열세 살짜리 가보옥賈寶玉은 성에 대한 환상을 갖고 있었다. 심지어 이 책에는 몽정에 대한 이야기도 나온다. 이 부분을 읽으며 나는 깜짝 놀랐다.

요즘 이 대목을 읽어보더라도 많은 사람이 깜짝 놀랄 것이다. 작가는 성실하게도 보옥의 나이가 열셋이라고 알려준다. 사실 요즘의 청소년을 생각해보면 열세 살짜리 사내아이에게 몽정은 조금도 특별한 일이 아니다. 그런데 이 소설은 아주 오랫동안 아이들에게 금서였다. 더욱 흥미로운 사실은 소설 속에서 보옥과 대옥黛玉이 고전문학인《모란정牧丹亭》,《서상기西廂記》를 훔쳐봤다는 것이다.《서상기》를 슬그머니 훔쳐보던 두 아이는 옥신각신한다. 대옥은 보옥에게 "내가 이르면, 외삼촌은 널 반쯤 죽여놓으실 거야"라고 을러댄다.《서상기》는 당시 금서였다. 아름다운 고전작품《모란정》조차 금서였다니, 전통 문화 속에서 욕망의 고독이 얼마나 심각하게 억압받았는지 충분히 짐작할 수 있을 것이다.

고독을 노래하다

그런 까닭에 유교의 도그마에 반격한 인물은 적지 않았다. 죽림칠현 역시 심하게 반항했지만 그 결과는 고통스럽기 그지없었다. 앞서 언급한 '소嘯'라는 글자는 입을 가리키는 '구口' 자 옆에 엄숙하다는 의미의 '숙肅' 자가 붙어 있는 모양새다. 이는 고독한 사람이 수많은 산과 골짜기를 다니며 입을 크게 벌려 외치는 모습을 상징한다. 지금은 완적^{阮籍}을 비롯한 죽림칠현의 외침을 들을 수 없지만 그들의 마음을 짐작해볼 수는 있다.《세설신어^{世說新語}》에는 완적이 휘파람을 불 때마다 산이 울고 골짜기가 대답했으며, 그의 휘파람 소리는 폐부에서부터 터져 나와 뜨거운 눈물이 떨어뜨리게 만드는, 모두가 깜짝 놀랄 만한 소리였다고 씌어 있다.

나는 그의 휘파람 소리가 무척이나 가슴 뭉클했으리라 생각한다. 많은 사람이 '소^嘯'를 "노래를 부른다"라는 뜻으로 이해하지만, 사실은 그렇지 않다. 루쉰의 문집《외침》처럼 큰 억압 속에서 울부짖는 소리를 말한다. 고독한 자들은 산 속에서 이러한 불가해한 소리로 울부짖었던 것이다. 이 글자가 지극히 고독한 글자임을 이해하려면《세설신어》를 읽어보라. 이 글자는 후에 무협소설《소오강호^{嘯傲江湖}》에 남게 됐다. 그런데 나중에 이 책의 제목을《소오강호^{笑傲江湖}》로 바꿔 '소^嘯'를 웃음을 뜻하는 '소^笑'로 와전시켜 더 이상 가슴 저 밑바닥에서 터져 나오는 외침이 담고 있는 슬프고도 분한 오기를 찾아볼 수 없게 됐다.

죽림칠현은 평생 그 어떤 위대한 일도 하지 않았다. 즉 그들은 유교 문화에서 추구하는 바를 달성하지도 않았다. 나는 다섯 살 때부터 "천지를 위해서는 마음을 다하고, 백성을 위해서는 목숨을 다하고, 맹자 이후 끊어진 성현들의 학문인 유학을 위해서는 맥을 잇고, 세상을 위해서는 태평성대를 이룩해야 한다"라는 구절을 암송했다. 하지만 열세 살 욕망의 혼란기에 이러한 글귀를 읽은들 내면에 들끓는 욕망을 잠재울 수 있었겠는가?

이 같은 경전은 위대한 사상을 담고 있지만 사춘기 아이가 이해할 수 있는 것은 아니다. 그 누구도 우리에게 완적이 왜 산속으로 뛰어가 큰소리로 울부짖었는지 가르쳐주지 않았다. 부모님과 선생님, 그리고 선배들은 완적이 그저 역사상 중요한 인물이 아니라고 했을 뿐이다.

완적에 관해서는 재미있는 일화가 여럿 전해진다. 완적이 친구 집에 갔을 때의 이야기다. 친구는 출타 중이고 그의 아내만 집에 있었다. 친구의 아내는 너무 어여뻤다. 완적은 친구의 아내에게 인사를 한 뒤 돌아가지 않고 그녀와 즐겁게 이야기를 나누었다. 완적은 그러다 탁자에 엎드려 잠이 들었다. 그의 이런 행동으로 인해 한바탕 소동이 일고 사방에 흉흉한 유언비어가 난무했다. 그 말이 죽림칠현 중 한 사람의 귀에까지 들어갔다. 그런데 그는 별일 아니라는 듯 "완적이 언제 세상 사람들의 예법과 도덕을 지킨 적이 있었나?" 하고 태연하게 대꾸했다.

이 이야기에서 지금까지도 유효한 재미난 현상을 하나 엿볼 수 있다. 바로 아름다움에 세속에 휩쓸리지 않는 독자성이 더해지면 죄로 변한다는 사실이다. 우리 모두는 공통된 기준을 지켜야 한다. 그러지 않으면 사람들의 시선은 어느새 채찍으로 변하고 만다.

어릴 적 나는 머리 모양새가 사람들과 조금 달라서 눈총을 받았던 기억이 있다. 나는 유전인 곱슬머리 탓에 학교를 다니는 내내 파마를 했다는 오해에 시달렸다. 보다못한 아버지가 내 곱슬머리는 유전으로, 파마를 한 게 아니라는 내용의 편지를 한 통 써주셨다. 그런데 선생님은 편지를 확 구기더니 "아직도 거짓말을 해?"라며 소리를 꽥 질렀다. 내 기억 속에 강렬하게 새겨진 일이다. 머리 모양이 다른 사람과 조금 다른 것이 그렇게 대단한 일일까?

집단의 규칙을 강요하는 사회에서 첫 번째로 기피하는 불일치는 두발이다. 군대나 감옥에서도 첫 번째로 규제하는 것이 바로 두발이다. 신화 속에서 괴력을 가진 삼손이 머리카락을 잘리자 힘이 사라졌던 것처럼, 두발은 일종의 상징으로 개인이 추구하는 자유를 표출하는 최소한의 표현 수단이다.

청나라 때는 병사를 모집할 때 다음과 같은 공고문을 냈다.

목숨을 남기려는 자 머리를 기르지 말 것이며,
머리를 기르고자 하는 자 목숨을 남길 수 없을 것이다.

이렇듯 머리카락과 목숨은 똑같이 중요했다.

고등학교 때, 미니스커트가 유행했었다. 교문 밖에서는 어느 여학생이나 짧디짧은 치마를 입고 있었다. 그런데 교문에 거의 도착했을 때쯤 여학생들이 허리에 맨 넓은 벨트를 풀자 순식간에 치마가 길게 변했다! 이것이 바로 내가 처음으로 발견한 여성들의 비밀 중 하나다.

두발과 복장은 지극히 개인적인 것이지만, 사회집단 속에서는 우리라는 공적인 것으로 변해버린다. 집단 구성원의 사고가 하나로 모이면 감히 여기서 벗어나는 행동을 하기란 어렵다. 여자아이들은 자신의 아름다운 허벅지를 드러내놓고 싶어 했지만 학교 규칙을 지키기 위해 교문 앞에서 허리띠를 푸는 수고로움을 기꺼이 감내했다. 엄격한 규칙 앞에서 홀로 튀는 행동을 하는 것은 대역무도한 짓이나 마찬가지이기 때문이다.

그러나 성숙한 사회라면 개인의 독자적인 행동을 고무해야 한다. 독자적인 행동에서 개인의 존재 가치를 찾을 수 있기 때문이다. 사회구성원들이 튀는 행동을 할 때마다 압박을 받는다면 개인의 인성은 드러날 수 없다. 하지만 우리는 노동력을 통해 사회에 이바지하는 동시에 삶의 다원성을 희생당하고 있다.

내가 즐겨 이야기하는 완적에 관한 네 가지 일화가 있다. 높은 산에 올라 길게 휘파람을 분 것이나, 막다른 길에 다다르면 펑펑 울었다는 이야기나, 친구의 아내 앞에서 잠을 잤다는 일화 외에 한 가지가 더 있다. 그의 어머니가 세상을 떠났을 때의 일이다. 그는 울지 않았다. 유교 문화의 전통에 따르면 부모상을 당한 자는 송곳으로 자신을 찌르는 한이 있더라도 통곡해야만 했다. 울지 않으면 곧 불효자로 매도당했다. 아무리 애써도 울음이 나오지 않으면 돈을 주고 대신 울어줄 사람을 사야 했다.

그러나 완적은 울지 않았다. 빈객이 조문할 때 한바탕 하는 곡에 자신의 진심을 담을 수 없다고 생각했기 때문이다. 그는 조문객들이 돌아가기를 기다렸다가 갑자기 피를 토했다. 이것이 그가 슬픔을 표현하는 방식이었다. 그는 어머니가 세상을 떠난 것은 자신의 일인데, 왜 다른 사람에게 자신의 우는 모습을 보여야 하는지 이해할 수 없었다. 집단 문화 속에서 결혼식과 장례식은 모두 연출이며, 나의 진실한 감정과는 무관하다고 생각해본 적 없는가?

유교의 가르침을 따르는 중국의 집단 문화가 우연히 개체 individual 를 만났을 때 죽림칠현이 탄생했다. 그들은 독보적인 모습을 보였으나, 고독하게 살았다. 곁에 있는 사람조차 애처로워할 지경이었다. 사람들은 그들에게 "왜 이렇게 고집스레 버티는 겁니까?"라고 묻기까지 했다.

우리 사회에서는 완적 같은 사람이 갈수록 적어지고 있다. 그 까닭은 바로 이런 물음 때문이다. 교수로 재직 중일 때 나 역시 그런 물음을 던진 적이 있다. 튀는 행동을 하는 학생에게 "학생은 왜 그러는 거지? 다른 학생들은 그렇게 안 하잖아" 하고 불쑥 이야기를 꺼낸 것이다. 나는 불현듯 두려워졌다.

대학을 다닐 때 나 역시 튀는 행동을 곧잘 했다. 나도 스승에게 똑같은 이야기를 들은 적이 있다. 나는 선의와 사랑에서 나온 이 말이 고독한 사람에게 어떤 도움이 되는지 알 수 없다. 아니, 이런 말은 오히려 그들에게 상처를 주고 그들의 고독감을 짓누르는 것인지도 모른다.

지금 나는 참회와 반성을 하고 있다. 대학에서 오랫동안 후학을 가르치면서 나 자신을 꽤 괜찮은 스승이라 여겼으나, 예전의 나 역시 핍박받는 자의 고독한 모습을 연출한 적이 있다. 한번은 여학생들이 파티에 가기 위해 새벽 2시에 철조망으로 둘러싸인 담벼락에 이불을 여섯 겹이나 깔아놓고 담을 뛰어넘는 것을 보았다. 나는 이 여학생들에게 시를 외우고 붓글씨를 쓰는 벌을 주며 선심 쓰듯 교관에게는 이야기하지 않겠다고 했다. 나는 내심 이들이 아주 용감하다고 생각했다. 그런데도 교수라는 직책 때문에 어쩔 수 없이 학생들에게 벌을 주면서 나는 나 자신이 도대체 무엇을 하고 있는지 알 수 없었다. 재미있는 사실은 이 철조망은 총장이 교무회의에서 자랑하던 물건이라는 것이다. 독일에서 수입했다는 이 철조망은 유대인 강제수용소에도 사용된 것으로, 전방위 방범이 가능하다고 했다. 하지만 이 무시무시한 독일제 철조망으로도 겨우 스무 살 남짓한 여자아이들을 가둬놓을 수 없었다.

《모란정》도 같은 이야기를 하고 있다. 열여섯 살의 두여낭^{杜麗娘}을 어떻게든 가둬두려 했지만 가둬둘 수 없었다. 두여낭은 정원을 거닐다 깜짝 놀랄 만한 꿈을 꾼다. 그 꿈은 다름 아닌 춘몽이었다.

고독에 살고, 고독에 죽다

이랬던 내가 큰 깨달음을 얻게 된 것은 한 학생 때문이다. 대학에서 학생운동이 벌어지고 얼마 지나지 않아 한 학생이 교내에 대자보를 붙였다. 학교 측이 나무를 베어내는 데 불만을 제기하는 내용이었다. 이 학생은 대자보에 자신의 이름을 써넣으며, 자신이 한 일에 책임을 지겠다고 했다. 사실 무모해 보였지만, 많은 동의와 갈채를 받았다. 이 학생은 정의감에 불타 대담하게 학교장과 반대 의견을 내놓았다. 물론 다른 학생들은 학교장을 향한 욕설을 적기는 했지만 비열하게 자신의 이름은 밝히지 않았다. 오직 무모하게 용감했던 이 학생만 붙들려 곤욕을 치렀다.

학교 측은 이 사건에 대해 엄벌하기로 결정했다. 당시 학과주임이던 나는 총장에게 전화를 걸었다. 회의를 소집하겠다는 총장에게 "제게 10분만 시간을 주세요. 그렇지 않으면 학교를 그만두겠습니다"라고 말했다. 나는 이 학생이 처벌을 받지 않도록 갖은 애를 썼다. 일이 정리되고 이 학생을 사무실로 불렀는데, 이 학생은 되레 학교 측이 자신을 처벌하려는 것을 왜 막았느냐고 따졌다. 나는 아직까지도 그의 행동을 잊을 수 없다.

집단 문화 속에서 무모하게 자신의 주장을 내세우는 사람은 쉽게 상처를 입게 마련이다. 왜냐하면 이들은 머뭇거리지 않고 자신이 하고 싶은 말을 숨김 없이 하기 때문이다. 나를 포함해서 모든 사람이 이들에게 상처를 입힌다. 나는 나의 권한을 동원해 그를 보호했지만, 엄밀히 말하면 그에게는 잘못이 없었다. 이런 사실을 알면서도 나는 왜 온 힘을 다해 학교장을 향해, 학생 지도부를 향해 그가 확실하게 자신의 입장을 해명하지 못하도록 막았던 것일까?

나는 담벼락을 기어올라간 여학생들과 대자보를 붙인 학생 모두를 보호했다. 나 자신은 이를 보호라고 여겼지만 사실 나는 이들의 고독을 훼손하고 고독을 완성할 수 없게 한 것이다. 내 행동은 이들이 사회집단과 동일한 모습으로 변하도록 온갖 방법을 동원한 것에 불과했다. 완적 같은 사람들이 사회집단의 압박을 견디지 못하고 궁지에 빠졌을 때, 이들의 통곡 소리는 전체 문화를 뒤흔들었다. 만약 그때 누군가 이들을 보호했다면 이들은 하늘을 향해 휘파람을 불지 않았을 것이다.

죽림칠현 중 혜강嵆康은 공주를 아내로 삼은 황실의 사위다.

그러나 그는 부마의 신분을 이용해 명예나 실리를 추구한 적이 단 한 번도 없었다. 그런데 혜강은 마흔이 됐을 때 사회의 예절과 풍속을 해친다는 모함을 받아 형장으로 압송되어 목이 잘렸다. 도대체 뭘 어쨌기에 풍속을 어지럽혔다는 것일까? 대장장이였던 혜강은 여름날 여름에 솜옷을 입고 버드나무 아래에서 풀무를 사르고 쇠를 두드렸을 뿐이다. 이것이 돌출행동인가? 이것이 사회집단의 지적 문화에 대항하는 것인가? 그 판결을 법률에 맡겨야 할 것인가, 아니면 도덕에 맡겨야 할 것인가?

혜강이 형장으로 압송당하게 된 죄상은 "위로는 천자의 신하가 아니고, 아래로는 왕후로서의 일을 하지 않았고, 평소에는 세인들을 무시하고 오만했으며, 오늘날까지 무익하고, 풍속을 해쳤다"라는 것이었다. 이런 죄상은 역사에 그 흔적을 남겼고, 곧 돌출행동을 하는 모든 사람의 공통 죄목이 되어 두드러진 행동을 하는 사람은 이를 근거로 사형에 처해졌다.

혜강은 마흔에 형장에 올랐다. 다행히 좋은 벗 향수向秀가 그를 위해 〈옛 벗을 그리워하는 부賦〉를 지었다. 혜강이 형장으로 향할 때 하늘의 노을 때문에 땅에 길게 그림자가 드리웠다. 혜강은 잘생긴 남자였다. 키가 여덟 척尺에 얼굴은 관모에 다는 옥玉 같았다. 그가 거리를 걸으면 사람들이 모두 돌아볼 정도였다. 게다가 그는 음악의 대가였다. 참수형을 받기 전 태학太學의 학생 3,000명이 모여들어 무릎을 꿇고 그에게 가르침을 청했고, 혜강은 〈광릉산廣陵散. 장쑤성 양주 일대에 전해 내려오는 산곡(散曲)으로, 한나라 간신 협루(俠累)를 척결한 자객 섭정(聶政)의 이야기를 담고 있다.〉을 거문고로 연주한 후 "이제 광릉산도 끊어지고 말겠구나!"라고 탄식했다.

혹자는 혜강이 지독하게 이기적이었다고 말하며 죽기 전에 악보 한 장조차 후세를 위해 남기지 않았음을 증거로 삼았다. 혜강은 누구나 다 〈광릉산〉을 듣기에 어울리는 것은 아니라는 말로 자신을 변호했다. 고독 속에서 살지 못한다면, 튀는 행동을 하지 못한다면 예술과 미학은 의미가 없다. 겉치레를 위해 유명인을 사귀고 문화 활동을 하는 것에 불과할 뿐이다.

향수의 〈옛 벗을 그리워하는 부〉를 읽을 때마다 감동으로 가슴이 뭉클해진다. 고독한 삶을 걸어간다는 의미는 그의 삶 전체가 집단 문화인 팔고문八股文. 명청 시대에 걸쳐 과거시험의 답안용으로 채택된 특별한 문체, 이후 형식적이고 무미건조한 문장을 가리킴의 도그마 위에 분쇄되어 흩뿌려진다는 의미다.

죽림칠현의 고독은 집단 문화 속에서 터져 나온 희미한 광채였지만 그 빛은 재빨리 은폐됐다. 거대한 집단 문화의 권위 아래 개인은 사회집단 속으로 재빨리 사라졌다. 죽림칠현은 사람들의 이해를 얻지 못했다. 대중의 눈에 이들은 한낱 미치광이로 보일 뿐이었다. 미치광이가 아니면 대체 누가 괭이를 가지고 다니면서 다른 사람에게 자신이 죽으면 묻어달라고 말하겠는가? 고독은 죽음과 떼려야 뗄 수 없는 관계다.

죽음은 삶의 본질이자 고독의 숙명이다

유교의 집단 문화는 죽음에 관해 논하기를 피한다. 이는 고독에 관해 논하기를 피하는 것과 마찬가지다. 우리 부모 세대가 음력 섣달이 되면 죽음을 뜻하는 '쓰死'나 이와 발음이 비슷한 글자를 입 밖에 내지 않는 금기에 줄곧 영향을 받은 것도 바로 이 때문이다. 우리 부모들은 음력 섣달이 아니어도 '쓰死'를 써야 될 경우 다른 글자를 사용해 이 글자를 직접 입에 올리지 않으려고 애썼다. 우리는 죽음이라는 의미가 담긴 글자를 두려워한 나머지, 이 글자를 대신할 다른 글자를 찾았다. 그 결과 '세상을 떠나다', '서거하다', '서방정토로 돌아가다', '선유仙游하다', '하직하다' 등 모두 죽음이라는 글자를 미화한 말들이 생겨났다.

죽음은 삶의 본질인 고독이며, 극복할 수 없는 숙명이다. 프랑스 실존주의 철학자 장 폴 사르트르는 인간은 태어나는 그 순간부터 죽음을 향해 걷기 시작한다고 했다. 그는 《울타리》라는 뛰어난 소설에서 인간이 죽음을 마주할 때 보이는 반응을 묘사했다. 그는 줄곧 죽음을 탐구했고, 사실적으로 죽음을 묘사했다.

장자도 죽음에 대해 논했다. 해골을 뚫어지게 바라보기를 좋아했던 그는 해골을 베개 삼아 잠을 잤다. 잠에서 깬 후에는 해골과 이야기를 나누었다. 해골은 그에게 살아 있을 때 자신이 어떤 사람이었는지 이야기하는 듯했다. 이것이 장자가 매혹된 부분으로, 그는 죽음과 대화를 나누었던 것이다.

공자에게는 매우 드물게 튀는 행동을 하는 제자가 한 명 있었다. 어느 날 이 제자가 공자에게 죽음이 무엇인지 물었다. 공자는 "아직 삶도 모르는데 어찌 죽음을 알겠는가?" 하고 제자를 야단쳤다. 어째서 죽음에 대해 물어볼 수 없단 말인가? 죽음은 삶 속의 그 무엇보다 중요하다. 죽음을 회피하는 문화는 유약한 문화다. 유교 문화는 비록 낙관적이고 적극적이고 패기 있지만, 치명적인 약점은 바로 감히 죽음을 직시하지 못한다는 것이다.

유교는 죽음에 대해 이야기할라치면 '사생취의^{捨生取義}'나 '살신성인^{殺身成仁}' 등 근사한 대의명분을 끌어들이기 일쑤다. 유교는 애오라지 이런 죽음만 의미 있다고 여긴다. 우리가 어려서부터 받는 훈련도 바로 이런 방식의 죽음이다. 그러나 이런 죽음을 맞는 사람이 얼마나 되겠는가?

어렸을 적 나는 누군가가 물에 빠지는 것을 보면 내가 수영을 할 줄 알든 모르든 간에 상관없이 앞뒤 가리지 않고 물로 뛰어들어 그를 구해야 한다고 생각했다. 만약 불행히도 그를 구하다가 익사한다면 사람들이 나를 위해 동상을 세워줄 것이고, 그 동상의 제문에 "의를 위해 삶을 초개처럼 버렸다"라고 새겨줄 거라고 생각했다. 위대한 철학이 황당무계한 도그마로 변해버리는 순간이다.

생명의 위협을 받는 위급한 상황에서 그 상황을 그냥 내버려두지 못하거나 불행을 당한 사람에 대한 연민으로 앞뒤 생각하지 않고 위험에 몸을 던져 자신의 목숨을 희생한다면, 그 삶은 타인에게 감동을 주는 가치 있는 인생이 될 것이다. 그러나 만약 인仁을 세우기 위해 살신하겠다고 결심한다면, 이는 생각해볼 만한 가치 있는 문제가 될 것이다. 한번 생각해보라. 몸과 마음을 다해 국가에 충성한다는 의미의 '정충보국精忠報國'이라는 네 글자를 외우지 않았다고 해서 국가의 은혜에 보답하지 못하는 것일까?

충忠과 효孝는 과연 무엇일까? 고독에 대해 논하려면 이 익숙한 윤리 규범에 대해 다시금 새롭게 생각해봐야 한다. 문화의 성숙은 여러 방면을 아우르는 관찰에서 비롯된다. 하나의 단면만 가지고 일방적으로 단정 지을 수는 없다. 사실 유교 문화는 위대한 면이 많다. 공자의 철학은 매우 훌륭하다. 그러나 유교 사상을 가장 위대한 유일 사상으로 단정 지으며 견제와 균형을 읽게 되면서 여러 가지 문제가 발생했다. 이런 문제점들은 결코 간과할 수 있는 것이 아니다.

유교 사상이 쇠퇴했다고 말할 수는 없다. 우리 정신의 가장 밑바닥에 깔려 있는 가치관과 윤리관 및 언어 양식은 근본적으로 유교의 영향을 고스란히 받고 있다. 여기에서 논하는 유교 사상은 이미 오래 전 철학의 범주를 벗어난, 일종의 생활태도다. 교내에서 문제가 발생했을 때 내가 학과주임의 권한을 동원해 학생을 보호하려고 한 행동처럼 말이다. 이것은 지극히 유교적인 사고다. 나는 왜 교내에서 발생한 문제를 공론화하여 토론에 부치지 않았을까? 이슈가 결핍된 사회에서 욕망은 공론화되지 못한다고 생각했을까?

프랑스에서 돌아온 후 내 첫 직장은 사립대학이었다. 나는 열세 명의 교내 최고관리자 중 한 사람으로, 학생들에게 중징계를 내려야 할 경우 회의를 열어야 했다. 열세 명의 관리자가 모두 동의하고 서명날인해야 징계안이 통과됐다. 징계 여부는 보통 학생과에서 결정하고, 회의에서는 형식적인 최후 날인만 했으므로 논쟁이 일어나는 경우는 거의 없었다.

내가 교내 최고관리자로서 회의에 참가한 첫해 안건은 1977년에 발생한 사건이었다. 타이완 남부 지역에서 온 한 학생이 있었다. 이 학생은 학교 밖에 집을 구해 살고 있었다. 이 학생의 집주인이 학교로 편지를 한 통 써서 보냈는데, 학생의 품행이 불량하다는 것이었다. 내용인즉, 자신이 없는 틈을 타서 자신의 아내를 유혹했다는 것이었다. 학교는 이 학생을 퇴학시키려고 했다. 나는 편지 내용의 이면에 감춰진 것들을 먼저 따져봐야 한다고 생각했다. 그래서 그 자리에서 서명하지 않았다. 이 같은 의견을 표명하자 사람들은 "프랑스 유학을 하셔서 그런지 성에 대해 꽤나 개방적입니다그려" 하고 빈정거렸다. 그 이야기를 듣고 불쾌했지만, 내가 채 설명하기도 전에 이 사건은 결판이 나버렸다.

그때까지만 해도 나는 이 사건이나 앞에서 언급한 자아반성이 사실 모두 집단 문화의 영향을 받은 것이라고는 생각하지 못했다. 대부분의 사건이 모두 겉으로 드러난 모습만으로 평가됐다. 설사 나중에 그것이 잘못 알려진 것으로 밝혀져도, 그 누구도 왜 처음부터 그러려니 하고 생각했을까에 대해서는 의문을 제기하지 않았다.

고독에 대한 탐구는 반드시 자신에게로 회귀한다. 고독은 일종의 도덕적 의식이므로 자아성찰을 출발점으로 삼아야 한다. 자신의 행위에 대한 반성이 바로 도덕이다. 그러나 서양에서의 도덕관은 개인의 자아성찰로 회귀하는 모습을 보이는 반면, 우리의 집단 도덕 의식은 종종 타인에 대한 질책으로 변질된다. 서양에서는 타인에 대한 비판을 도덕이라고 부르지 않는다.

소크라테스가 사형을 언도받았을 때 제자가 도망갈 것을 권했지만, 그는 옥살이와 도주 사이에서 죽음을 선택하고 독약을 마셨다. 자신에게 내려진 사형 언도가 민주적인 투표를 통해 결정된 것임을 알았기 때문이다. 그는 이런 도덕적 의식을 준수해야 한다고 믿었기 때문에 그 결과를 순순히 받아들였다. 이것이 바로 도덕이다.

나는 믿는다. 언젠가 고독은 우리가 새로이 뉘우치고 도덕 의식을 살피는 데 도움을 줄 것이며, 그때 도덕적인 순결이 싹틀 것이다. 완적이 어머니의 장례식에서 울지 않자 모두가 그를 불효자라고 손가락질했다. 그를 비난하지 않은 사람은 진심으로 피를 토하는 것을 본 한 명의 친구뿐이었다. 완적은 도덕심이 없는 것이 아니라 자신의 도덕적인 순결을 하나의 연출, 연기로 만들고 싶지 않았던 것이다. 도덕이 연기로 변하면 순식간에 가짜로 변질되고 만다. 그러면 도덕은 각종 형태의 연기로, 가장 도덕적이지 않은 사람은 가장 도덕적인 사람으로 변해버리기 마련이다. 말과 행위가 서로 따로 놀기 시작하는 것이다.

고독은 삶에 대한 질문에서 시작된다

나는 다양한 분야의 책을 출판한 경험이 있다. 미학을 논한 적도 있고, 시를 쓴 적도 있으며, 소설과 산문도 써봤다. 하지만 내 마지막 작품은 분명 참회록이 될 것이다. 나는 가장 좋은 문학은 바로 가장 성실한 자서전이라고 믿는다. 하지만 아직 자서전을 쓸 용기가 없다. 그러나 준비는 하고 있다. 이것은 내게 남은 가장 중요한 숙제다. 담장을 다시 뛰어넘어 오는 두리뭉실한 사람이 될 것인가, 담장을 뛰어넘어 과실로 기록될 사건의 진짜 모습을 밝혀낼 사람이 될 것인가, 아니면 완적이나 혜강 같은 사람이 될 것인가? 이것은 내 선택에 달려 있다.

타이완은 유교 전통에 맞서기 쉽지 않은 곳이다. 지리적 여건상 어쩔 수 없이 외부와 단절됐으나 덕분에 유교의 원류가 되었다고 자처하고 있다. 타이완에서는 중국 대륙에서는 유교 전통이 파괴됐다고 여기기 때문에 이를 반드시 전승해야 하는 부담 감을 대륙보다 크게 느끼고 있다. 내가 상하이에 도착했을 무렵, 중국 대륙은 개혁으로 개방된 후 고독이 봇물 터지듯 넘쳐났고, 튀는 행동을 하는 개인도 부지기수였다. 반면 타이완에서는 내면 깊은 곳의 고독으로 인해 혁명을 일으키기가 더 어려워진 것처럼 보였다.

가정과 윤리의 속박이 가진 힘은 우리의 상상을 뛰어넘는다. 겉으로는 번지르르하게 이야기해도 여든넷의 노모 앞에서 나는 순식간에 어린아이로 변해버린다. 노모 앞에서 감히 무슨 자아를 논하겠는가? 무슨 욕망의 고독을 이야기하겠는가? 예나 지금이나 어머니가 문 앞에서 이웃 사람들에게 내가 어릴 적 오줌을 싼 일을 얘기할 때면 나는 부끄러워 쥐구멍에라도 들어가고 싶은 심정이다. 하지만 어머니는 태연하게 "뭐 못 할 이야기도 아니지?"라고 말씀하신다.

어렸을 때 우리 어머니도 다른 어머니들처럼 손에 가위를 들고 우리의 머리카락을 잘라주셨다. 어머니가 들고 있는 가위는 중학교 때 교관의 손에 들려 있던 가위보다 훨씬 더 무시무시해 보였다. 또 어머니에게는 사랑이나 관심이라고 불리는 보이지 않는 가위도 있었다. 그 가위로 어머니는 나를 고독의 최후의 관문으로 걸어가도록 만들었다.

우리 문화 속에서 사랑과 관심 혹은 효라는 이름으로 내린 결정은 어떤 것이라도 옳은 것으로 간주된다. 이와 대립되는 토론이나 의심은 허락되지 않는다. 그러나 의심이나 회의가 없으면 고독이 싹틀 수 없다. 왜냐하면 고독은 생명이 생명 자체에 대해 취하는 회의와 의심의 태도이기 때문이다.

우리 삶은 정말 가치 있을까? 나는 감히 대답할 수 없다. 나는 살생이 반드시 인을 이루고, 육체의 희생이 반드시 의를 취한다고 감히 말할 수 없다. 추진의 살신성인을 떠올려보라. 그의 선혈은 오직 만두 하나만을 적셨을 뿐이다. 폐결핵을 앓는 아이에게 그 만두를 먹였지만 추진은 이 아이마저도 구할 수 없었다. 뛰어난 문학가 루쉰은 이 작품에서 유교의 성인成仁과 취의取義의 관념을 뒤집었다.

의미 있는 삶도 없고, 무의미한 삶도 없다

삶은 정말 의미 있는 것일까? 유교 문화는 삶은 의미 있다고 강조한다. 그러나 실존주의에서 말하는 실존은 일종의 형태로, 본질은 실존을 알아낸 후 천천히 찾는 것이기 때문에 우리 자신 외에 그 누구도 우리의 본질을 결정할 수 없다고 한다. 그래서 실존주의는 "실존은 본질에 우선한다"고 말한다. 반드시 먼저 존재의 고독을 의식하고 난 뒤에야 비로소 생명의 본질을 찾을 수 있다는 것이다.

1970년대 내가 대학에 재직 중일 때 연극은 물론이고, 문학을 통해서도 실존주의 철학이 크게 유행하였다. 새뮤얼 베케트 ^{Samuel Becket}의 〈고도를 기다리며〉라는 희곡에는 두 명의 인물이 등장한다. 이들은 황량한 들에 앉아 고도^{Godot, 중국어로 번역하면 궈퉈(果陀).} ^{'Godot'는 'God'에서 유래했으며 구세주라는 의미다}라는 사람을 기다린다. 기다리고 또 기다린다. 연극이 끝날 때까지 줄곧 기다린다. 이처럼 삶이란 황폐한 곳을 지날 때는 신도 오지 않고, 구세주도 나타나지 않는다. 삶의 의의와 가치도 오지 않는다. 당시 우리는 이 연극에 무척이나 감동을 받았다.

어렸을 때나 어른이 되어서나 우리는 모두 삶은 의미 있는 것이라고 생각한다. 부모님, 선생님 등 어른들은 우리에게 그렇게 알려주었다. 그리고 우리가 어른이 된 후 아이들에게도 이런 얘기를 해주었다. 나는 학생들에게 "의미 없는 삶도 살아갈 가치가 있을까?" 하고 반문할 수 없었다. 만약 내가 이렇게 질문했다면 나와 학생들의 관계는 스승과 제자의 관계가 아니라 친구관계가 됐을 것이며, 우리는 많은 이야기를 나눌 수 있었을 것이다.

만약 누군가 내게 "삶이 무의미하더라도 계속 살아갈 건가요?"라고 묻는다면 나는 대답하지 않을 것이다. 문학 속에는 항상 무의미한 사람이 나타난다. 그러나 그는 살아간다. 프란츠 카프카^{Franz Kafka}의 《변신》이나 루쉰이 《광인일기》에서 말한 것처럼 인간이 갑자기 곤충으로 변해 곤충의 삶을 살아야 한다면, 이러한 삶이 의미 있는 것인지에 대해 질문한다. 의미 있는 삶과 무의미한 삶은 없다. 삶은 의미를 찾는 과정이다. 우리는 의미를 찾았다고 생각하지만 되레 의미를 잃어버린 것일 수도 있다. 의미를 찾기 시작하는 그 상태가 바로 의미다. 현대 문학은 과거의 '태어나는 모든 것은 의미가 있다'는 생각을 뒤집고 끝없이 의미를 찾기 시작했으나, 많은 사람이 찾아낸 서로 다른 의견을 최종 답안이라고 할 수는 없다. 우리는 지금까지 계속 찾아 헤매고 있으나 아직도 진정한 해답을 찾지 못했다.

천카이거陳凱歌의 《황토지黃土地》에는 황량한 대지에서 생활하는 사람들이 나온다. 그들은 대지와 같은 존재였으며 이름조차 없었다. 이들은 열심히 살면서 삶은 의미 있다고, 어쩌면 또 다른 형태로 삶은 의미가 있을 것이라고 믿는다. 삶의 의미가 어떻든 간에 삶의 의미를 다른 사람에게 둔다면 이는 정말 끔찍한 일이다. 나는 삶의 의미는 반드시 자신에게서 찾아야 한다고 믿는다.

아이가 세상에 태어난 후 엄마의 품에 안기기 전에 주사 한 방으로 생을 마감한다면 이 아이의 삶은 과연 의미 있는 것일까? 실존주의 소설가 알베르트 카뮈도 비슷한 의문을 제기했다. 카뮈는 소설 속에서 만약 신생아가 태어나자마자 죽는다면 이 아이는 천국으로 올라갈 것인가, 지옥으로 떨어질 것인가라고 묻는다. 그의 질문은 생명에 관한 원초적인 물음이다.

그 시절 카뮈의 소설은 우리에게 커다란 감동을 불러 일으켰다. 집단 문화에서는 이런 질문을 던지지 않는다. 왜냐하면 아프기 때문이다. 우리가 듣고 보는 모든 뉴스는 너무도 황당하다. 누가 악의를 가지고 그렇게 한 것일까? 아니다. 모든 집단 문화는 '황당무계'한 이 문제를 토론할 방법이 없지만, 실존주의는 그것을 중요한 명제로 여긴다.

카뮈의《이방인》은 프랑스에서 발생한 실제 사건을 모티브로 하고 있다. 레트랑제^{l'étranger}, 단어는 '이방인'으로 번역되는데 본래 의미는 고독한 사람이라는 뜻이다. 프랑스 청년이 아랍인에게 여섯 발의 총을 쏘아 살해한 후 재판을 받게 된다. 그러나 모든 재판관이 그가 쏜 여섯 발의 총과는 전혀 관계 없는 증거를 제시한다. 그가 어머니의 장례를 치를 때 눈물을 흘리지 않았고, 상복을 입기는커녕 색상과 디자인이 화려한 넥타이를 맸으며, 어머니의 장례식 후 여자 친구와 함께 해변에서 휴가를 보내며 심지어 성관계까지 가졌다고 말한다. 이러한 것들이 그에게 사형을 언도해야 할 범죄의 증거로 제시된다.

형을 집행하기 전 신부가 그에게 기도와 참회를 하면 영혼은 천국에 갈 기회를 얻을 것이라고 한다. 그러나 이 청년은 "나는 여섯 발의 총을 쐈을 뿐이니 쓸데없는 이야기는 하지 마시오"라고 거칠게 말한다.

이 소설을 읽어본다면, 맨 마지막 장이 정말 아름답다는 생각이 들 것이다. 청년을 태운 호송차는 희미하게 동이 터 올 무렵 출발한다. 하늘의 별을 바라보면서 그는 말한다. "이제까지 삶이 이렇게 충만하다는 사실을 알지 못했다." 이 한 마디로 그는 살인자에서 갑자기 삶을 찬미하는 영웅으로 변한다. 유교와 집단문화의 관점에서 보면 살인범이 영웅으로 변하는 이야기에 감동받기는 어렵다. 노벨상을 받은 이 소설이 만약 타이완에서 발표됐다면 상을 받기는커녕 오늘날까지 인정받기 어려웠을 것이다. 그 까닭은 소설의 내용이 세속의 기준을 벗어나기 때문이다.

타이완에서는 그 누구도 천진싱陳進興[*]을 주인공으로 하여 소설을 쓰거나 그를 영웅으로 만들지 않을 것이다. 그러나 소설의 좋고 나쁨은 결말이 아니라 삶의 형식을 어떻게 다루느냐에 의해 결정된다. 이러한 소설 속의 고독과 모든 튀는 행동은 우리에게 공포를 안겨준다. 어떤 소설가는 글로써 삶의 소소한 부분을 표현할 수 있지만 우리는 감히 이를 직접 대면할 수 없다. 우리는 심지어 삶의 고독한 면을 너무 많이 알게 되면 자신이 망가질 거라고 생각한다.

어른들이 "이 소설을 보면 안 돼. 이 소설이 너를 망칠 수도 있어"라고 얘기하는 것을 들어본 적이 있는가? 인생에 대한 무지야말로 인간을 망가뜨리는 원인이다. 왜냐하면 연민을 이해할 수 없기 때문이다.

천진싱 뉴스를 접하면서 가장 인상 깊었던 것은 총살당한 그의 사체를 장기를 적출하는 곳으로 보내는 과정이었다. 만약 내가 소설을 쓴다면 아마도 여기에서부터 시작할 것이다. 내게 있어 그는 여전히 한 생명이다. 즉 그의 죽음 역시 여전히 삶과 죽음의 관계에 놓인 다른 생명과 다를 바 없다. 나 역시 집단 문화 속에서 나를 옭아매고 있는 속박에 반박할 것이나, 이러한 튀는 행동으로 인한 이슈화는 시작하기도 전에 종말을 고하게 될 것이다.

내가 공론화하려는 '의제'는 '주인공'에게 걸맞은 의제가 아니다. 우리는 언제나 주인공은 좋은 사람이라고 생각한다. 어렸을 때에 영화를 보면 맨 마지막에 "이 사람은 나쁜 짓을 너무 많이 해서 결국 법망을 벗어날 수 없었다"라는 자막이 한 줄 나왔다. 그런데 나중에 다시 이 영화들을 보니 주인공이 이미 법망을 피해 도망쳤다는 사실을 발견할 수 있었다. 당시 관념으로는 이러한 자막을 덧붙이지 않으면 관객들은 이 결말을 받아들이지 못했을 것이다. 왜냐하면 악인은 악한 응보를, 선한 사람은 선한 대가를 받아야 했기 때문이다.

선입견을 위주로 한 선악에 대한 관념을 바탕으로 문학작품이 '문이재도文以載道'를 실천할 것을 요구할 때, 문학은 과정에 대한 묘사나 서술을 잃고 오직 결말만 남게 된다. 내가 어려서부터 받은 글짓기 훈련 역시 그랬다. 우선 결말이 정해져 있었다. 그 결말은 모두 틀에 박힌 것이었다. 예를 들어 소풍을 가서 글짓기를 하더라도 끝부분에 가서는 중국 대륙에서 수억 명의 동포가 고난을 당해 도탄에 빠져 있음을 상기해야 했다.

결말이 정해져 있으면 사유와 추론의 과정이 사라진다. 나는 소설을 쓰기 시작하면서 내가 어려서부터 훈련받은 결말이 정해진 관념에 대항해야 했고, 나 자신이 소설 속 인물이라고 가정해야 했다. 이것은 앞으로도 내가 작품을 쓰는 길이 될 것이다. 나 한 사람뿐만 아니라 수많은 일을 경험한 타이완 전체가 성숙하게 사유할 수 있기를, 결말이 모든 것을 결정하지 않는 사고방식이 자생하기를 간절히 바란다.

누군가는 지금 초등학생들은 이미 대륙의 동포를 구하자는 틀에 박힌 글짓기를 하지 않는다고 말할지도 모른다. 그러나 나는 의심스럽다. 실제로 사회사건 보도나, 심지어 식당에서 들리는 대화에 귀를 기울여보면 모두 이미 결말이 나 있다. 이런 상황은 선거 때가 되면 더욱 분명해진다. 먼저 결말이 나 있는 상황에서 다시 증거를 수집한다. 상황이 이런데 우리가 어떻게 사고할 수 있겠는가? 과거에서 현재까지 우리의 사고는 제자리걸음을 하고 있다.

우리는 갑자기 권위적인 체제에서 뛰쳐나온 사람들처럼 과거는 아주 우매한 시대였다고 단정 짓는다. 잔뜩 화가 난 채 현재 발을 동동 구르며 또 다른 끝을 향해 달려간다. 그런데 자세히 살펴보면 우리가 발을 동동 구르는 모습은 과거 어느 위대한 인물이 죽었을 때 발을 동동 구르던 모습과 똑같다. 조금도 변한 게 없다. 우리는 비슷한 감정 상태에서 발을 구르며 울고 있는 것이다. 단지 우리가 숭배하는 우상이 다른 것으로 바뀌었을 뿐이다. 그렇다면 우리의 생각이란 어디에 있는 것일까?

개체의 독립성은 용감하게 대중의 언어에서 벗어나 표현되어야 하며, 회의를 품고 서로 다른 사고방식을 이야기하는 것이지 결말이나 결론을 내리는 것이 아니다. 나는 우리 사회에 더 많은 고독한 사람, 더 많은 반역자, 더 많은 완적과 혜강이 필요하다고 생각한다. 이들처럼 용감하게 서로 다른 이야기를 할 수 있어야 한다. 그러나 주의해야 할 것은 이것이 결말이 아니라는 사실이다. 이것을 결말로 여기면 상대방은 자신이 훼방당하고 있다고 여길 것이다. 결말에 대한 생각을 포기할 때, 상대방이 지금 나와 다른 생각을 하고 있음을 비로소 이해할 수 있다.

논리를 뜻하는 영어 단어 '로직^{logic}'의 어원은 그리스어 '로고스^{logos}'인데, 이 말은 '서로 다르다'라는 의미를 갖고 있다. 상대는 긍정적인 면에서, 나는 부정적인 면에서 바라보았을 때 비로소 '합合'이 이루어지며, 사고의 과정을 거쳤다고 말할 수 있다. 오직 한쪽으로 쏠린 의견을 갖고 있다면 사고는 절대 만들어질 수 없다. 나는 좋은 문학은 일종의 '분노를 일으키는' 그 무엇을 제공해야 한다고 믿는다.

왜냐하면 고독하기 때문에

재미있는 사실이 있다. 내가 출판한 책 중 비교적 판매량이 많은 작품은 모두 부드럽고 따뜻한 이야기가 담긴 것이다. 예를 들면, 밤에 학교 담장을 넘는 학생들이 벌을 받지 않도록 도왔다거나, 소설 속 결말이 모두가 환희를 느낄 수 있는 해피엔딩으로 끝난 경우였다. 반역의 모습을 담은, 예를 들어《왜냐하면 고독하기 때문에》나《섬들의 독백》같은 작품은 오직 소수의 독자에게만 사랑 받았다. 나는 이 독자들과 교류하고 싶었다. 이들은 내가 고독을 유지할 수 있도록 더욱 자신감을 불어넣어줄 것 같았다. 나는 항상 고독은 삶을 원만하게 하는 시작이며, 홀로 지낸 경험이 없는 사람은 타인과 공존하는 의미를 깨달을 수 없다고 생각해왔기 때문이다.

우리 삶에서 첫사랑의 상대는 분명 자기 자신일 것이다. 자신에게 바치는 시를 쓰고, 자신과 대화를 나누고, 빈 공간에 조용히 앉아 자신의 심장박동과 숨결에 귀를 기울인다. 이런 사람은 육체에서 생명이 빠져 나오는 그 순간조차 당황하지 않는다. 이와 반대로 정신없이 앵앵대는 파리 같은 삶을 사는 사람들은 고독을 가장 두려워한다.

1970년대 프랑스에 있을 때 나는 다음과 같은 신문기사를 읽었다. 한 프랑스 사회심리학자가 파리의 직장인들은 집에 돌아오자마자 텔레비전이나 라디오를 켠다는 사실을 발견했다. 그렇다고 텔레비전이나 라디오를 보거나 들으려는 것은 아니었다. 단순히 사방을 에워싼 적막을 깨기 위해 소리와 영상이 필요했기 때문이었다. 이 연구는 도시화된 삶의 고독에 대한 연구로, 산업사회에서 사람들은 감히 자신을 마주 대할 용기가 없음을 보여준다. 이 신문기사는 자기 자신, 그리고 타인과 공존하는 것의 중요성을 환기시켜준다.

그 어떤 소리도 들리지 않는 상황에서 얼마나 오랫동안 조용히 있을 수 있는지 자신을 한번 시험해보라. 전화, 팩스, 텔레비전, 라디오, 컴퓨터, 인터넷이 없는 환경에서 즐거움과 만족을 느낄 수 있는가?

우리는 때로 속도와 깊이가 충돌을 일으킨다는 사실을 발견하게 된다. 우리가 자신과 대화를 할 때 천천히 감정이 쌓이고, 그 감정이 발효되면 우리는 더 이상 고독해지지 않는다. 이렇게 할 수 없을 때 고독이라는 상태에 머물게 된다. 우리가 더 빨리 도망치려고 할수록 고독은 우리를 바짝 추격해온다. 우리는 끊임없이 플라톤의 우언 속에 나오는 또 다른 반쪽을 찾으려 하지만 언제나 나의 반쪽이 아니라는 느낌을 받는다. 설사 진정한 반쪽을 찾아내더라도 인내심을 잃으면 그 반쪽은 떠나갈 것이다.

우리에게는 내게 꼭 맞는 반쪽과 함께 지낼 시간이 필요하다. 바빠 살다보면 우리가 찾은 반쪽의 진면목을 발견해낼 수 없다. 우리는 종종 체중, 신장, 직업, 월급 등의 조건을 한 무더기 나열해놓고 이에 들어맞은 사람을 찾으려 한다. 인터넷을 통해 이뤄진 만남의 경우 이러한 모습은 더욱 선명하게 드러난다. 인터넷에 교제 대상의 조건을 입력하면 조건에 맞는 명단이 줄줄이 나오지만 그것을 그대로 믿는 사람은 드물다.

우리가 간소화할 수 있다고 여기는 모든 것은 사실 간소화하기 어렵다. 오히려 더 많은 시간과 공간이 필요한 경우가 많다. 자기와의 대화는 이렇듯 외재하는 것들을 천천히 응집시켜 누구나 우리의 반쪽이 될 수 있다는 사실을 발견하도록 한다. 이렇게 하면 우리는 다른 이들에게서 내 삶의 또 다른 반쪽과 부합하는 모습을 찾을 수 있다. 그때 더 이상 고독하지 않을 것이며, 삶이 더욱 풍족하고 원만하다고 느낄 것이다.

고독을 욕망하다

욕망의 고독을 이야기할 때 출발점은 매우 본능적인 감각기관, 다시 말해 성, 생리기관, 팔다리 등이 되기 쉽다. 우리는 고독할 틈이 없도록 욕망을 분출하는 데 급급하다. 욕망의 분출은 오늘날뿐만 아니라 오래 전부터 있어 왔다. 그리스 시대부터 인간은 이러한 갈망에 목말라 했다. 중국 명나라 때 소설 중《금병매》가 있다. 나는 친구들에게 욕망의 고독을 이해하려면《금병매》를 꼭 읽어봐야 한다고 이야기한다. 장아이링도 비슷한 이야기를 했다. 그녀는《금병매》가《홍루몽》보다 훨씬 더 중요하다고 이야기했다.

요즘 흔히 접하는《금병매》는 요약본으로 책의 전체적인 모습을 볼 수 없기 때문에 만력^{萬曆, 1573~1620년} 연간의 원작을 찾아 읽을 것을 권한다. 그러면 명나라가 상업문명을 이룩한 시대였다는 사실과 더불어 상업화되면서 감각기관에 대한 자극이 급격히 늘어났다는 사실을 발견할 수 있을 것이다. 타이완도 마찬가지다. 내가 어렸을 때 타이완은 농업사회로, 욕망에 대한 자극이 비교적 작았다. 물론 욕망이 존재했지만 숨겨져 있었다. 그러나 도시에서부터 상업화가 이루어지면서 어디에서나 '빈랑서시^{檳榔西施}'●를 볼 수 있게 됐다. 욕망이 구체적으로 시각, 청각을 자극하면서 이를 억제하기 어려워졌고, 빠른 속도로 사회 구석구석에 퍼지면서 우리가 매일 이야기하는 '욕정의 범람'으로 변해 책을 파는 노점에서조차 성에 관한 다양한 영상물이나 책, 그림을 볼

●　'빈랑'과 '서시'의 합성어로, 빈랑은 빈랑나무의 열매로 타이완에서 애용되는 각성 효과가 있는 기호식품이고, 서시는 중국 춘추전국시대 월(越)나라 미녀의 이름이다. 빈랑서시는 야한 차림으로 도로변에서 호객행위를 하며 빈랑을 판매하는 타이완의 젊은 여성을 가리킨다.

수 있게 됐다.

《금병매》의 내용은 요즘 소설과 마찬가지로 우리가 경악할 만큼 감각기관을 자극하고 육체를 희롱한다. 욕망의 억눌림과 해방이 맞닿는 순간 우리는 짜릿함을 느끼며, 이를 통쾌하다고 한다. 통쾌는 아픔痛과 빠름快이 함께 연결되어 있다. 《금병매》에서 어떤 욕망은 학대로 변해 다양한 방식으로 육체의 쾌감을 추구한다. 그러나 등장인물 중 그 누구도 즐거워하지 않는다.

《금병매》, '빈랑서시'가 자극하는 것은 모두 욕망의 밑바닥으로, 내면의 고독을 해소시키기에는 부족하다. 고독의 해소는 더 높은 층위의 전환이 필요하다. 앞에서 이야기한 중학교 시절 남자아이들이 무협소설을 욕망의 고독으로 바꿨듯이 말이다.

욕망의 고독을 이야기하면서 나의 단편소설집 《왜냐하면 고독하기 때문에》중 첫 번째 이야기인 〈열 받아 죽은 앵무새〉라는 작품이 떠올랐다. 이 이야기는 한 의과대학 학생이 내게 해준 이야기를 바탕으로 한다. 그는 자신의 가장 내밀한 비밀을 이야기해주었다. 바로 그의 스승을 짝사랑한다는 것이었다. 이 이야기는 나를 뒤흔들어놓았다. 나는 무엇에 홀린듯 이 이야기를 소설로 쓰고 싶다는 욕망에 강하게 사로잡혔다.

학교에 재직할 당시, 나는 학생들과 접촉할 기회가 많았다. 학생들은 내게 많은 이야기를 들려주었다. 앞서 이야기한 여학생이 팔색조처럼 다양한 모습으로 자신을 꾸민 채 인터넷 세상에서 이성을 사귄다고 고백했을 때 나는 적지 않게 놀랐다. 그러나 나는 놀랐다는 내색을 할 수 없었다. 일단 내가 놀랐다는 사실을 알게 되면 학생들은 더 이상 자신의 속내를 털어놓지 않을 것이기 때문에 이야기를 가만히 경청할 수밖에 없었다. 나는 조용한 청자가 됐다. 마음 속에 이야기를 품고 있는 사람에게 청자는 매혹적일 수밖에 없다.

갑자기 내게 뛰어와서는 한마디 말도 없이 눈물을 철철 흘린다면 그가 울음을 그칠 때까지, 그 시간이 아무리 길더라도 나는 그의 앞에 앉아 말없이 기다렸다. 휴지 한 통을 다 쓴 후에야 울음이 잦아든 학생은 조금씩 이야기를 하기 시작한다. 그리고 학생은 점점 더 많은 이야기를 하게 된다.

의과대학에 재학 중인 이 학생은 해부학 수업 시간에 노교수가 침착한 목소리로 오귀스트 콩트^{Auguste Comte}의 철학과 실험 연구 결과를 이야기할 때면 미증유의 매력을 느낀다고 했다. 나는 한창 나이의 젊은이가 어떻게 대머리 노교수에게 매혹될 수 있는지 이해할 수 없었다. 이는 고독의 한 가지 특징인, 주변 사람들은 이해할 수 없지만 오직 자기 자신만 알 수 있는, 대다수의 사람은 이해하지 못하기 때문에 이를 숨길 수밖에 없는, 그래서 전체 사회의 고독이 산산조각 나는 경우다.

〈열 받아 죽은 앵무새〉 속에서 이 의과대학생은 교수가 인용하는 실증주의자 이야기를 듣고 "그 어떤 주관적인 도덕적 감정도 묻어날 수 없는 가장 냉정하고 객관적인 마음가짐으로 모든 사물을 대해야 돼. 물질의 존재 본질로 돌아와 분석해야 돼"라고 말하고는 자신의 신체를 세심히 살펴보기 시작한다. 그는 자신이 노교수에게 매혹된 까닭이 교수가 콩트의 실증주의를 그의 세계로 끌고 들어왔기 때문이라는 사실을 깨닫는다. 그는 자신이 스승에게 매혹됐다는 데 당혹감을 감추지 못한다. 그가 노교수에게 매료된 것은 객관적인 사실이지만, 그는 이를 받아들일 수 없었다. 왜냐하면 이는 부도덕하기 때문이다.

소설 속에서 인간의 언어를 배운 앵무새가 열 받아 죽는다. 앵무새를 해부했지만 사인을 밝혀낼 수 없었다. 그런데 앵무새가 죽기 전 남긴 한마디 말이 있었다. 그 말이 세간의 관심사가 됐다. 열린 결말인 이 소설에서 앵무새는 일종의 상징이다.

이 소설을 쓸 때 동물원에 간 적이 있다. 푹푹 찌는 여름 날씨에 앵무새도 너무 더워서 현기증이 난 모양이었다. 앵무새는 꼼짝도 않고 한 자리에 앉아 있었다. 나는 갑자기 흥미로웠다. 산뜻하고 아름다운 색깔의 앵무새 깃털이 내 눈길을 사로잡았다. 게다가 앵무새는 사람처럼 말도 할 수 있었다. 앵무새가 "나는 당신을 사랑해요"라는 문장을 말한다면 앵무새는 그 소리만 배운 것일까, 그 의미까지 배운 것일까? 우리가 하는 말은 모두 의미가 있을까? 한낱 소리에 불과할 뿐일까?

어쩌면 여러분 중에도 친구와 이야기를 나눌 때 잠깐 다른 생각을 하며 무슨 이야기를 하는지 이해하지 못한 채 움직이는 친구의 입술만 멍하니 봤지만, 계속 대화를 나누는 데는 아무런 영향도 받지 않은 그런 경험이 있는지 모르겠다.

나는 인간은 어떤 면에서는 인간이지만 어느 한 면에서는 앵무새가 아닌가 하는 생각이 든다. 즉 언어는 사유와 내용이 있지만 다른 한편으로 언어는 그저 소리에 불과하다. 오즈 야스지로 小津安二郎의 영화 한 편이 있다. 영화에서는 오랜 세월 함께 살아온 노부부의 이야기가 펼쳐진다. 아내는 남편이 소리를 지르면 얼른 달려가 남편이 필요로 하는 물건을 가져다주는 것이 몸에 습관처럼 배어버렸다. 어느 날 아내는 늘 그렇듯 남편이 자신을 부른다고 느꼈고, 그녀는 여느 때처럼 큰 소리로 대답하며 남편에게 달려간다. 그런데 남편은 부르지 않았다고 말한다. 한 번, 두 번, 그리고 세 번 같은 일이 되풀이된다. 그런 아내를 보면서 남편은 무언가를 부탁해야만 할 것 같다는 생각이 든다. 또 다시 아내가 달려오자 남편은 "양말 좀 갖다 줘" 하고 말한다. 관객들은 모두 남편이 아내를 부르지 않았다는 사실을 알고 있다. 그러나 아내는 줄곧 남편이 자신을 불렀다고 생각한다. 그녀는 평생 남편의 부름을 기다려왔기에 그런 착각을 한 것이다.

나는 영화의 이 장면에서 무척 감동을 받았다. 이 장면을 통해 감독이 우리에게 보여주려던 것은 사실 언어가 아니라 관계다. 나와 친밀한 주변의 사람들은 모두 관계를 맺고 있다. 카뮈의 《이방인》에서도 주인공은 파리의 거리에서 애완 동물을 데리고 외출한 사람들을 관찰하다가 그 애완동물이 하나같이 주인과 너무 닮았다는 사실을 발견한다. 이것도 일종의 관계다.

나는 〈열 받아 죽은 앵무새〉라는 소설에서 앵무새를 일종의 기호로 삼아 의과대학생의 풀 수 없는 욕망을 표현했다. 휴가를 간 그는 일광욕을 하고 돌아와 침대에 누워 자신의 몸을 어루만진다. 그는 자신의 손가락이 노교수의 손에 들린 해부용 칼이라고 상상한다. 그는 스무 살 자신의 몸을 칼로 긋는다. 골격, 허리, 양쪽 가슴…. 그는 분명 욕망에 사로잡혀 있다. 해부학 시간에 배운 냉정함과 억제할 수 없는 열정이 한데 뒤엉킨다. 정교한 갈비뼈는 마치 초롱불처럼 체강을 감싸고 있다. 그 안에선 심장이 고동치면서 혈액을 순환시키고 있다. 그는 폐의 호흡을, 위의 연동 작용을 느낀다. 그는 자신을 해부하면서 욕망을 배출한다. 그리고 결국 사정하고 만다.

열여섯 살 때 《홍루몽》의 주인공 보옥이 성행위와 무관하게 정액을 배출하는 장면을 읽으며 나는 깜짝 놀랐다. 오랜 세월이 흐른 후에야 비로소 깨달을 수 있었던 우리 몸의 작용이었다.

욕망의 고독은 육체를 인지하는 과정이라고 말할 수도 있다. 인지 과정에서 피할 수 없는 두 가지 정서가 있다. 하나는 절대적인 객관과 냉정함, 그리고 다른 하나는 해결할 수 없는 육체의 추

근거림이다. 의식이 빠져나온 몸은 고깃덩이에 불과하다. 죽음은 육체와의 이별이다. 육체와의 이별은 인간에게 힘겨운 일이다. 오랫동안 육체를 사용했기 때문에 감정이 생겨서이기도 하겠지만, 육체는 현실적으로 존재하는 것이기 때문이다. 평소 우리는 육체를 활용하면서도 진정한 존재를 의식하지 못한다. 진정한 욕망은 신체의 모든 부분을 포함해 철저하게 자신의 육체를 이해하는 것에서 시작된다. 겉으로 보여지는 몸의 부분들을 포함해 몸 속 내장기관과 심지어 분비물까지 포함된다. 하지만 나의 육체에 대해 어떤 결론도 내릴 수 없다.

어떤 사람들은 〈열 받아 죽은 앵무새〉에서 스승과 제자의 사랑이 기억에 남을 것이고, 어떤 사람은 앵무새가 죽기 전에 남긴 한마디가 무엇일지 궁금할 것이다. 물론 이제는 많은 사람이 책 속에 로마자로 남겨놓은 수수께끼의 답을 알고 있을 것이다. 앵무새가 남긴 한마디는 '포스트모더니즘'이라는 단어였다. 이는 당시 각계각층에서 포스트모더니즘을 구호처럼 외치던 현상에 대한 조롱으로, 특별한 함의는 없다. 처음 이 소설을 발표했을 때는 모두 이 단어에 흥미를 느꼈지만 나는 별다른 감정이 들지 않았다. 나는 이 소설이 고독한 사람들과의 대화나 소통이 되기를 기대했다. 나는 고독을 소중하게 여기기 때문에 여러 말을 하지 않았다.

고독은 결코 쓸쓸하지 않다

고독과 적막은 다르다. 적막은 당혹스럽지만 고독은 풍만하다. 장자는 "고독과 천지의 정신은 통한다"라는 말로 생명과 우주의 대화를 규정했다. 이는 가장 완벽한 경지이다. 이런 '고독'을 이백李白도 이야기했다. 이백은 〈월하독작月下獨酌〉에서 "꽃 사이에 술 한 병 놓고, 벗도 없이 홀로 마신다. 잔을 들어 밝은 달을 맞이하니, 그림자 비쳐 셋이 됐네"라고 했다. 이는 자랑스러움이 담긴 고독이다. 이백은 자신과 대작할 누군가가 필요하지 않았다. 오직 고독만 있으면 더할 나위 없었다. 망망대해나 높은 산꼭대기를 마주하며 "천인天仞이나 되는 산꼭대기에 서서 옷깃을 여미고 세속의 먼지를 털어내노라. 만 리를 흐르는 장강에 발을 담가 세속의 때를 씻노라" 하는 느낌, 그 어느 것에도 방해받지 않는 완벽한 상태다.

고독은 행운이다. 고독을 두려워하는 사람은 적막함을 느낄 것이다. 고독에 빠져들고 싶지 않아 타인과 관계를 맺기 위해 애쓰고, 그러다 포기하는 바람에 오랜 세월을 그토록 찾아 헤맨 나머지 반쪽을 놓쳐버린다. 나는 중샤오둥루忠孝東路에서 사람들이 오가는 모습을 지켜보면서 도시가 사막보다 더 황량하다고 느낀다. 모두 가까이 있지만 서로의 시름을 알지 못한다. 고독과 완전히 상반된 위치에 놓인 것이 바로 적막함이다.

고독이 나쁜 것은 아니다.

고독을 나쁜 것이라고 느끼는 이유는 우리가 고독을 두려워하기 때문이다.

"

고독은 고독하지 않은 데서
시작되는 것이 아니다.
고독이 두려워 고독을 몰아내려 할 때
고독하지 않다고 생각할 때가
가장 고독한 때다.

"

2장

말하는 사람은 있지만 듣는 사람은 없다

　열대 지역에서 연구에 몰두하고 있는 인류학자가 있다. 그의 말 한마디가 창작자들에게 즐겨 인용된다. '옴네 아니말 트리스 테 포스트 코이툼$^{omne\ animal\ triste\ post\ coïtum}$'이라는 라틴어로 '성교한 후 동물은 비탄에 잠긴다'라는 뜻이다. 나는 '성교'는 정확한 표현이 아니라고 생각한다. '코이툼'이 가리키는 것은 '성^{性}의 클라이맥 스'이지 단순한 성적 자극이 아니다. 생물학에서는 성적 쾌감이 최고조에 달했을 때를 호흡이 정지된 상태로 규정한다.

　누구나 이렇게 말로는 형용할 수 없는 경험을 한 적 있을 것 이다. 클라이맥스가 지나간 후 거대한 공허함을 느끼는 그 순간, 모든 기대와 공포가 한꺼번에 사라지는 죽음과도 같은 순간 말 이다. 욕망의 고독이 갖는 본질과 죽음의 의식은 서로 닮았다. 이 런 상황에서 우리는 우리와 전혀 소통할 수 없는 한쪽을 꽉 끌어안고 있는, 완벽하게 고독한 개체라는 사실을 발견하게 된다.

이와 비슷한 상황으로 산후우울증을 들 수 있다. 대부분의 산모가 아이를 낳고 난 후 풍만하던 몸이 갑자기 텅 빈 것처럼 느껴지며 공허함을 느낀다. 위대한 계획을 완성시킨 창작자도 비슷한 감정을 느낀다. 연출자가 연극의 막이 내리는 순간, 일종의 비이성적인 우울한 상황에 빠져드는 것처럼 말이다.

소설을 쓰기 위해 나는 동물학, 인류학, 사회학, 생물학을 섭렵하기 위해 연구했다. 대부분의 작가나 예술가가 모두 그럴 것이다. 소위 문학, 철학, 예술은 개인의 사고방식이나 주관적인 느낌의 산물이라는 인식이 강하지만 동물학, 생물학 등 과학 지식을 인용하면 작품에 객관성을 더할 수 있다. 물론, 이러한 지식이 창작 자체에는 별다른 영향을 미치지 않지만 말이다.

소설을 쓸 때, 나는 문학작품보다는 동물이나 인간의 생리 구조에 관한 서적들같이 전혀 다른 분야의 책을 뒤적인다. 이런 책 속에서 작품과의 연결고리를 발견해내는데, 〈열 받아 죽은 앵무새〉나 〈혀에 대한 고찰〉 등이 그 대표적인 사례다.

혀에 대한 고찰

〈혀에 대한 고찰〉을 쓰기 전 나는 재미난 사실을 알게 됐다. 내가 읽은 책에 혀에 알을 핥거나 혹은 혀로 알을 식물체 위로 옮겨 태양빛을 쪼여 부화시키는 동물이 있다고 쓰여 있었다. 이 글을 읽기 전 나는 한 번도 혀가 생식 행위와 관계 있을 것이라고 생각해본 적 없었다. 우리 모두 혀와 언어의 관계는 익히 알고 있다. 그런데 동물의 혀는 또 다른 용도로 사용되고 있었다! 개구리나 혹은 두꺼비가 혀를 길게 뽑아 공중을 비행하는 곤충을 정확하게 낚아채 혀로 말아 입 안으로 집어넣는 것을 보면 누구나 깜짝 놀란다. 혀는 꼭 언어를 말하는 기능만 있는 것이 아니다. 수많은 동물에게 혀는 먹이를 포획하는 도구이기도 하다.

동물의 언어와 혀의 관계는 그렇게 밀접하지 않다. 우리는 개 짖는 소리, 늑대의 울부짖음, 사자의 포효, 새의 지저귐 등으로 동물의 소리를 형용하는데, 이는 말하자면 동물의 언어인 셈이다. 그러나 우리는 이를 식별할 수 없다. 언어는 인간의 전매품이 아니다. 동물도 서로 다른 소리로 일부 행위를 표현하는데, 그중 가장 중요한 것이 짝을 찾거나 먹이를 찾을 때다. 인간의 언어는 훨씬 더 복잡하다. 인간의 언어는 극도의 정확성을 요구한다. 주어, 동사, 형용사 등 단어의 성분이 다양하고, 모든 글자의 발음이 정확해야 한다. 우리는 이에 대해 글을 '새김질'한다고 말한다. 글을 새김질하는 과정에서 혀는 중요한 역할을 한다.

혀와 기물器物은 관련 있다. 미술사를 연구하면서 춘추전국시대의 청동기 위에 기다란 동물의 혀가 그려져 있는 것을 보았다. 그런데 그 누구도 어떤 동물의 혀인지 무엇인지 명확히 말하지 못했다. 어떤 사람은 그 동물을 용이라고 하고, 어떤 사람은 이무기라고 하고, 어떤 사람은 용이나 이무기와는 그 모습이 전혀 다르다고 했다. 타이베이 시 난하이루南海路에 있는 역사박물관에 가면 양쪽으로 귀가 달려 있는 청동기를 볼 수 있다. 파충류처럼 생긴 동물 모양의 조형물인데 혀가 몸처럼 긴 것도 있고, 청동기 밑받침에 혀를 내민 동물이 달려 있는 것도 있다.

1980~1990년대 중국 대륙에서 문화혁명이 일어난 후, 후난에서 1미터 혹은 2미터 정도 되는 나무로 조각된 진묘수鎭墓獸 •를 발굴했는데 신호등처럼 커다란 두 개의 눈, 양쪽 다리 사이까지 길게 빠져나온 혀 등 그 생김이 무척이나 기묘했다. 춘추전국시대, 지금의 허난河南 일대의 정鄭나라에서부터 후난 일대의 초楚나라에 이르기까지 혀를 길게 빼어문 동물 모형 유물이 대량으로 출토되었는데, 그 이유는 지금까지도 미스터리다. 미술 연구자들은 동물의 이미지를 장난스럽게 보이게 하기 위한 것이라고 하지만, 나는 그 옛날 인류가 이러한 동물의 형상을 조각했을 때 이미지보다 제사나 신앙의 목적을 훨씬 더 염두에 두었을 것이므로 특별한 상징적인 의미를 가지고 있을 것이라 생각한다.

어찌 됐든 내가 혀와 관련된 소설을 쓰겠다고 마음먹었을 때,

• 무덤에 악령이나 도굴꾼의 침입을 막기 위해 묘실과 연도에 놓은 상서로운 짐승의 모습을 본떠 만든 형상. 초기에는 점토 조형이 주류를 이루었지만, 점차 유약을 바른 도기로 바뀌어갔다. 몸체는 사자, 용, 멧돼지 등을 닮았으며, 머리에는 뿔이 나 있고, 몸에는 날개가 달려 있으며, 눈을 크게 뜬 채 혀를 내민 괴수의 모습이 주를 이루었다.

이것들은 내 소설의 소재가 됐다. 이것이 바로 소설을 쓰는 가장 큰 묘미다. 창작자는 인류가 아직 탐구하지 못한 새로운 영역을 조합해낼 수 있다.

서양이나 중국을 막론하고 과거에 소설은 주류 문화에 포함되지 못했다. 비주류였기 때문에 창작자는 비주류의 방식으로 생명 속에 있는 각종 기기묘묘한 것들을 얘기할 수 있었다. 또한 소설은 주류 문화의 감시와 제한을 받지 않았기 때문에, 김성탄 金聖嘆을 포함한 소위 4대 재자서才子書나 중국 고전이라고 불리는 《홍루몽》, 《수호지》, 《삼국연의》, 《서유기》, 혹은 가브리엘 가르시아 마르케스의 《백년의 고독》은 모두 천마가 하늘을 나는, 이 세상에 속하지 않는 세계를 표현할 수 있었다.

〈혀에 대한 고찰〉을 쓰기 시작했을 때, 나는 거리에서 지나가는 사람들을 보거나 사람들과 이야기하면서도 이야깃소리를 듣지 못했다. 나는 오로지 사람들의 얼굴에 있는 검은 동굴 속에서 움직이고 있는 혀를 관찰했다.

화자는 있지만, 청자는 없는 사회

인간의 언어는 아주 이상하다. 또한 혀는 입 속의 서로 다른 위치에서 서로 다른 소리를 내면서 복잡하고 의미 있는 행위를 표현하는 수단이다. 아울러 서로 다른 언어 체계는 혀의 움직이는 방식도 서로 다르게 만든다. 그러다 보니 외국어를 배우다 보면 자신의 발음 방식에 결함이 있다는 사실을 발견하게 된다. 예를 들어 프랑스어를 배울 때 많은 사람이 권설음을 발음할 수 없거나, 'd'나 't', 'b'나 'p' 음을 구별하지 못한다는 사실을 깨닫게 된다.

중국어를 사용하는 사람들은 혀가 민첩하다. 특히 일본어와 비교하면, 일본어의 구조는 중국어보다 단순하다. 이와 관련하여 다음과 같은 이야기가 있다. 1950년대 일본의 주 유엔대사가 회의에서 격양된 목소리로 논문 한 편을 발표했다. 발표를 마치자마자 단상 아래 있던 사람이 영어 통역사를 찾아서 통역을 하면 어떻겠느냐고 물었다. 일본 대사는 화를 내며 방금 영어로 발표했다고 말했다. 서로 다른 소리를 듣거나, 이해할 수 없는 소리를 듣는 것은 모두 재미있는 일이다. 그럼 이해할 수 없는 소리란 무엇인가? 예를 들어, 부눈족의 제사 의식에 참여했는데 부눈족의 언어로 제사 의식을 진행하는 소리를 듣는다면, 우리는 언어 자체를 듣는 것이 아니라 음악을 듣는 느낌에 가까울 것이다. 그리고 부눈족의 언어는 아주 특별하게 느껴질 것이다. 부눈족^{타이완 원} ^{주민 중 하나로 1,500미터 고산지대에 살고 있다.}이 발음하는 방식을 배우려면 먼저 그들의 혀 움직임을 익혀야 한다.

만약 내가 다룽둥^{大龍峒}에서 성장했다면 어려서부터 다양한 언어와 접촉할 기회가 있었을 것이다. 이곳 주민들은 대부분 민남어^{閩南語}를 모어로 삼고 있으나 소수의 객가^{客家} 사람도 있다. 우리 집 근처에는 쥐엔촌^{眷村}*이 있는데, 이 마을에서 사용하는 언어는 운남어^{云南語}, 귀주어^{貴州語} 등으로 다양해서 각 가정에서 어머니들이 아이들을 야단치는 소리가 다 다를 정도였다. 당시 나는 정확히 알지는 못했지만 언어의 세계란 정말 신기하다고 느꼈다.

알아들을 수 없는 언어로 인해 처음으로 감동을 받은 것은 프랑스에서 유학할 때였다. 나는 파리 남쪽에 위치한 집에 세 들어 살고 있었다. 셋집이 지하철 종점에서 좀 떨어진 곳에 있었기 때문에 전철에서 내린 후 한참 걸어가야 했다. 집주인은 닝포^{寧波,} ^{중국 저장성에 있는 항구 도시} 사람으로, 음식점을 경영하고 있었다. 어느 날 나는 집주인의 어머니인 닝포 할머니가 프랑스 사람과 이야기를 나누는 모습을 보았는데 대화 속도가 장난이 아니었다. 프랑스에 도착한 첫해라 프랑스어로 말하려면 더듬거리기 일쑤였는데, 할머니가 유창하게 대화를 주고받는 모습을 보고 깜짝 놀랐다. 그런데 자세히 들어보니 할머니가 하시는 말씀은 프랑스어가 아니었다. 음조가 마치 도레미 하고 노래를 부르는 소리 같은 닝포어였다.

닝포 할머니는 닝포 사투리로, 프랑스 할머니는 프랑스어로

* 1949년에서 1960년대까지 중국 대륙 각 성(省)의 중화민국 군인이나 그 권속이 국공내전(國共內戰)에서 패해 중화민국 정부를 따라 타이완으로 이주한 후 정부기관이 재건을 위해 만든 마을

이야기를 주거니 받거니 하고 있었다. 두 사람은 오랫동안 이야기를 나눴지만, 그 어떤 갈등도 그 어떤 오해도 생기지 않았다. 하긴 오해할 기회조차 없었을 것이다. 이는 내게 동일한 언어야말로 오해의 시작점이라는 생각을 하게 만든 첫 경험이다.

내 제자 중 한 명이 일본인과 결혼했는데, 부부 사이의 대화가 아주 재미있다. 두 사람은 주로 영어로 이야기했는데, 중간중간 아주 조금씩 중국어나 일본어를 섞어 썼다. 두 사람이 서로 이해할 수 없는 언어였지만, 이것은 두 사람의 대화를 행복이 넘쳐 흐르도록 만들어주었다. 나는 갑자기 부러워졌다. 우리는 날마다 신문이나 뉴스에서 비방이나 비판, 그것도 아니면 아우성을 본다. 이렇게 된 이유가 동일한 언어를 사용하기 때문은 아닐까? 만약 서로 이해할 수 없는 언어로 이야기한다면 조금은 상황이 좋아지지 않을까?

동일한 언어를 사용하는데 왜 서로에 대한 이해가 깊어지기보다는 오해를 낳게 되는 것일까? 그 원인은 대부분 상대방의 이야기를 듣고 싶어 하지 않기 때문이다. 상대방이 분명 이렇게 말할 것이라는 선입견을 갖고 있으면 처음부터 상대방의 말을 듣지 않겠다고 결정한 것이나 다름없다. 이런 상태에서는 상대방이 아무리 많은 이야기를 해도 그 이야기가 귀에 들어오지 않는다. 시청자 참여 프로그램이 바로 그 예다. 모두가 자신의 이야기만 해댈 뿐, 아무도 들으려 하지 않는다. 모두가 동일한 언어를 사용하고 있는데도 말이다. 이것이 바로 동일 언어의 모순이다. 우리는 이렇게 자신을 황야에서 혼잣말을 중얼거리는 괴물로 만들어버린다.

동물의 혀에서 청동기에 새겨진 혀를 내밀고 있는 그림까지, 또 이해할 수 없는 언어까지 한데 뭉쳐 괴상한 소설 〈혀에 대한 고찰〉이 숙성됐다.

말을 삼가고 행동에 주의하라

옛 소련의 해체와 현대 중국의 상황 등 정치적인 문제를 다룬 이 작품에서 나는 뤼샹呂翔이라는 인물을 빚어냈다. 뤼샹은 후난의 인류학자다. 나는 그가 연구하는 초나라 무덤에서 발굴해낸 혀를 내밀고 있는 괴상한 물건을 통해 언어에 대한 흥미를 표현했다.

나는 소설에서 유네스코에서 일하는 고고학 팀이 남미 고지대에서 1700만 년 전의 암컷 동물의 유해 한 구를 발견한 사실을 허구로 설정해놓았다. 인류학자들은 이 유해가 어떤 동물인지, 유인원인지 혹은 인간인지 알아내야 했다. 이를 구분하는 가장 큰 특징은 인간의 척추가 직립이라는 사실이다. 발견된 유해는 직립하고 있었다. 꼬리뼈가 약간 남아 있지만 마치 캥거루처럼 뒷다리로 서서 꼬리로 몸을 지탱하고 있었다.

이 발견은 세계 각지를 연구 열풍으로 뜨겁게 달궜는데, 그중에 발트해 에스토니아 출신의 인종학 교수인 우즈벡도 포함되어 있었다. 그가 시카고 학술대회에서 좌파의 유물사관을 통해 이 유해가 인류 최초의 모성母性을 가진 유해라고 규정짓자 회의장은 떠들썩해졌다.《어린왕자》에서 터키 천문학자가 터키 전통복장을 입고 행성을 발견했다는 사실을 발표했다. 그러나 학술계의 규칙에 부합되지 않는다 하여 아무도 그를 믿지 않았던 이야기와 흡사한 상황이다.

우리는 종종 학술계에 외재하는 규칙을 발견한다. 언어와 비슷한 일종의 형식이 있는데, 이는 창의성이나 논증의 정확성을 검증하는 것이 아니라 외재적인 틀을 말한다. 논문 심사에 참여해본 사람은 알겠지만, 심사위원들이 관심을 두는 것은 논문의 색인, 참고자료이지 논문의 저자가 가장 자랑스럽게 여기는 새로운 견해가 아니다. 이 또한 일종의 황당함이자 외재하는 규칙으로 간주할 수 있다. 언어를 포함해 일종의 외적 유형이 부호로 변해버려 그 내재적인 본질이 완전히 잊히는 경우다.

'욕망의 고독'에서 나는 유교 문화가 고독을 격려하지 않는다고 얘기했는데, 유교의 도덕 전통은 언어의 정교한 수사修辭 또한 장려하지 않는다. 공자는 '교언영색巧言令色 선의인鮮矣仁'이라 하여 '남의 환심을 사려고 아첨하는 교묘한 말과 보기 좋게 낯빛을 꾸미는 사람 치고 어진 사람은 드물다'라고 했다. 공자는 '인仁'

이란 삶 속에서 가장 선량하고 가장 숭고한 도덕이며, 말을 잘하고 표정이 풍부한 사람은 대부분 어질지 않다고 했다. 공자의 이말이 중국 전체에 영향을 미치는 바람에 사람들은 무표정해지고 말도 어눌해졌다.

어렸을 때 우리는 함부로 입을 열지 말라는 훈계를 받았다. 손님이 오셨을 때 내가 너무 떠들어대면 부모님은 체면이 깎였다고 생각해 손님이 가고 난 다음 벌을 주었다. 그런데 어린아이가 뭐가 체면이 있는 이야기고 뭐가 그렇지 않은 이야기인지 어떻게 알 수 있겠는가? 결국 나는 꿀 먹은 벙어리가 됐다.

언어와 문화의 습관은 연관성이 깊다. 그리스 문화에 수사학과 논리학이 있는데, 논리학은 그리스 철학의 중요한 기초다. 플라톤의 철학을 담은 《대화록》은 바로 언어의 논증이다. 서양에서는 어려서부터 언어 훈련을 받는다. 서양 정치인들의 연설을 들을 때면 더할 나위 없이 유려한 문장에 좋은 느낌을 받으며 왜 우리네 정치인들은 그렇게 못 하는지 답답할 뿐이다.

공자는 상대적으로 인간의 외재적인 것보다는 내면적인 것을 강조했다. 만약 누군가 아주 듣기 좋은 이야기를 한다면 "그의 행동을 지켜봐야 한다"고 했다. 행위와 말이 일치하지 않으면 그는 미심쩍은 사람이 되어버렸다. 동서양의 언어 훈련에 있어서 절대적으로 좋고 나쁨은 없다. 이는 개인이 자신의 언어를 어떻게 처리하느냐에 관한 문제다.

언어로 마음을 깨닫다

춘추전국시대의 구류십가九流十家*는 언어의 중요성을 부정하지 않았다. 공손룡公孫龍과 혜시惠施의 명가名家 학파가 이야기한 것이 바로 그리스의 논리학이다. 논리학은 '명가의 학문'이라고 할 수도 있다. 명가에는 소위 "흰 말은 말이 아니다"라는 논리적인 변증이 있다. 만약 누군가가 흰 말을 가리키며 "저것은 말이 아니다"라고 한다면 무슨 소린가 싶을 것이다. 그런데 이것이 바로 언어학이다. 언어학의 논리로 따질 때 흰 말과 말은 서로 다른 개념이다. '이 정도쯤이야'라고 생각한다면 그런 사람이야말로 유학자라고 볼 수 있다.

"흰 말은 말이 아니다"는 품사와 연관된 문제에 대한 탐구로, 그리스 문화에서는 이를 엄격하게 구분했으나 중국에서는 '교언영색'으로 변해버렸다. 유가와 도가, 묵가, 법가 등은 모두 경전을 남겨 후세에 전했으나 명학은 그 경전을 찾기 어렵다. 명학과 관련된 저술은 여기저기 흩어져 있는데, 예를 들어 "흰 말은 말이 아니다", "알에도 털이 있다" 같은 우언은 모두 명학 학파에서 발전해 나온 언어 구조에 대한 토론이다.

서양의 부호학 역시 언어 구조에 대한 토론으로, 사상 내용을

---

* 구류란 춘추전국시대의 유가(儒家)·도가(道家)·음양가(陰陽家)·법가(法家)·명가(名家)·묵가(墨家)·종횡가(縱橫家)·잡가(雜家)·농가(農家) 등 9개 학파를 가리킨다. 십가란 구류에 소설가(小說家)를 더한 10개 학파를 말한다.

검증하기 전에 선험적인 언어의 합리성이 필요하다고 주장한다. 언어가 불합리하면 거기에서부터 도출된 것 역시 잘못된 것이라며, 반드시 먼저 잘못된 곳을 표시한 후 나중에 부호학의 정설을 찾아보아야 한다는 것이다. 우리 문화는 이 방면의 검증이 부족하기 때문에 우리네 정치인들의 언어가 매우 혼란스러운 것이다. 서양 정치인들은 자신이 사용하는 언어에 세심하게 주의를 기울이는데, 잘못된 언어 사용으로 인해 언제든 공격을 받을 수 있기 때문이다. 그러나 우리는 언어에 대해 이 같은 엄격한 요구가 없기 때문에 언어의 함의가 애매모호하고 명확하지 않다.

장자의 철학에도 언어에 관한 토론이 있다. 장자와 그의 친구 혜시의 유명한 대화다. 강가에서 물고기를 보다가 장자가 말했다. "물고기가 물에서 헤엄치는 것을 좀 보게나. 즐거워 보이지 않나?" 누구나 할 수 있는 말이다. 그러나 혜시는 "나는 물고기가 아닌데 어찌 물고기의 즐거움을 알 수 있겠는가?" 하고 대답했다. 장자 옆에 있는 사람이 공자였다면 혜시처럼 대답하지 않았을 것이다. 혜시의 이 대답은 언어의 수사학, 부호학을 섭렵하고 있다. 혜시는 장자의 물음을 논리적으로 검증한 것이다.

만약 주변에 혜시 같은 사람이 있다면 편하게 말을 꺼내기 힘들 것이다. 그러나 혜시의 말에 장자는 "자네는 내가 아니니 내가 알고 있는 물고기의 즐거움을 어찌 알겠는가?" 하고 대답했다. 그는 혜시의 논리를 근거로 그의 추론을 뒤집었다. 이 대화는 논리적인 변증으로, 유교의 도덕 전통에서 바라보았을 때 완전히 배척해도 상관없는 전혀 의미 없는 대화다. 우리는 명가의 멋진 이야기를 통해 유교 문화의 언어에 대한 소홀함을 보완할 수 있으리라 추측할 뿐이다.

유교 문화는 언어의 정확성을 따지지 않는다. 기본적으로 유교의 언어는 시어에 가까운 마음과 영혼의 깨달음으로, 언어를 매우 단순한 상태로 간소화했다.

인간의 언어와 글은 두 개의 방향으로 극단적인 발전을 했는데, 하나는 시로의 발전이고, 다른 하나는 법률 조문으로의 발전이다. 법률 조문은 정확하고 분명해야 하며, 그 어떤 애매한 부분도 불허한다. 현재 국제법, 공약 등에 통용되는 언어는 프랑스어다. 프랑스어는 품사 분류의 한계를 정하는 데 있어 전 세계에서 가장 엄격한 언어다. 반면 중국어는 가장 부정확하고 모호하다. 그러나 중국어는 아름답다. 때로는 부정확한 것이 아름답다. 정확하게 똑 떨어지는 것은 종종 아름답지 않다. 그 누구도 《육법전서》를 아름답다고 하지 않지만 《시경》이 아름답다는 데는 많은 사람이 동의한다.

공자는 법률을 좋아하지 않았다. 《논어》에 한 아이의 아버지가 양을 훔친 이야기가 나온다. 아이는 관아에 아버지를 고발했는데, 공자는 이를 상당히 못마땅하게 여겼다. 그는 아이가 아버지를 고발하는 사회는 자신이 동경하는 사회가 아니라고 했다. 공자가 중시한 것은 무엇인가? 바로 윤리와 도덕 아닌가! 아들이 아버지를 고발한 것은 법률이다. 법률이 하는 일은 바로 언어와 문자의 경계를 정하는 것이다. 즉 인성에 속한 가장 매혹적인 것과 공자가 주장한 인의도덕을 용납하는 영역으로, 그 경계에는 타협의 여지가 없다.

유교를 정통 문화의 주류로 삼을 때, 언어는 반드시 시를 향해 나아가지 법률 조문을 향해 나아가지 않는다. 혜강이 나이 마흔 살에 형장으로 끌려가게 된 이유는 "위로는 천자의 신하가 아니고, 아래로는 왕후로서의 일을 하지 않았고, 평소에는 세인들을 무시하고 오만했으며, 오늘날까지 무익하고, 풍속을 해쳤다"는 것이었다.

혜강의 죄상을 읽노라니 마치 한 편의 시 같다. 이 같은 죄상은 중국 역사에서 흔히 있는 일로 '날조됐다'라는 네 글자로 표현할 수 있다. 중국 법률에 밝지 않고 언어를 제대로 따져보지 않아서 모함을 당한 경우라고 할 수 있다.

나는 언어가 그리스어나 프랑스어처럼 정확해야 하는지, 아니면 반전이 일어나는 즐거움을 주는 것이 옳은지에 대해 줄곧 갈등한다. 나는 정확한 언어 자체는 일종의 괴상함이라고 생각한다. 그런데 우리는 다양한 방법을 사용해 언어를 더욱 정확하게 만들려고 한다. 언어가 갈수록 정확해져 애매모호한 함의가 없어지면 언어는 마땅히 있어야 하는 유연성을 상실하고, 그저 의미나 걱정거리를 전달하는 도구가 되어 큰 제약을 받게 된다. 더군다나 소설이나 문학작품을 쓸 때는 언어를 전복시키는 여러 가지 가능성을 이용하기 마련인데, 우리는 '반드시 이런 모양'이지 '그런 모양'이라고 느끼지 않는다.

감정이 없는 언어는 소리일 뿐이다

주희朱熹는 《관서유감觀書有感》에서 다음과 같은 시를 읊었다.

묘畝의 절반쯤 되는 연못의 물은 왜 이렇게 깨끗할까? 수원지에서 맑은 물이 끊임없이 흘러 들어오기 때문이라네.

이같이 누군가는 "언어는 생각으로 인해 생겨나는 것은 아닐까?" 하는 의문을 가질 것이다. 우리가 마땅히 뒤집어야 하는 것은 언어일까, 아니면 사상일까? 언어가 생겨난 것은 확실히 사상을 표현하기 위해서였다. 어린아이들이 말을 배울 때 옆에서 가만히 지켜보면 자신의 의사를 표현하는 것이 정말 어려운 일임을 깨닫게 된다. 언어는 먼저 내용을 이해한 다음에 형식을 익히기 때문이다. 우리가 잊지 말아야 할 것은 오늘날 우리가 언어를 너무 유창하게 구사하는 바람에 언어 뒤에 숨어 있는 생각을 간과하기 쉽다는 것이다. 공공장소에서 왁자지껄하게 떠드는 사람을 볼 때면 계속 움직이는 입에서 쏟아져 나오는 말 뒤에 과연 생각이란 것이 존재할까 하는 의심이 든다.

나는 내가 그렇게 변해버릴까 봐 두렵다. 나는 언어의 타성에 빠지는 데 공포를 느낀다. 특히 교단에 서서 학생들을 가르칠 때 내 언어가 형식적이고 고착화된다는 생각이 들면 두렵기 그지없다. 학생들이 내 강의의 처음과 끝만 듣는 게 아닐까 두렵다. 장례식에 갔을 때 조문 중 서두의 "서기 몇 년 몇 월 며칠"과 맨 마지막의 "아아, 슬프도다" 하는 이야기만 기억하듯 말이다. 나는 조문의 중간을 완벽하게 알아들어본 적이 없다. 다만 조문을 낭송하는 사람의 말투에 얼마나 진한 감정이 담겨 있는가, 그곳에 자리한 모든 사람을 울컥하게 만드는 힘이 담겨 있는가만 기억한다. 이것이 바로 언어 유형화의 결과다. 조문을 읊는 사람은 다른 사람들이 알아듣거나 말거나 전혀 신경 쓰지 않고 온 마음을 다해 오직 조문을 읽어 내려간다.

형식적으로 고착화된 언어에서 탈피하려면 무엇보다 먼저 자신이 사용하는 언어를 점검해보아야 한다. 연못의 물이 맑은 까닭은 수원지에서 맑은 물이 끊임없이 흘러 들어오기 때문인 것처럼, 언어를 사용하는 데 있어 흐르는 물과 같은 상태를 유지하면 언어는 결코 생명력을 잃지 않는다.

며칠 전 친구들과의 모임이 있었다. 누군가 "예전에 우리가 회의할 때 외쳤던 구호 기억해? 12청년 수칙?" 하고 물었다. 나는 첫 번째 수칙인 '충성과 용감함은 애국의 근본이다'와 맨 마지막 수칙인 '인내심은 성공의 근본이다'만 기억났다. 그럼 중간은? 친구들이 기억을 더듬어 여기서 하나, 저기서 하나 이야기했지만 12개 수칙은 완성되지 않았다. 분명 우리는 예전에 이 수칙들을 매일 소리 내어 외웠는데, 형식적이고 고착화되자 언어와 사상이 분리되고 오직 소리만 남게 되었던 것이다. 이러한 소리는 우리 삶에서 의미를 만들어낼 수 없다.

육조혜능六祖慧能은 우리가 원하는 방식으로 언어를 전복시킴으로써 언어를 가치 있고 살아 있는 것으로 만들 수 있었다. 어떠한 언어든 반드시 뒤집어지게 되어 있다. 유교 집단 문화의 언어뿐만 아니라 명학이나 그리스의 논리학도 마찬가지다. 부호학 역시 논리를 뒤집었다. 만약 명학이 유교처럼 중국의 도덕 전통이 됐다고 하더라도 뒤집어졌을 것이다. 새로운 시대의 문학은 구 시대의 문학을 전복시키고, 구 시대의 문학을 '파괴'하고 난 후에야 비로소 새로이 정리되고, 완전히 새로운 의미를 탄생시키게 된다. 송대宋代 문학은 또 다른 형태로 나타났는데, 바로 '공안문학公案文學'이다. 공안문학 역시 일종의 전복, 반전 아니던가?

공안문학은 중국의 입말口語인 백화白話, 중국의 구어체로 서술된 문학 문학의 견인차라고 할 수 있다. 불교 교리는 당나라 대에 이르러 점차 유형화됐다. 이 같은 유형화에는 비단 불경의 번역뿐만 아니라 불교 설법의 내용 또한 포함됐다. 이들 모두 연민이나 인성에 대한 배려는 보이지 않았다. 불경을 읽는 사람들은 "관자재보살 행심반야바라밀다시 조견오온개공 도일체고액 사리자 색불이공 공불이색 색즉시공 공즉시색觀自在菩薩 行深般若波羅密多時 照見五蘊皆空 度一切苦厄, 舍利子 色不異空 空不異色 色卽是空 空卽是色…"하고 막힘 없이 읊어대지만 그 목소리에는 감정이 전혀 실려 있지 않아 듣는 이의 가슴을 움직이기보다는 그저 소리에 불과할 뿐이다.

그래서 선종이 세상에 출현했을 때, 어느 누구도 말만 앞세우는 이 종파를 믿으려 하지 않았다. 선종에서는 언어를 모두 오해라고 생각했다. 언어는 선종 수행자를 당혹하게 만들고 수행에 반하는 길로 걸어가도록 할 것이라고 여겼다. 마침내 선종은 언어나 문자를 사용하지 않게 됐다. 선종은 심오한 의미가 담긴 불법을 교리문답인 공안公案*을 통해 차츰 간단하고 쉬운 입말로 바꿔 설법을 펼쳤다.

선종의 역사는 염화미소拈花微笑 이야기로 거슬러 올라간다. 석가모니가 영취산에서 설법을 하실 때 연꽃을 집어 들어 보이자

---

* 공안은 고칙(古則) 또는 화두(話頭)라고도 하며 선종(禪宗)에서 사용하는 특유의 용어이자 참선 수행자가 궁구하는 문제를 말한다. 본래 공안은 관공서의 문서를 가리키는 말로, 위반해서는 안 되는 공정한 법령이나 옳고 그름을 판단하는 기준을 뜻한다. 공안은 중국에서 선종이 성립된 이후에 형성되기 시작했다. 예를 들어 "개에게도 불성(佛性)이 있는가?"라는 질문을 던지고 왜 그런지 그 답을 구하는 단서를 말한다.

제자 가섭^{迦葉}만이 그 뜻을 이해하고 미소를 지었다고 한다. 마음과 마음이 통했기 때문에 두 사람은 말을 할 필요가 없었다. 달마 초조^{達摩初祖}는 선종의 창시자로, 인도에서 중국으로 와서 소림사에서 9년 동안 면벽수행을 했다. 그는 언어나 문자가 아닌 행위로 설법을 전했다.

벽을 마주하고 말없이 좌선하는 수행은 고된 언어의 고독이다. 그는 수행을 통해 무엇을 찾아내려 했을까? 오직 그만이 알 것이다. 조용히 앉아 고독한 상황에 처하면 깊은 내면의 언어가 떠오른다. 타인과의 의사소통이 아닌 자신과 의사소통을 할 때 언어는 또 다른 형태로 나타난다. 선종이든 서양의 종파든 모두 외부와의 접촉을 끊고 홀로 수행하는 의식이 있는데 천주교에서는 이를 폐정^{閉靜}, 혹은 정수^{靜修}라고 한다. 이런 수행을 해본 사람은 보통 첫날이 가장 힘들다고 한다. 어떤 사람은 곧 미쳐버릴 것 같다고 토로하기도 한다. 달마는 이런 방식을 통해 언어를 외부 세계로 향하는 행위에서 내면으로 향하는 행위로 변환시켰으며, 이 방식을 불법의 2대조, 3대조, 4대조, 5대조, 그리고 6대조인 혜능에게까지 전해주었다.

5대조인 홍인^{弘忍}이 6대조인 혜능을 후계자로 삼은 이야기는 언어의 가장 뛰어난 반전을 보여준다. 선종은 5대조인 홍인에 이르렀을 때 막강한 교세를 자랑했다. 수많은 제자가 홍인의 가사와 바리때인 의발^{衣鉢}을 전수받고자 쟁탈전을 벌였다. 대대로 윗

대조의 의발을 전수받은 사람이 선종의 계승자가 됐기 때문이다. 계승자를 찾던 5대조 홍인은 고민에 빠졌다. 그 이야기가《육조단경六祖檀經》에 기록되어 있다. 육조의 자리를 놓고 다투는 제자들의 모습은 무협소설 속에서 맹주 자리를 두고 다투는 무림 고수들과 흡사하다. 후계자를 찾는 과정에서 홍인은 고독을 느꼈을 것이다. 진정으로 언어와 글에 담긴 심오한 철학을 깨닫고 해탈한 사람을 찾기 어려웠기 때문이다.

수많은 제자 중 후계자를 선발하는 과정에서 신수神秀의 명성이 자자했다. 그가 "몸은 보리수이고 마음은 명경대明鏡臺, 저승길 입구에 있는 거울로 그 앞을 지나면 살아있을 때 한 착한 일과 나쁜 일을 그대로 비춰준다. 같다. 시시때때로 부지런히 털고 닦아 속세의 먼지가 일어나지 않도록 해야 한다"라고 시를 읊자 제자들이 앞다투어 이 시를 암송했지만 홍인은 일언반구一言半句 말이 없었다. 이 시가 널리 퍼져 주방에서 일하던 혜능의 귀에도 전해졌다.

그는 장작을 패고 밥을 하는 글조차 모르는 스님으로, 불경을 듣거나 상류층의 문화를 접할 기회가 없었다. 그런 혜능이 이 시를 듣고 "보리는 본래 나무가 아니고, 명경 또한 대단한 건축물이 아니라네. 본래 물건이 아닌데 어디에서 먼지가 난단 말인가"라는 화답시를 읊조렸다. 그의 시구는 수행자가 쉽게 더러워진다면 수행의 의미가 어디에 있겠는가 하는 물음을 표현한 것이었다.

혜능의 시를 듣고 난 홍인은 표정도 바뀌지 않은 채 태연하게 "허튼 소리!" 하고 한마디로 일갈했다. 그리고 혜능의 머리를 세 번 치고 나서 뒷짐을 지고 자리를 떠났다. 이 이야기는 여기서부터 신화로 발전한다. 머리를 세 번 맞은 혜능은 홍인의 뜻을 깨닫고 삼경에 홍인을 찾아가 뒷문을 두드렸다. 여기에서 눈여겨보아야 할 것은 이 이야기에서 언어는 바로 "허튼 소리!"가 유일하며, 나머지는 모두 행위나 동작뿐이라는 사실이다.

혜능이 홍인을 찾아가자 홍인은 그에게 앉으라 하고 《금강경》을 들려주었다. 《금강경》은 불교의 정수를 전수하는 데 가장 중요한 불경이다. 홍인이 '응무소주이생기심應無所住而生其心', 즉 '사념이나 집착이 없어야 비로소 자비심이 생긴다'라는 부분을 읽을 때 혜능은 대담하게 "스승님, 깨달았습니다. 말씀 안 하셔도 됩니다" 하고 말했다. 그러자 홍인은 독경을 멈추고 자신의 가사와 바리때를 주며 당장 도망쳐 죽음을 피하라고 했다. 홍인은 혜능에게 필요하면 심지어 가사도 바리때도 필요없다며 "불교의 법을 가지고 남쪽으로 가 포교를 하되 매梅를 만나면 머물라"고 했다. 나중에 혜능은 광둥廣東 황매黃梅에서 포교했으며, 선종의 새로운 종파인 남종南宗을 창시했다.

글조차 모르는 사람에게서 발전되어 나온 남종이 당나라 정통문화의 비웃음을 산 것은 조금도 이상한 일이 아니다. 많은 사람이 만들어놓은 언어와 문자 체계가 장작이나 패고 밥이나 짓

는 스님에 의해 전복됐다. 이 같은 반전으로 인해 새로운 국면이
펼쳐진 것이다.

언어의 힘으로 고독을 이기다

언어의 고독이 반전 가능성이 전혀 없는 정통 문화 아래에서
이뤄졌다면 이 정통 문화는 분명히 경직된 것이다. 모든 학원과
도통道統, 도학을 전하는 계통, 정당을 포함해 이와 같이 하나가
들어오면 하나가 나가는 문화 구조는 우리에게 사고하고 분별하
는 능력을 갖추도록 한다. 혜능은 바로 언어와 문자에 대해 사유
하는 사변성을 갖추고 있었기에 언어에 대해, 불교 설법의 존재
에 대해 회의하는 태도를 갖게 됐다. 그리고 자신에게로 돌아와
불교의 교리가 무엇인지, 언어가 무엇인지에 관한 사고를 시작
할 수 있었다.

그러나 도망치던 중 혜능은 홍인이 전승해준 가사와 바리때
를 모두 잃어버리고 사냥꾼의 집에 숨어살면서 사냥꾼이 고기를
먹으면 고기에 곁들인 야채를 먹으며 채식만 해야 하는 불교의
계율을 깨뜨렸다. 그러나 "본디 물건이 아니거늘 어찌 먼지가 일
어난단 말인가!" 혜능은 가슴속에 불교 교리를 품고 있는 한 외
재하는 형식은 중요하지 않다는 사실을 깨달았다.

나중에 선종 6대조가 된 혜능의 사리는 사오관韶關의 난화南華

사에 안치됐다. 이 절에 사리를 참관하러 온 많은 사람이 절에 들어서자마자 오체투지를 하며 무릎을 꿇고 엎드려 절한다. 그러나 혜능은 사람들이 이렇게 하기를 원하지 않을 것이다!

선종의 교리문답은 이해가 갈 듯 말 듯하다. 예를 들어보자. 한 제자가 스승에게 "스승님, 불교의 교리가 무엇인가요?"라고 물었다. 스승은 언제나처럼 능청스럽게 뜸을 들이며 제자에게 대답을 해주지 않았다. 그러다 스승이 제자에게 물었다.

"밥은 먹었느냐?"

"먹었습니다."

"그럼 가서 설거지를 하거라."

이것이 교리문답이다. 《지월록指月錄》에는 이런 예가 가득하다. 《지월록》에 수록된 이야기는 모두 언어를 생활에 어떻게 적용시킬 것인가, 어떻게 해야 더욱 거짓 없는 참말을 할 것인가에 관한 것이다. 일본 선종 사원에 가면 '끽다거喫茶去, 차나 한잔 들고 가게'라는 세 글자를 볼 수 있다. 이것 역시 교리문답이다. 불교 교리의 대의가 무엇이냐고 물으면 당나라 조주趙州 선사는 "차나 한잔 들고 가시게나" 하고 대답할 것이다. 질문과 대답이 얼핏 보면 무관한 것 같지만 실제로 반전이 있는 대답이다.

선종의 반전이 없었다면 불교 교리는 당나라 때쯤 딱딱하게 굳어진 지식 체계로 변해, 곧 허상이 됐을 것이다. 서양 종교도 불교와 마찬가지로 반전을 겪었다. 기독교의 가장 중요한 반전은 르네상스 때의 성 프란체스코^{Francesco}다. 그는 이해하기 어려운 라틴어 성경을 이탈리아 사투리로 된 가사를 붙인 노래로 만들어 누구나 쉽게 부르게 했다. 이것이 바로 전복 아니면 무엇이겠는가.

이는 모두 언어의 전복과 관련 있다. 그러나 언어의 전복은 그렇게 쉽게 이루어지는 것이 아니다. 요즘 젊은이들이 인터넷에서 사용하는 언어는 외계인이나 사용할 법한 언어나 문자 같다. 어떤 이들은 이를 두고 언어의 퇴보라고 한탄한다. 당나라와 송나라 때 선종의 설법은 분명 언어 퇴보의 상징물로 여겨졌을 것이다. 왜냐하면 선종의 교주들이 사용한 언어는 거칠고 속된 민간의 것이지 우아한 말과 글이 아니었기 때문이다. 당나라 때 현장 법사가 번역한 불경은 우아하기 그지없었다. 그러나 선종의 설법은 더없이 질박한 백화였다. 《지월록》과 《경덕전등록景德傳燈錄》을 보면 짐작 가능하다.

언어는 대체 그 정확도가 어디에 도달해야 우리의 사상과 감정을 제대로 전달할 수 있을까? 친밀한 사람들, 예를 들어 부부 지간에는 어떤 언어를 사용하는가를 새롭게 사고해보자.

부부간의 언어에 관해서는 《수호전水滸傳》 〈오룡원烏龍院〉에 생생하게 묘사되어 있다. 일명 '해결사'라고 불렸던 송강宋江은 길에서 한 여자가 딸을 팔아 지아비의 장사를 지내려는 모습을 보고 즉시 도움을 주었다. 그는 어려움에 처한 사람의 처지를 이용하고 싶지 않았기에 여자의 딸을 아내로 맞지 않겠다고 했지만 여자는 한사코 딸을 송강에게 시집 보내겠다고 우겼다. 두 사람 사이에 실랑이가 벌어지고 송강은 결국 여자의 뜻에 따를 수밖에 없었다. 그는 오룡원을 사서 여자아이를 아내로 들어앉혔다.

송강은 가끔 오룡원에 가서 그 여자아이 염석교閻惜嬌와 함께 시간을 보냈다. 그는 사람들이 등 뒤에서 수군거리는 것이 두려워 항상 슬그머니 오룡원을 찾았다. 염석교는 자기처럼 젊디젊은 여자가 다 늙은 남자와 부부라는 것이 창피하기도 하고, 아무 연락도 없다가 내키면 불쑥 들르는 송강의 태도도 달갑지 않았다. 하루는 송강이 너무 바빠서 후배인 장문원張文遠에게 염석교를 찾아가달라고 했다. 두 젊은이가 만나서 서로 이야기하는데, 말이 너무 잘 통했다. 이후 장문원은 가끔 염석교를 찾아갔다. 이 이야기는 곧 송강의 귀에도 들어갔고, 직접 오룡원을 찾아가 살펴보기로 마음먹었다.

염석교는 송강에게 감사하는 마음과 증오의 감정을 동시에 느끼고 있었다. 아버지의 장례를 치를 수 있도록 장례비용을 내준 것은 고마웠지만 자신의 젊음을 이렇게 묻혀버려야 한다는 사실에 그가 밉기도 했다. 그래서 송강과 이야기를 할 때면 말이 곱게 나가지 않았다. 송강이 찾아갔을 때 마침 그녀는 수를 놓고 있었다. 염석교가 알은 체도 하지 않자 송강은 좀 멋쩍었다. 그는 어찌할 바를 모르고 그저 서성였다. 한참 머뭇거리던 송강은 "다제大姐, 손에 들고 있는 게 뭐지?" 하고 물었다. 다제는 부부 사이의 애칭이다. 그러나 중년 남자가 앳된 여자아이를 부르기 위해 사용하는 호칭이라고 하기에는 좀 어색했다. 염석교는 그를 힐끗 흘겨보았다. 그녀는 퉁명스럽게 "잔이에요" 하고 대답했다. 그러자 송강이 "신발을 두고 왜 잔이라고 하는 거지?" 하고 물었다. 염석교는 그를 보면서 "잘 알고 있으면서 왜 묻는 거지요?" 하고 대꾸했다.

소설은 언어유희를 이렇게 절묘하게 묘사하고 있다. 생각해 보라. 우리는 가족이나 친구들에게 이런 언어를 얼마나 사용하는가? 때로 우리는 정말로 뭔가를 묻고 싶어서가 아니라 고독이나 무관심, 멋쩍음에서 벗어나기 위해 필요하지도 않은 이야기를 하지 않는가?

무안해진 송강은 또 "다제, 낮에 다제는 뭘 하지?" 하고 물었다. 물론 염석교의 말투에서 뭔가를 알아내려는 질문이었다. 염석교는 "내가 뭘 할까? 왼손으로는 마늘을 잡고 오른손으로는 냉수 한 잔 들고, 마늘 한 쪽 먹고 냉수 한 잔 마시고, 냉수 한 잔 마시고 마늘 한 쪽 또 먹고, 동쪽으로 갔다가 서쪽으로 가고, 서쪽으로 갔다가 동쪽으로 가고…"라고 대답했다. 정말 재미있다. 염석교는 무료하다는 이야기를 이렇듯 빙빙 돌려 했다. 이렇게 의미 없는 이야기를 우리는 매일 매 분 매 초 하고 있지는 않은가?

《수호전》은 정말 좋은 소설이지만 여러 번 읽지는 못했다. 왜 냐하면 너무 잔혹하기 때문이다.《수호전》은 따뜻한 느낌이라기보다는 인간의 본성을 혈흔이 낭자하도록 처절하게 묘사해 적나라하고 황량함의 극치를 달린다.

《수호전》과 비교할 때 일본 감독 오즈 야스지로는 무의미한 언어 패턴을 아주 따뜻하게 풀어내고 있다. 그의 영화 〈안녕하세요早安〉에는 계속 아침인사와 저녁인사를 하는 장면이 나온다. 일본 문화를 접해본 사람이라면 일본 사람들이 경어를 즐겨 사용하고 깍듯하게 예절을 차린다는 사실을 잘 알고 있을 것이다. 일본인들은 만났다 하면 서로 인사를 하며 예를 차린다. 영화에 나오는 어린아이는 매일 똑같은 인사말을 되풀이하는 어른들을 보며 지루하고 따분해한다.

사실 이런 판에 박힌 예절이나 입에 발린 인사말로는 애매모호한 인간관계가 형성될 뿐이다. 친한 것도 아니고 소원한 것도 아니다. 이런 느낌은 우리를 고독하게 만든다. 우리는 언어를 사용해 서로간의 거리를 좁히려 하지만 상대방에게 얕보일까 봐 두려워한다. 소원한 관계에선 오가는 이야기도 서먹하다. 영화에서 보여주려는 것이 바로 이런 '따뜻한 고독'이다. 영화에서는 기차역 플랫폼에서 모든 사람이 서로 마주보며 아침인사를 한다. 하루 또 하루, 아침마다 똑같은 인사말을 주고받으며 깍듯이 예를 차리지만 서로의 속내를 드러내지 않는다.

《수호전》의 〈오룡원〉과 오즈 야스지로 감독의 〈안녕하세요〉를 비교해보면, 둘은 모두 무의미한 언어로 이뤄져 있다. 이를 무의미한 언어라 하는 까닭은 이러한 이야기를 모두 덜어내도 이야기의 전개에 영향을 미치지 않기 때문이다. 그런데 이런 이야기를 모두 덜어냈을 때, 이야기의 생동감은 어떨까? 나는 잘 모르겠다.

《수호전》은 잔혹한 방식으로 우리에게 "덜어내는 편이 낫다!"라고 이야기한다. 이야기의 종반부에 송강은 오룡원에서 염석교를 살해하는데, 이는 강요에 못 이긴 탓이다. 모두들 그에게 비극적인 방식으로 이런 지루하고 유지할 수 없는 결혼 관계에 결말을 맺으라고 강요한다. 오즈 야스지로 감독의 영화에선 젊은 남성이 기차에서 한 여성을 사랑하게 된다. 영화의 마지막 장면에 사랑에 빠진 그가 그녀 곁에 와서 "안녕!" 하고 말하고는 고개를 들어 하늘을 바라본다. 그러고는 다시 "날씨가 좋군요!" 하고 말한다. 영화의 마지막 장면은 이렇게 우리에게 무한한 따사로움을 전해준다. 그러나 이 남자는 실은 인사말 외에는 거의 아무 말도 하지 않았다.

가장 좋은 문학은 언어의 반전을 활용한다. 우리는 문학이란 언어와 문자를 빌려 작가의 의도와 이상, 그리고 인생관을 전달한다고 생각한다. 맞는 말이다. 확실히 그렇다. 그러나 그 표현이 절대로 단순하고 평이하고 직설적이지 않다.

무엇을 말하지 않는지를 들어라

한 유명한 문학평론가가 이런 이야기를 한 적이 있다. "소설을 읽을 때, 작가가 무엇을 썼는지 보지 말고 무엇을 쓰지 않았는지 보라. 친구가 하는 말을 들을 때도 마찬가지다. 그가 무엇을 이야기하는지 듣지 말고 무엇을 이야기하고 있지 않는지 들어라." 멋진 이야기 아닌가?

인간의 가장 깊고 깊은 내면에는 말로 표현하기 부끄러운 것이 있을 것이다. 그래서 언어는 위장을 하고 시간, 공간, 환경에 따라 역할이 변하는 것이다. 언어는 그 자체만으로는 절대적인 의미가 없다. 언어는 반드시 상황 속에서 해독해야 한다. 모든 것을 언어에만 기대면 언어는 오히려 장애물로 변한다.

내 소설 〈혀에 대한 고찰〉에서 유엔 회의에 참석한 주인공 뤼샹은 에스토니아에서 온 우즈벡 교수가 자본주의 사회학자들에게 조롱 당하는 모습을 본다. 소련, 동유럽 등 공산국가에서 온 학자들은 항의의 뜻으로 회의장을 나갔다. 뤼샹은 어느 편에 서야 좋을지 난감했다. 퇴장해야 할까 아니면 계속 회의장에 남아 있어야 할까? 그의 모습에는 당시 중국의 처지가 투영되어 있다. 비록 공산국가이지만 이미 큰형님과 사이가 틀어져버린, 진퇴양난의 처지에 빠진 중국의 상황을 담고 있는 것이다.

뤼샹은 '옳은 입장에 서야 했던' 이 사건을 평생토록 곱씹었다. 문화혁명이 일어나자 그는 줄서기를 잘못해서 결국 비참한 결말을 맞는다. 뉴펑牛棚, 문화혁명 시기에 비판의 대상이 된 사람들을 임시로 감금했던 수용소, 정식 감옥이 아닌 시골의 외양간이었다.에 수감된 그는 오랫동안 굶주리게 된다.

문화혁명 때 뤼샹은 3년 동안 옥살이를 했다. 인민재판을 나선 홍위병들이 뤼샹을 감옥에 가둬둔 사실을 까맣게 잊어버렸고, 그는 며칠 동안 굶을 수밖에 없었다. 정신이 가물가물해지면서 그는 자신이 감옥에서 죽어가고 있다고 느꼈다. 죽음의 문턱에 다다랐을 때 그는 위에서 일종의 열기가 솟아오름을 느꼈다. 그는 위가 자신을 집어삼켜 소화시키고 있다고 느낀다. 두려워진 뤼샹은 감옥의 나무 문을 뜯어 먹기 시작했다. 마치 쥐가 나무 상자를 갉듯 그는 나무 문을 이로 갉아 톱밥으로 만든 다음 걸쭉한 미음처럼 만들어 천천히 삼켰다.

중국 문화혁명의 주역인 홍위병은 대부분 10대였다. 이들이 인민재판이라는 계급투쟁을 통해 뤼샹을 감옥에 처넣은 후 또 다른 대상을 찾아 인민재판을 벌이고 있는 동안 뤼샹은 이들의 뇌리에서 지워졌다. 뤼샹은 감옥에서 나무 문을 갉아 먹으며 얼마 동안 목숨을 부지했다. 이때 그의 언어에 대한 사고가 시작된다.

오랜 시간이 흘렀지만 그는 바깥세상이 어떻게 변했는지 알 수 없었다. 뤼샹은 '끼니'라는 일차원적 문제를 해결한 후에야 '정신적인' 삶도 존재할 수 있음을 깨달았다.

그래서 그는 자신에게 말 걸기를 시도해보았다. 뤼샹은 오랫동안 혀와 구강의 변위를 연습하여 서로 다른 소리를 만들어냈다. 이는 초인적 인내심과 신중하고 면밀한 학자의 추론을 필요로 했다. 문화혁명이 끝난 후 출옥한 뤼샹은 그 누구도 모르는 절묘한 재능을 갖게 됐다. 그는 혀와 입술에 대한 과학적인 분석과 제어를 통해 완벽하고 정확히, 서로 다른 소리를 낼 수 있게 됐다.

어렸을 적 이런 놀이를 해봤을 것이다. 선생님이나 부모님의 목소리를 흉내 내며 놀다 보면 간혹 앵무새처럼 아주 똑같이 성대모사를 하는 아이가 있었다. 그러나 앵무새는 소리만 흉내 낼 뿐 말의 의미는 전하지 못한다.

절대고독의 시간, 타자의 목소리와 마주하다

할 일 없는 밤이면 뤼샹은 가만히 앉아서 문화혁명 때 자신을 비판했던 목소리들을 거듭 흉내 내곤 했다. 남자, 여자, 늙은이, 아이들, 아직 앳된 홍위병들, 이가 빠진 이웃 아주머니…. 뤼샹은 혼자서 여러 사람의 목소리를 흉내 내며 밤을 새웠다.

〈혀에 대한 고찰〉을 쓸 때 나는 문화혁명을 직접 몸으로 겪은 중국 대륙의 작가, 친구들을 알게 됐다. 이들에게는 모두 한 가지 공통된 경험이 있었는데 바로 스스로 생존하는 방법을 찾았다는 것이었다. 그러나 그 방법들이 때로는 너무 황당무계해서 상상을 초월했다. 사실 이들의 생존 방식은 일종의 유희이자 특별한 재능이라고 할 수 있다. 주나라 문왕은 유폐됐을 때 《주역》을 집필했다. 사마천은 궁형을 받은 후 《사기》를 완성했다. 인간은 가장 큰 재난을 당했을 때 상상할 수도 없는 잠재적인 능력을 발휘한다. 뤼샹도 마찬가지였다. 감옥에 갇혀 있을 때 그는 홀로 언어유희를 시작했다.

어릴 적 다룽둥의 바오안궁 앞에서 인형극의 일종인 부다이시布袋劇를 본 적이 있다. 나는 무대 뒤쪽에 서서 인형극 보는 것을 좋아했다. 무대 뒤에서는 여러 배역, 예를 들어 초선, 여포, 동탁이 모두 한 사람의 손놀림으로 조종되고 있었다. 인형을 조종하는 사람은 보통 나이가 지긋한 어르신이었는데, 배역이 바뀔 때마다 어르신의 말투나 마음가짐까지 변하는 것을 느낄 수 있었다. 예를 들어 초선의 인형을 조종할 때면 어르신의 목소리며 동작은 하나같이 애교가 철철 넘쳤다. 어르신은 인형을 움직이는 손뿐만 아니라 엉덩이까지도 실룩거렸다.

부다이시 같은 인형극은 서양에도 있다. 동유럽의 프라하에서도 이런 인형극을 본 적이 있다. 일본의 분라쿠文樂도 일종의 인형극이다. 동서양을 막론하고 인형극에서 배역을 맡은 사람들에게는 특이한 점이 있다. 예를 들면 황하이다이海岱같이 연세가 지긋한 분도 인형을 조종할 때면 배역에 걸맞게 순식간에 열다섯, 열여섯 살짜리 귀엽고 아리따운 소녀로 변한다.

뤼샹에 관한 이야기를 쓸 때, 내 사고와 정서는 어릴 적 인형극을 관람했을 때의 경험으로 되돌아가 다른 사람들이 비판할 때 그의 표정이나 모습을 상상하곤 했는데 마치 인형을 조종하는 듯한 느낌이었다. 다른 점이 있다면 그는 자신을 비판하는 소리를 녹음테이프처럼 끊임없이 반복해서 듣고 또 들었다는 사실이다. 마치 그를 고통스럽게 했던 이야기에 의지해야만 살아 나갈 수 있는 것처럼 말이다. 문화혁명은 끝났지만 그의 타성은 멈추지 않았다. 우리는 어떤 언어가 우리에게 꼭 필요한 것인지 모른다. 우리를 괴롭혔던 말들이 삶 속에서 우리가 알지 못하는 사이 구원과 해방으로 변할 수도 있다. 이를 소설에 대비시켜 본다면 그것이야말로 반전의 기법 아닐까?

뤼샹, 너 아직도 살아 있어?

뤼샹, 네 낯짝을 봐. 넌 인민에게 미안하지도 않아?

뤼샹, 앞으로 나와!

뤼샹, 네가 쓴 문장을 좀 봐. 생각이라고는 전혀 없잖아. 글이 너무 비루하다고!

뤼샹! 뤼샹….

뤼샹은 인민재판을 통해 비난의 얼굴을 끊임없이 마주해야만 했다. 뉴펑에서 그는 이 같은 목소리를 하나하나 모방했다. 그는 천천히 타인의 목소리가 사라지고 모든 것이 어느덧 자신의 목소리로 수렴하는 것을 느낄 수 있었다. 인류학을 연구하는 학자가 연구 대상으로 변해버린 셈이다. 그는 언어란 무엇인가 깊이 사고하기 시작했다. 그리고 혀와 소리의 관계를 세심하게 고찰하기 시작했다.

흉내 내는 목소리가 얼마나 똑같은지, 닮은 꼴 목소리가 어두운 밤에 조용히 허공을 배회했다. 옆방에서 주무시던 뤼샹의 어머니는 아침 일찍 일어나면 "뤼샹, 너 어젯밤에 꿈을 꿨니? 혼자서 중얼거리더구나" 하고 말씀하셨다.

다양한 소리에 대한 연구는 혀의 각 부위 발성에 대한 과학적인 원칙을 분석하는 데서부터 시작된다. 발음하는 동안 혀에 나타나는 변화는 무척이나 복잡하지만 사실 원칙은 몇 가지밖에 되지 않는다. 대부분 소리와 희로애락이라는 감정은 깊은 관계가 있다. 혀의 발성은 구강의 위치 변화로 나타나는데, 잘 살펴보면 사실 뺨 전체뿐만 아니라 온몸의 근육에도 영향을 미친다.

뤼샹은 혀에 대한 탐색 과정의 맨 마지막 단계에서는 심지어 소리도 때로 가짜라는 사실을 발견했다.

거짓 소리와 거짓 표정

문화혁명을 겪은 사람이라면 모두 소리가 가짜이자 때로는 단지 허장성세에 불과하다는 사실을 알 것이다. 한 친구가 내게 고백하기를 그에게는 평생의 은인이 있는데, 바로 문화혁명 당시 인민재판이 열렸을 때 다른 사람의 손에 들려 있는 채찍을 빼앗아 자신을 모질게 때렸던 친구라고 했다. 그가 인민재판장에서 죽게 되리라는 것은 의심의 여지가 없었다. 이 같은 상황을 간파한 친구가 일부러 다른 사람의 손에서 채찍을 빼앗아 가장 악랄한 말을 퍼부으면서 그의 온몸이 피투성이가 되도록 모질게 채찍질을 가했기 때문에 그는 병원으로 이송되어 목숨을 부지할 수 있었다. 친구의 독설과 끊임없이 가해지던 매질이 그에게는 더할 나위 없는 따뜻함으로 다가왔다. 이 같은 경험담을 들으며 나는 소름이 끼쳤다.

중국 고대 희곡에 이와 비슷한 이야기가 있다. 희곡 〈조씨고아^{趙氏孤兒}〉에서 송나라의 정영^{程嬰}은 조순^{趙盾}의 남겨진 후손, 즉 조무^{趙武}를 보호하기 위해 자신의 아들을 조무로 둔갑시켜 공손저구^{公孫杵臼}가 거두도록 한 다음, 공손저구가 조무를 숨기고 있다고 도안고^{屠岸賈}에게 밀고한다. 하지만 간사한 도안고는 정영의 밀고를 믿지 않았다. 두 사람이 결탁했다고 의심한 도안고는 정영에게 채찍으로 공손저구를 때리라고 했다. 정영은 도안고의 신임을 얻기 위해 피가 튀고 살점이 뚝뚝 떨어져 나오도록 공손저구를 매질했고, 결국 그는 참수를 당하게 된다. 도안고는 정영을 자신의 심복으로 여기고 정영의 아들(원래는 조무)을 수양아들로 삼았다. 16년이 흐른 뒤, 장성한 조씨 가문의 유일한 혈육인 조무는 정영에게 가문의 피로 얼룩진 역사를 전해 듣고 양아버지인 도안고를 살해해 복수한다.

나는 문화혁명을 몸소 겪어낸 대륙의 학자들을 좋아한다. 그들은 단순히 학문만 익힌 것이 아니라 다채로운 인생의 경험을 더해 학문을 감동을 주는 그 어떤 것으로 버무려놓았다. 이들은 당시 일부러 미친 척하거나 세태에 영합했지만 가슴 가장 깊은 곳에 있는 속내는 함부로 드러내놓지 않아 그 누구도 이들의 표정이나 목소리에서 진심을 감지해낼 수 없었다.

뤼샹의 연구는 어둠 속에서 발성을 통하거나 혹은 촉감을 이용하지 않고 자기에게 욕을 퍼부었던 인물들의 입 모양을 모방할 때 얼굴 근육의 변화까지도 깨닫는 단계까지 발전했다.

이 소설을 쓸 때 나는 혼자서 여러 가지 유희를 즐겼다. 예를 들어, 촉각을 청각 대신 사용하기도 했다. 스탠퍼드대학에서 학생들에게 중국어를 가르칠 때, 학생들에게 손가락을 입에 집어넣고 혀의 위치를 느껴보도록 했다. 혀의 위치가 제대로 돼 있으면 정확하게 발음할 수 있다. 이는 언어를 가르치는 방법 중 하나로 학생들이 잘못된 발음 방식을 교정해 정확한 발음을 할 수 있도록 학생들에게 혀의 위치를 알려주는 것이다. 예를 들어 혀끝을 잇몸 아래 놓은 후 먼저 손으로 감각을 느낀 다음 소리를 낸다. 뤼샹이 한 일도 바로 그랬다.

우리 모두 잘 알고 있는 헬렌 켈러는 소리를 들을 수 없었지만, 그녀는 베토벤의 〈운명교향곡〉에 대한 위대한 논평을 썼다. 그녀는 손을 스피커에 올려놓고 리듬과 선율이 만들어내는 파동에 따라 촉각으로 음악을 들은 다음 자신의 느낌을 적었다. 그녀는 인간의 감각은 서로 전환될 수 있음을 증명했다. 아울러 그녀는 청각이 촉각으로도 변할 수 있음을 증명했다. 중국어의 소리에는 모두 질감이 있다. 어떤 사람의 목소리에서 쇳소리가 난다고 하는 말은 그의 말에 금속성 질감이 있다는 뜻이다. 어떤 사람의 목소리가 종소리처럼 우렁차거나 애절하다고 하는 것 역시 언어의 질감을 표현한 것이다.

시와 사詞에 빗대 말하면, 만약 압강양운押江陽 혹은 동종운東鐘이면 써낸 시와 사가 〈만강홍滿江紅〉처럼 감정이 격분되고 장렬해진다. 왜냐하면 압운의 발음에 'ang' 혹은 'eng'이 포함된 시는 울림이 우렁차고 낭랑한 소리가 있기 때문이다. 압운이 제미운齊微韵이면 종성終聲이 'm' 또는 'b' 운모인 폐구운閉口韵으로 소리가 작아져 비애나 애수의 느낌을 준다. 발음이 'qi', 'ji', 'li', 'yi' 등인 글자는 압운에 있어 모두 제미운이다. 시를 낭송하는 것은 내용을 읽는다기보다는 소리의 질감을 읽는 것이다. 운이 잘 맞는 시를 읊다 보면 마치 가느다란 현을 켜거나 징과 북을 치는 것처럼 다양한 정취를 느낄 수 있다.

이 같은 연구는 직접 소리를 모방하는 것보다 훨씬 더 어렵다. 어떤 소리는 정교한 근육의 움직임이 필요하다. 특히 왼쪽 눈 아래에서 2센티미터 정도 넓이의 근육과 혀뿌리의 운동과 관계 있다.

〈혀에 대한 고찰〉에서 내가 꾸며낸 내용으로 독자가 정말로 거울을 들여다본들 이 근육을 찾을 리 만무하다. 소리를 촉발하는 근육, 심지어 내장기관은 지금까지 확실하게 발견되지 않았지만 느낄 순 있다. 예를 들어 분노를 표출할 때의 소리나 그리움에 사무칠 때 내는 소리는 우리 몸 내부의 기묘한 변화를 느끼게 만든다. 소위 '폐부에서부터 나는 소리'는 정말 말 그대로 가슴을 울린다. 강연을 마치고 집으로 돌아올 때면 나는 가슴 전체가 뜨거워지는 것을 느낀다. 이런 뜨거운 기운은 서너 시간 정도 사라지지 않는다.

언어, 우리 안에 내재된 기억

언어와 정서도 밀접한 관계가 있다. 다시 뤼샹의 이야기를 해보자.

혀는 악랄한 저주를 쏟아놓다가도 금세 찬양하는 말로 전환할 수 있다. 예를 들면 "좋았어, 뤼샹!" 같은 경우다.

"좋았어, 뤼샹!"은 칭찬일 수도 있고 욕일 수도 있다. 그는 곧 참수될 수도 있고, 영웅이 될 수도 있다. 이런 말은 상대방의 감정에 따라 그 의미가 완전히 달라진다. 뤼샹은 훈련을 통해 상대방의 근육 움직임만 보고도 상대방이 하는 말이 칭찬인지 비난인지 구분할 수 있게 됐다. 여기에서 또 한 번 언어의 반전이 일어난다. "좋았어, 뤼샹!"이라는 말을 들을 때 증오심에 치가 떨릴 수도 있다. 언어는 매우 복잡한 것이다. 절대로 한 가지 의미만 내포하고 있지 않다. 상대방이 무슨 말을 했는지 듣지 말고 그가 무엇을 이야기하지 않았는지 듣기 위해 노력해야 한다. 이것이 바로 문학의 멋진 면이다.

그러나 화가 난 상태에서 일단 혀뿌리에 힘을 주고 이를 갈면 의미가 완전히 달라진다. 바로 악독한 저주로 변해버린다. 혀뿌리는 볼 수 없으므로 왼쪽 눈 위 근육의 미세한 움직임에 의해서만 그 의미를 알아차릴 수 있다.

이 같은 발견을 하면서 뤼샹은 연구의 즐거움을 새록새록 느꼈다. 한밤중 모두가 잠든 후 혼자 방에서 연구를 하면서 그는 혀와 사람들의 얼굴 근육 변화를 모두 알아차릴 수 있을 정도에 이르렀다.

시간이 날 때마다 뤼샹은 거리로 나가 이야기를 나누거나 상냥하게 안부를 묻는 사람들의 모습을 바라보았다. 그는 사람들이 무슨 이야기를 하는지 들으려고 애쓰지 않고 그들이 '하지 않는 말이 무엇인지' 듣는 유일한 사람이었다. 사람들의 얼굴 근육의 풍부한 변화를 관찰하는 것이 뤼샹은 정말 재미있었다.

뤼샹이 길을 오가는 사람들이 무슨 이야기를 하는지 유심히 바라보지만 소리는 듣지 않는 모습이 쉽게 상상이 갈 것이다. 대화라는 초점을 뛰어넘어 언어를 관찰하면 언어가 사람들을 가장 놀라게 하는 인간의 행위임을 알 수 있다. 언어는 어떤 동물의 행위보다 더욱 복잡하다. 수많은 인간관계에도 영향을 미친다. 예를 들어, 앞에서 이야기한 송강과 염석교 부부 사이의 언어를 타인들은 이해하기 어렵다. 이들 두 사람은 시시덕거리면서 장난치고 있지만 다른 사람들이 들으면 싸우고 있다고 느낄 것이다.

장아이링의 소설에는 이런 면이 정말 잘 표현되어 있다. 한 부부가 거리에서 싸우고 있다. 남편이 내뱉는 말은 지독하기 그지없다. 심지어 그는 아내에게 폭력을 행사했고, 보다 못한 주위 사람들이 경찰에 신고했다. 당시는 한창 '바르게 살기' 운동이 펼쳐지던 시기로, 남편이 아내를 함부로 대하면 안 되는 분위기가 팽배했다. 남편을 경찰서로 잡혀가려는 순간 아내가 경찰관을 밀어내고 남편의 손을 잡아당겼다. 아내는 "집으로 돌아갑시다.

집으로 가요! 집에 돌아가면 당신이 날 때리든 욕하든 누구도 상관하지 않잖아요"라고 말했다. 보통사람들은 이들 부부의 언어를 소설에 적힌 내용만으로는 이해할 수 없는 상황이다.

나는 언어가 일종의 '다른 사람들은 알 수 없는' 관계를 형성한다고 믿는다. 롤랑 바르트는 촬영의 미학을 논한《밝은 방》이라는 저서의 첫머리에 이렇게 적었다. 롤랑 바르트는 세상을 떠난 어머니의 유품을 정리하다가 서랍에서 어머니의 다섯 살 때 사진을 발견했다. 그는 불현듯 어머니에게도 다섯 살이던 시절이 있었음을 깨달았다. 이전에 어머니의 다섯 살은 그에게 존재하지 않았을 뿐 아니라 이해할 수도 없었다. 이 일을 계기로 그는 촬영과 영상의 의미와 가치를 탐구하기 시작했다. 나는 언어란 롤랑 바르트의 사례처럼 개체와 개체 간의 알 수 없는 연관성으로 변한다고 생각한다.

흡사 나의 모국어와 같이 어머니는 나에게 어머니의 모어母語를 전해주었다. 이 언어는 내게 긴고주緊箍呪 같았다. 내가 이 언어를 늘 사용했던 것은 아니다. 어머니를 뵈러 가면 나는 어머니와 어머니의 모어로 대화를 나눈다. 내가 어머니의 모어로 이야기할 때 '나'라는 인물은 순식간에 변해버린다. 평소 논리적이고 평범한 나는 모두 사라지고 어머니의 아들로 변한다.

1988년 내가 시안西安에 도착했을 때, 나의 모어인 시안 사투리를 어디서나 들을 수 있었다. 비행기에서 내리자마자 나는 무척이나 혼란스러웠다. 거리에 있는 사람들이 모두 나의 모어로 이야기하는 것을 보며 괴이한 느낌이 들었다. 그들은 내게 낯선 사람들이지만, 그들의 언어는 분명 내 모어였다.

누구나 자신만의 모어가 있다. 모어는 유전자처럼 우리 안에 내재하며 존재하는 모든 기억의 패턴이자 아주 기괴한 것으로 변한다. 모어의 개인적 의미를 표현하기란 쉽지 않다. 우리는 알게 모르게 다른 사람들의 모어를 존중하지 않는다.

나는 최근 샤먼 란보안夏曼 藍波安의 책을 읽고 있다. 그는 오직 2,000여 명만 남아 있는 란위蘭嶼섬의 다우족達悟族으로, 자신의 모어를 찾기 위해 열심히 노력하고 있다. 다우족의 언어는 일제강점기 때 사라져버렸다. 그의 부족은 민남어, 중국어는 말할 수 있지만 자신의 언어는 잃어버렸다. 모어 상실이 가져다준 비통함은 그의 삶에 어떤 의미를 남겼을까? 나는 문학상을 수상한 그의 소설《파도의 기억》을 읽고 또 읽었다. 그는 책에서 여든이 넘은 그의 아버지가 란위섬의 해변에 앉아 있는 모습을 "아버지는 아주 낮은 석양이었다父親是很低的夕陽了!"라고 묘사했다.

중국어로 쓰인 그의 소설에는 이런 표현이 있지만, 보통 중국어로는 '아주 낮은 석양很低的夕陽'이라는 표현을 쓰지 않는다. 중국어에서는 대신 노쇠했다거나, 죽음을 앞두고 있다거나, 황혼이나 만년이라는 표현을 사용한다. 샤먼 란보안은 이러한 어휘를 사용하는 대신 다우족의 특별한 언어 양식을 통해 독특한 문학 세계를 일궈내는 데 성공했다.

소통의 힘을 잃은 언어는 소리에 불과하다

서양의 부호학과 유사한 방법을 사용해 언어를 '정확하고 또 그릇된 길로 이끄는 도구'라고 새롭게 정의해볼 수 있다. 언어는 양날의 칼과 같다. 언어는 한편으로는 의미를 전달하지만 한편으로는 의미 전달을 방해한다. 가장 좋은 문학은 정확한 언어로 애매모호함을 만들어내는 것이다.

이런 애매함은 절에 가서 점괘가 적힌 제비를 뽑는 것과 같다. 우리는 제비를 뽑을 때 지금 만나는 사람과 계속 교제해야 할지, 혹은 주식이나 부동산에 투자해야 할지 판단하는 데 도움 받을 수 있기를 바란다. 하지만 제비에 적힌 글은 절대로 우리가 해야 할지 말아야 할지, 할 수 있을지 할 수 없을지 알려주기는커녕 이도 저도 아닌 어정쩡한 답안만 줄 뿐이다.

금속공예학과 학생이 하나 있었다. 그는 어렵게 모은 돈으로 가게를 내고 싶었지만 피 같은 원금을 까먹을까 봐 걱정이었다. 그래서 절에 가서 제비를 뽑았다. 그러자 "둥용董永이 몸을 팔아 부친을 장사 지냈다"라는 점괘가 나왔다. 이 학생은 "끝장이구나, 몸을 팔아 부친을 장사 지내다니 얼마나 비참한 상황인가"라고 생각했다. 그는 낙심해서 내게 이 이야기를 해주었다. 하지만 나에게는 이 이야기가 전혀 다르게 들렸다. 나는 아주 재미있는 일이 벌어졌다고 생각했다. 둥용은 부친을 장사 지낼 돈이 없어서 몸을 팔겠다는 표지판을 세우고 거리에 꿇어앉아 몸을 팔았다. 이를 본 칠선녀가 감동을 받아 하늘에서 내려와 그를 도와주었다. 그 후 그는 부귀영화를 얻었고 신선 같은 삶을 살았다. 이런 이야기를 생각할 때 이 점괘는 좋은 것이라고 해야 할까, 아니라고 해야 할까? 언어의 애매모호함도 이와 같다. 코에 걸면 코걸이, 귀에 걸면 귀걸이처럼 해석된다. 언어는 정확하기도 하고 또 잘못 이해되기도 한다.

다시 〈혀에 대한 고찰〉로 되돌아가자. 이 소설도 〈열 받아 죽은 앵무새〉와 마찬가지로 결말이 없는 열린 소설이다.

중국으로 돌아온 후, 뤼샹은 혀와 중국의 모계사회에 관한 논문을 쓰는 한편 거리로 나가 계속해서 혀가 인간의 몸에서 만들어내는 복잡한 작용을 한층 더 깊이 연구했다. 그는 행인들의 왼쪽 눈 아래 부근 2센티미터 넓이의 근육이 재빨리 커지는 것에 조금 놀랐다. 몇 주라는 짧은 시간 동안 사람들이 분노에 사로잡히면 왼쪽 눈 아래 근육 색깔이 약간 검붉은 색으로 변하는 모습을 육안으로 관찰 가능한 정도까지 그의 연구는 진척을 보였다.

뤼샹은 조금 불안했다. 그는 오류를 지적할 때 부드러운 말투로 칭찬하던 간사가 생각났다. 그는 또 까닭 없이 시카고 토론회에서 자신이 자리를 뜨지 않았는데 그때 어떤 약점이라도 잡힌 것은 아닐까 생각하기 시작했다. 그는 점점 신경질적으로 변했다. 둥안 거리를 걷고 있을 때 행인 하나가 미소를 지으며 그에게 다가와 길을 묻자 뤼샹은 귀신을 본 것처럼 "아이고!" 하고 소리를 지르며 도망쳤다.

그는 베이징 사회과학연구원에서 앞뒤가 맞지 않는 보고서를 대충 발표하고 나서도 우즈백 교수에게서 얻은 영감이나 그가 현재 진행 중인 연구에 대해서는 조금도 털어놓지 않았다. 그는 황급히 후난으로 돌아와 넋이 나간 듯 홀로 거리 모퉁이에 서서 행인들을 바라보았다.

뤼샹의 괴이한 행동은 자연스럽게 사람들의 입방아에 오르내렸다. 앞 장에서 언급한 것처럼 집단 문화는 튀는 행동을 하는 사람을 용납하지 못하는 것과 같은 맥락이다. 사람들은 그가 에이즈에 걸렸다고 했다. 마을에서 할 일 없는 여인들은 뤼샹이 오랫동안 혈혈단신으로 지냈기 때문에 미국에 갔을 때 여관에서 못 이기는 척 매매춘을 하다 보니 불치의 병 에이즈에 감염된 게 분명하다고 떠들어댔다. 그리고 에이즈의 초기 증상이 길에 서서 사람들을 쳐다보는 것이며, 허약한 사람은 거리에 서서 사람들을 바라보는 그에게 감염될 수 있다고 떠들어댔다.

실제로 에이즈에 걸린 것인지 정확히 알지 못하면서도 그 누구도 뤼샹을 가까이 하지 않으려 했다. 사람들은 먼발치에서 그를 손가락질했다. 이는 집단 문화에서 흔히 볼 수 있는 현상이자 여러 사람의 입을 합치면 쇠도 녹인다는 '중구삭금衆口鑠金'이라는 말로 대표되는 여론의 막강한 힘을 보여주는 예이기도 하다.

뤼샹의 정신은 말짱했다. 그는 베이징에서 고향으로 돌아온 후 사람들의 왼쪽 눈 아래 근육이 점차 검붉은 색을 띠는 것을 계속 지켜보면서 혀와 여성의 진화에 관한 연구에 몰두할 수 없었다. 한번은 고향 마을에 타이완에서 고국 동포 방문단이 온다는 소식을 듣고 사람들을 따라가 구경하기로 했다. 그런데 마을 사람들은 에이즈에 걸릴까 봐 무서워 그를 피하느기 바빴다. 뤼샹은 혼자 삐기듯 당당한 자세로 방문단의 버스 앞까지 걸어갔다. 버스에 앉아 있던 타이완 방문객 중 VIP 한 사람이 뤼샹의 뛰어난 기백을 보고 그를 간부라고 여기고는 얼른 '타이완 동포 방문단'이라고 적힌 삼각 깃발을 흔들며 잰걸음으로 달려 나와 뤼샹과 악수하며 다정하게 "동지!"라고 불렀다.

그런데 뤼샹이 갑자기 "아!" 하고 큰 소리를 질렀다. 그는 오로지 이 타이완 동포의 오른쪽 눈 아래쪽만을 멍청하게 바라보고 있었다. 뤼샹은 그 자리에서 기절했다. 병원으로 이송됐지만 그는 회복되지 못하고, 쉰셋의 나이로 세상을 떠났다.

이것이 결말일까 아닐까?

뤼샹이 죽고 나서 홀로 남겨진 백발의 노모는 매일 밤 손에 순수한 강철로 만들어진 큰 칼을 들고 텅 빈 도마에 칼질을 했다. 어릴 적 이웃 사람이 이렇게 하는 것을 본 적이 있는데, 어머니께서는 그 이웃이 초혼 의식을 하는 거라고 했다. 이 일을 기억하고 있던 나는 뤼샹의 어머니에게 이 이야기를 대입했다.

도마를 썰면서 노모는 욕을 했다.
"천벌을 받을 놈, 돌아와, 천벌을 받을 놈, 돌아와."

이 대목을 쓸 때 나는 비통했다. 소설을 쓸 때, 나는 마치 무대 뒤에서 부다이시 인형을 여러 개 조종하는 사람처럼 때로는 웃기도 하고 때로는 괴롭기도 하다. 이 부분을 쓸 때 나는 뤼샹의 모친이 어리석은 사람인지 아니면 사람을 감동시키는 사람인지 생각했다. 사실 나도 잘 구분이 가지 않았다. 어릴 적 고향의 습관과 풍속을 생각하며 어쩔 수 없는 상황에서 저주 같기도 하고 찬양 같기도 한 방식으로 그녀의 삶을 해석해냈다. 뤼샹의 어머니로 말할 것 같으면 유일한 아들인 뤼샹이 문화혁명을 겪고도 살아남았지만, 마을에는 그가 에이즈에 걸렸다는 소문이 돌았으며, 결국 영문도 모른 채 그냥 죽어버렸으니 죽기살기로 그 커다란 칼을 휘두를 수밖에 없지 않았을까! 그녀는 무엇을 썰었을까?

나는 독자가 그 답을 찾도록 비워놓았다. 어쨌든 이 이야기는 아직 결말이 없다. 이것은 결말이라기보다는 차라리 우언이다.

뤼샹의 원고도 성省의 문학예술가연합회, 즉 문련의 정리를 거쳤는데, 문련은 그가 최근에 쓴 〈혀에 관한 고찰〉이라는 친필 원고를 발견했다. 그러나 몇 자 적지 않았기에 연구할 만한 가치가 없었다. 그를 기념하기 위해 이를 유작으로 삼아 사람들이 잘 보지 않는 문련의 기관지에 다음과 같이 실었다.

뤼샹 동지의 유작 〈혀에 관한 고찰〉:
이 종족은 줄곧 타락했으며, 타락 후 5000년, 마침내 벌을 받아 신의 저주를 받았으며, 액운을 만났다. 액운은 아낙네들과 아낙네 같은 남자들의 말에서부터 시작됐다.

내가 말하고 싶은 것은 언어의 고독이다. 언어가 소통의 힘을 갖추지 못했을 때, 언어의 소통 가능성은 비로소 시작된다. 고독은 고독하지 않은 데서 시작되는 것이 아니라 고독이 두려워 고독을 몰아내려 고독하지 않은 원인을 찾으려 할 때가 가장 고독한 때인 것처럼 말이다. 언어가 소통의 힘을 갖추지 못했을 때, 즉 언어가 고착화되고 유형화된 형태로 나타나면 콩 볶는 소리처럼 그저 소리에 지나지 않게 된다. 서로 다른 내용을 담고 서로 다른 사상을 담고 있을 때 비로소 언어의 본질이 드러난다.

때로 우리는 정말로 뭔가를 묻고 싶어서가 아니라

고독이나 무관심, 멋쩍음에서 벗어나기 위해

필요하지도 않은 이야기를 하지 않는가?

"

꿈꾸는 사람은 고독하다.
왜냐하면 오직 고독을
품고 있어야만 유토피아를
믿기 때문이다.

"

3장

꿈꾸는 사람은
고독하다

　1990년대 타이베이 기차역에서 '야생백합학생운동'이 맹렬히 전개됐다. 많은 사람이 이를 기억하고 있을 것이다. 당시 중정기념관中正紀念堂과 타이베이 역을 가득 메운 학생들은 온몸으로 사회개혁에 대한 열망과 바람을 표현했다.

　학생운동은 내가 학생이었던 시절, 즉 생각하고 싶어도 감히 생각할 수 없는 타이완에 계엄이 내려졌던 시기까지, 내 머릿속에 존재하지 않았다. 전통적인 관념에 사로잡혀 있던 나는 수업 거부, 데모 등 학생운동을 홍수나 맹수처럼 해로운 것이라 여겼다. 이런 생각은 내가 프랑스로 유학을 간 뒤 비로소 바뀌었다.

　1968년 파리에서 발생한 학생운동을 '5월 혁명'이라고 부른다. 당시 프랑스 노동자들은 파리대학을 운동본부로 삼고 학생들의 주도로 정부청사를 에워쌌다. 5월 혁명은 사회에 지대한 영향력을 끼쳤다.

　파리 유학 시절, 대학에서 인문과학, 사회학, 정치학, 문학, 미학 등 그 어떤 과를 막론하고 수업을 할 때면 교수들은 부단히 "68년, 68년"을 들먹였다. 1968년은 프랑스 역사의 중요한 분수령이다. 즉 1968년 이전에는 보수적이고 전통적인 프랑스였다면, 1968년 이후에는 혁신적이고 전위적이고 각종 의견을 수렴하는 프랑스가 됐다.

꿈꾸는 자, 새로운 문을 열다

　내가 파리에 도착한 것은 1972년이다. 5월 혁명이 발발한 지 4년이 지났지만 학생운동은 아직 끝나지 않았었다. 수업 시간에 갑자기 "쿵!" 하는 소리가 들리면 교수는 학생들을 해산시켰다. 건물에서 나와 몸을 피하던 내게 온몸이 피투성이가 된 사람이 들것에 실려 병원으로 이송되는 모습은 더 이상 낯선 광경이 아니었다.

　폭력과 결합된 학생운동은 내게 커다란 공포를 안겨주었다. 내가 보기에 이 모든 상황은 정치 폭동과 다를 바 없었다. 가장 기억에 남는 일은 학생운동의 일환으로 수업 거부를 할 때면 젊은 교수들이나 고학년 선배들이 우리들을 데리고 공원 혹은 교정에 앉아 함께 수업 거부 원인에 대해 심도 있는 토론을 벌인 일이다. 토론을 할 때는 모두가 자신의 견해를 앞다투어 얘기하며 정치 제도나 대책 등 다양한 주제를 함께 논했다. 이러한 토론을 통해 학생운동을 바라보는 내 시각이 바뀌었다는 데 동의할 수밖에 없다.

전쟁 이후 계엄이 선포된 시기, 타이완에서는 흔히 말하는 사회운동이 무엇인지 이해할 수 있는 기회가 없었다. 계엄법에 따르면, 즉 문명의 규정에 따르면, 수업 거부나 파업을 할 수 없었다. 프랑스의 학생운동은 내게 커다란 충격이었다. 그리고 이 충격으로 인해 나는 한 가지 문제에 천착하게 된다. 바로 '소위 민주라는 것은 각 개인이 처해 있는 정치, 사회, 문화 환경에 대해 각자의 의견을 표현할 권리와 자격이 있는 것 아닌가?'였다.

타이완이라는 비교적 폐쇄적인 사회에서 프랑스로 유학을 온 타이완 학생들은 학생운동에 극과 극의 반응을 보였다. 그중 하나는 학생운동이 너무 두려워 참여는커녕 감히 접촉조차 못하는 경우다. 나와 함께 프랑스에 유학 온 친구 한 명은 타이완에 돌아온 후 정부 고위층 인사가 됐는데, 사적으로 담소를 나눌 때면 우스갯소리로 파리에서 박사학위를 받는 동안 학교에서 집까지 가는 지하철 노선 하나 외엔 아무것도 몰랐다고 했다. 이 친구의 이야기는 당시 타이완 유학생들의 상황을 보여준다. 바로 자신의 학업에 충실할 뿐 다른 일에는 전혀 신경 쓰지 않았다는 것이다.

나는 달랐다. 나는 인문학도로, 문화의 본질에 흥미가 많았다. 학생운동이나 일종의 정치운동에 대한 공포감은 커녕 나와 전혀 상관없는 이런 일에도 나는 호기심이 일었다. 어려서부터 부모님은 내게 뭐든 다 해도 되지만 정치에만은 관심을 갖지 말라고 신신당부하셨다. 나를 비롯해 많은 사람이 부모님께 이런 당부를 들었을 것이다. 타이완은 생각만 해도 등골이 오싹해지는 백색 공포 시대를 경험했기 때문이다. 부모님께서 이런 말씀을 하실 때면 나는 '나는 그림이나 문학을 좋아하고 정치와는 무관하기 때문에 신경쓰시지 않아도 될 텐데'라고 안일하게 생각했다. 그러나 내 신변에 예기치 않은 일이 생기리라는 막연한 예감은 존재했다.

혁명의 시, 거대한 충격과 울림

나는 고등학교 시절 내게 큰 영향을 끼친 영어 선생님 이야기를 종종 한다. 그 선생님은 바로 유명한 소설가 천잉전陳映眞이다. 선생님은 우리가 소설과 현대문학, 그리고 타이완에서 손꼽히는 아주 중요한 잡지《문학계간文學界刊》을 탐독하도록 독려해주셨다. 한번은 우리를 데리고 연극을 보러 가기도 했다. 내가 기억하기로 고등학교 1학년 때인 것 같다. 당시 나는 영어를 그리 잘하지 못했지만 선생님의 가르침으로 나중에는 영문판《이방인》도 읽을 수 있게 됐다.

내가 대학교 1학년 때, 천잉전 선생님이 체포됐다. 그 시절에는 누군가가 잡혀가도 신문에 보도되지 않았다. 그 누구도 선생님이 붙잡혀간 까닭을 모른 채 그렇게 선생님은 실종됐다. 그리고 뒤이어 각종 소문이 떠다녔다. 들리는 소문은 우리 모두를 공포로 몰아넣었다. 선생님이 체포되기 일주일 전, 나는 밍싱 커피숍에서 선생님을 만났다. 당시 나는 시사詩社라는 단체에 참여하고 있었고, 시에 대해 낭만적인 견해를 가지고 있었다. 문학은 내게 유미적이고 몽상적인 추구였다. 이런 생각을 선생님께 말씀드리는데, 평소 참을성이 많으셨던 선생님이 초조해 보였고, 귀찮아하는 것 같기도 했다. 선생님은 내게 심각하게 "문학이 그렇게 이기적이어서는 안 돼. 문학은 더 많은 사람의 삶에 관심을 가져야 하고, 사회의 가장자리를 향해 걸어가야 돼. 정의롭지 못하고 정당하지 못한 일을 비판해야지"라고 말씀하셨다.

선생님의 이야기를 들으며 난 반감이 생겼다. 마음속으로 '선생님은 어째서 이렇게 독선적이고 단호할까' 하는 생각이 들었다. 문학과 예술에 대한 아름다운 환상으로 충만했던 젊은이였던 내게 천잉전 선생님의 이론은 상처를 주었다.

일주일 후 선생님은 체포됐다. 선생님이 불법단체를 조직했다고도 하고 마르크시즘을 번역했다고도 했다. 선생님이 만든 조직의 조직원들이 속속들이 체포되고 있다는 소문도 들렸다.

커피숍에서 들은 선생님의 말씀이 다시 떠올랐다.

내가 다시 천잉전 선생님을 만난 것은 7년이 지난 후다. 선생님은 뤼다오^{綠島}에서 나왔고 나는 프랑스에서 돌아왔다. 우리는 서로 자신의 인생에 있어 큰 일을 겪었다. 정치와는 담을 쌓으라는 부모님의 간곡한 말씀이 귀에 박혀 있던 터라 파리에서 정치에 관한 열띤 토론을 들을 때면 1968년 후 프랑스 사람들의 정치에 대한 격양된 열기만 느껴질 뿐이었다. 일단 토론이 벌어지고 자리가 달아오르면 한 학우가 일어나 큰 소리로 파블로 네루다의 시를 낭송했다. 어느 순간 나는 혁명은 일종의 열정이자 혈육간의 정이나 애정 등 세상의 그 어떤 감정보다 더 격한 감정임을 깨달았다. 내게 있어 혁명은 파리의 거리에서 시로 변했다. 네루다의 시는 단순한 시가 아니라 거리를 배회하는 노래였다.

몇 년 전 상영된 〈일 포스티노^{Il Postino}〉라는 영화에서 우리는 우편배달부도 네루다의 시에 영향을 받은 모습을 보았다. 네루다의 시는 단순한 시 구절이 아닌 혁명의 언어로, 우리 가슴과 영혼에 거대한 충격과 울림을 일으켜 우리가 따뜻하고 달콤하고 행복한 생활을 포기하고 스스로 사분오열된 세계를 향해 떠나도록 만든다.

프랑스 유학 시절, 나는 혁명이 강한 흡인력을 가진, 말로 표현할 수 없는 그 어떤 것임을 발견했다. 혁명은 내가 어렸을 때 이해한 공포와 달랐다. 나는 프랑스 친구들을 따라 머리에 띠를 두르고 데모 행렬을 따라 행진했다. 5월 한 달 동안 대학에선 수업 거부가 계속됐다. 파리를 여행해본 사람이라면 알겠지만 기막히게 좋은 5월 파리의 날씨는 수업을 받기 어려울 정도다. 프랑스의 모든 혁명과 학생운동이 5월 아니면 청명하고 시원한 10월에 발생한 것은 이와 무관하지 않다. 쌀쌀한 계절에는 학생운동이 거의 일어나지 않았다. 피치 못해 이런 계절에 혁명을 한다면 좋은 날씨를 골라잡아야 했다. 더욱 재미있는 사실은 때로 친구들이 내게 "오늘 데모하러 갈 건데 내가 어떤 옷을 입는 게 좋겠어?" 하고 물었다는 것이다.

이처럼 학생운동은 내가 상상했던 것처럼 그렇게 무시무시하지 않았다. 오히려 카니발과 비슷했다. 네루다의 시를 낭송하는 것을 포함해 데모할 때 입을 옷을 고르는 행동에서 혁명을 새롭게 해석할 수 있었다. 혁명은 우리의 청춘으로, 청춘의 의식으로 변해버렸다.

어느 서양 작가가 "만약 우리가 스물다섯 살일 때 공산당원이 아니라면 우리는 평생 희망이 없다. 만약 스물다섯 이후에도 여전히 공산당원이라면 우리에게 평생 그 어떤 희망도 없을 것이다"라고 한 이야기를 한순간에 이해할 수 있었다. 이 작가가 이야기한 '공산당'은 바로 혁명이고, 하나의 꿈이었다. 스물다섯 살에 열정적인 꿈을 꾼 적이 있는 사람이라면 평생 세상과 너무 동떨어지지 않을 것이다. 왜냐하면 유토피아에 대한 동경을 품고 있기 때문이다. 그러나 스물다섯 살 이후에는 다소 현실적이 되어야 한다. 아직 멀고 먼 꿈을 믿고 있다면 그 인생은 어떤 희망도 없을 것이다.

혁명이 시, 그리고 미학과 관계 있음을 짐작하게 만드는 대목이다. 혁명이 우리에게 마지막으로 들려주는 이야기는 혁명이란 일종의 거대한 고독이라는 사실이다. 왜냐하면 오직 고독을 품고 있어야만 유토피아를 믿을 수 있기 때문이다. 한자에도 유토피아와 비슷한 단어가 있다. 바로 '자허오유子虛烏有, 허구나 존재하지 않는 것, 진실하지 않은 것'다. 실제로 존재하지 않지만 우리는 마음속으로 그것이 존재하는 나라가 있다고 믿는다. 우리는 이런 나라에 사는 사람들 사이에는 계급도 없고, 자신의 이기적인 욕망을 모두 포기하고 더욱 큰 사랑을 완성해낼 것이라고 믿는다. 젊은이들이 유토피아를 믿고 유토피아를 찾는 열정은 놀랄 만했다.

여러 해 동안 만나뵙지 못했던 천잉전 선생님을 다시 만났을 때, 선생님은 시의 의미에 대해 토론하면서 논쟁이 격해져서 얼굴이 귀밑까지 빨개진 채 "시를 쓰는 것은 일종의 절대적이고 개인적인 아름다움에 대한 추구입니다. 저는 선생님께서 하신 말씀을 수용할 수 없습니다. 문학은 물론 더욱 큰 관심을 가져야 하죠"라고 했던 것을 기억하고 계셨다. 선생님은 7년이라는 세월 동안 내가 프랑스에서 무엇을 경험했는지 모르고 계셨다. 나 역시 이런 이야기를 다른 사람들에게 거의 하지 않았고, 오직 내 소설 《아나키즘의 머리》에 조금 적어두었다.

진정한 혁명은 자신에 대한 혁명이다

아나키즘Anarchism은 내가 프랑스에서 참가했던 정치조직으로, 무정부주의라는 뜻을 가지고 있다. 유구한 기원을 자랑하는 이 유파는 19세기 러시아에 기원을 두고 있다. 창시자는 미하일 바쿠닌과 피터 크로포트킨이다. 이 두 사람은 수많은 혁명운동의 발기인이 으레 그렇듯 귀족이며, 먼저 삶에 불만을 느꼈고, 타락하고 극도로 부패한 귀족 생활에서 존재의 고독을 맛보았다. 그리고 마지막으로 이곳으로부터의 탈출을 선택했다. 러시아의 대문호 레프 톨스토이 역시 이런 삶을 살았다.

러시아의 백작이었던 톨스토이는 아주 광대한 농장을 소유하고 있었다. 토지와 농노를 소유한 타락한 귀족으로 살아갈까봐 불안과 근심에 휩싸여 있던 그는 작품 《부활》을 통해 자신의 성장 과정을 다시 회고했다. 그리고 결국 그는 그곳에서 벗어나기로 결심한다. 나는 《부활》이나 《전쟁과 평화》가 톨스토이의 가장 위대한 작품이라 생각한다.

톨스토이는 노년에 러시아 황제에게 편지를 썼다. 편지에서 그는 제정러시아 황제를 지칭하는 '차르' 대신 '친애하는 형제여'라는 호칭을 사용했다. 그는 편지에 "나는 나의 작위를 포기하기로 결정했습니다. 나는 나의 토지를 포기하기로 결정했습니다. 나는 내 영토에 있는 모든 농노에게 이를 양도하고 이들에게 자유인의 신분을 부활하기로 결정했습니다"라고 적었다.

황제에게 편지를 보내고 그날 저녁, 톨스토이는 옷을 몇 벌 챙겨 간단하게 꾸린 짐을 들고 떠났다. 그렇게 그는 이름도 없는 조그만 기차역에서 죽었다. 곁에 있던 사람들은 한 노인이 플랫폼에 쓰러진 것만 알았지 그가 대문호 톨스토이라는 사실은 몰랐다.

나는 이것이 톨스토이의 가장 위대한 작품이라고 생각한다. 톨스토이는 우리에게 진정한 혁명은 바로 자신에 대한 혁명이라는 사실을 깨닫게 해주었다. 그가 전복시키려고 했던 것은 외재적인 체제나 계급이 아니라 내재적인 도덕과 불안감이었다.

무엇이 아나키즘인가? 어떻게 무정부 상태가 가능한가?

타이완에서는 피터 크로포트킨의 저작을 쉽게 찾을 수 있는데, 그의 저작을 번역한 이는 바로 바진巴金이다. 바진이라는 중국 노작가의 필명은 크로포트킨과 바쿠닌 두 사람의 이름 중 첫 번째 글자와 마지막 글자에서 따온 것이다. 바진이 프랑스에서 유학할 때 그가 가장 숭배했던 우상이 다름 아닌 아나키스트의 두 창시자, 크로포트킨과 바쿠닌이었다. 그의 필명은 이렇게 지어졌다. 바진은 크로포트킨의 수많은 작품을 번역했는데《빵과 자유》,《한 혁명가의 회상》 등도 여기 포함된다.

혁명을 외친 크로포트킨은 러시아 정부로부터 추방당했다. 스위스로 도망친 그는 조국에 돌아갈 수 없었다. 그는 여러 언어로 계속 자신의 무정부주의 사상을 펼쳤다. 나는 그 어떤 문학 작품을 읽을 때보다 크로포트킨의 작품을 읽을 때 전율을 느낀다. 그는 문학을 자아단련의 도구로 삼아 참회록 형식의 글을 썼다. 요즘도 나는 그의 작품을 뒤적일 때마다 더없는 감동을 느낀다.

《빵과 자유》에서 그는 "언젠가 빵은 더 이상 소수 사람들에게 독차지되지 않을 것이라 믿는다"라고 썼다. 오늘날 우리는 이를 보며 "맞아. 어렵지 않은 일이야!"라고 생각하겠지만 당시 러시아의 가난한 사람, 농노들에게 있어서 빵 배당은 크나큰 과욕이었다. 그보다 더 큰 과욕은 크로포트킨이 주장한 두 번째 과욕인 '자유의 배당'이다. 그는 모든 러시아 사람이 아름다움, 시, 음악을 함께 나눌 수 있기를 희망했다. 고리키가 묘사한 그의 어머니가 했던 거친 일을 읽어보았다면, 게다가 장화를 신은 남편이 어머니를 마구 구타하는 모습을 참아내야만 했다면, 가난뱅이와 여인네들의 낮은 지위가 짐승과 다를 바 없는 러시아 사회는 계급이 존재하는 사회라는 것을 분명히 알 수 있을 것이다. 가장 기본적인 삶의 욕구인 배부름의 욕구조차 만족될 수 없는 이런 곳에서 어떻게 시와 음악의 아름다움을 향유할 수 있겠는가? 이는 그야말로 꿈이었다.

맞다. 틀림없는 꿈이다. 혁명가가 만들어낸 유토피아는 대부분 현실에서는 이뤄질 수 없는 꿈이기에 세간 사람들의 조롱을 받게 마련이다. 이로 인해 그는 고독해진다.

크로포트킨은 말년에 스위스를 유랑할 때 자전체 저작《한 반역자의 이야기》를 완성했다. 그는 자신을 반역자라고 했다. 그는 계급과 국가, 종교, 가정, 윤리를 배반했다. 그는 인간이 정해 놓은 모든 규칙을 배신하고 단일 개체인 자신의 모든 것에 대한 반역을 회복할 의도였다. 크로포트킨의 맨 마지막 작품인《한 반역자의 이야기》를 읽을 때면 혁명가의 고독이 눈앞에 선명하게 떠오른다.

혁명가가 고독에서 얻은 것과 잃은 것

나는 혁명가를 '현실세계에서 실패한 사람'이라 정의하는데, 많은 사람이 나의 이런 의견에 동조하지 않을 것이다.

《사기》에는 성격이 판이하게 다른 두 인물이 나온다. 바로 유방과 항우다. 이 두 사람의 이야기를 읽다 보면 유방이 나오는 부분은 재미가 없을 뿐 아니라 심지어 지루하기까지 하다. 유방은 정말 하나도 잘난 부분이 없어서 말할 필요조차 없었던 것일까? 아니면 사마천이 성공한 인물인 그에게 흥미가 없었던 것일까? 역사를 저술하는 사람으로서 사마천이 현세에서 성공한 사람에게 호감을 느끼지 않은 것은 객관적으로 맞고 틀리고의 문제가 아니라 주관적인 선택으로 받아들여야 한다. 그는 미학의 우상으로 항우를 선택했다. 오늘날 우리가 보는 〈패왕별희〉는 영화든 연극이든 모두 패왕이 오강에서 자결하기에 앞서 우희와 작별을 고하는 장면에서 극이 절정에 이르는데, 이 장면은 아름다운 시한 수와 같다.

역사적으로 초나라 패왕이 정말로 이렇게 낭만적이었는지 알 수는 없다. 그러나 사마천이 그려낸 한 혁명가의 아름다운 결말과 고독감은 긴 세월이 지났는데도 그를 향한 그리움을 느끼게 한다.

이것이 바로 문학이 마땅히 짊어져야 할 책임 아닐까? 문학은 한 고독한 사람의 내면의 황량함을 글로 표현해내 성공한 사람이나 정권을 탈취한 사람에게 두려움을 안겨주어야 하는 것 아닐까? 왜냐하면 유방은 얻은 바도 있지만 잃은 바도 있기 때문이다. 그는 정권은 얻었지만 시와 아름다움은 잃었다.

이런 측면에서 《사기》를 읽으면, 사마천이 파격적으로 전례를 깨고 항우 이야기를 제황의 이야기를 적은 〈본기本紀〉에 실은 사실과 아울러 맨 마지막 〈태사공왈太史公曰〉에서 "순 임금은 한쪽 눈에 눈동자가 둘이고, 항우 역시 한쪽 눈에 눈동자가 둘이다"라고 하여 항우와 고대의 위대했던 군주 순 임금을 비교한 데 주목하게 된다. 항우의 이야기 중 가장 빼어난 부분은 항우가 이승과 작별인사를 할 때 항우의 성정을 '역발산기개세^{力拔山氣蓋世}'라고 적어놓은 부분으로, 이는 미학적으로 완벽한 묘사이다.

유방이 구천에서 《사기》를 읽는다면 유감천만일 것이다. 그는 강산은 얻었지만 역사에서는 실패했다. 후세 사람들이 어떤 시각으로 《사기》를 읽더라도 유방을 좋아할 리 없지만, 항우는 혁명의 고독함이 충만한 인물로 깊은 인상을 줄 테니 말이다.

사학^{史學}의 엄중한 잣대를 들이댄다면 항우의 진솔한 성격에 의심을 품지 않을 수 없지만, 항우를 영웅시한 사마천은 가슴속에 고독을 품고 있는 사람에게 예를 표했다. 《사기》에서 우리에게 감동을 주는 장면은 모두 고독과 관련 있다. 예를 들어 굴원이 자신의 모든 이상이 속절없이 무너졌을 때 멱라강에 투신해 자결하겠다고 결심하기 전 "머리를 풀어 헤치고 강변을 거닐면서 낮은 목소리로 읊조릴 때, 그의 낯빛은 누렇게 뜨고 초췌했으며, 몸은 여위고 수척했다." 그는 한 사람의 시인으로, 시인의 고독으로 되돌아온 후 어부에게 다가가 이야기를 나눴다. 나는 누가 초췌한 굴원을 보았을지 궁금함을 억누를 수 없다. 누가 그와 어부가 이야기를 나누는 모습을 보았을까? 어부가 이야기의 전달자일까? 그러나 우리는 《사기》를 읽을 때 이를 따져 묻지 않는다. 아름다움은 진실과 거짓을 초월하기 때문이다. 우리는 굴원이 바로 이렇게 고독한 혁명가의 이미지인 초췌한 모습이었으리라 믿고 싶어 한다.

《사기》에는 또 하나 아름다운 모습이 있다. 바로 형가荊軻에 관한 이야기다. 형가는 연 나라 태자 단丹에 대한 지기知己의 정 때문에 진나라 왕을 암살하겠다고 결심한다. 그러나 그도 알고 있었다. 한 번 길을 떠난 자객은 결코 돌아올 수 없다는 사실을. 그래서 그가 떠나기 전(사마천은 정말로 고독한 자의 생이별 장면을 멋지게 표현했다) 모든 사람이 흰 소복을 입고 그를 배웅했다. 그를 배웅하는 무리가 역수易水에 이르자 '고점리高漸離가 축築을 두드렸다.' 대륙 작가인 장청즈張承志의 고증에 의하면 '축'은 유실되어 전해 내려오지 않은 악기인데, 얇디얇은 판자 같은 악기라고 한다. 고점리는 '축' 안에 납을 집어넣어 이를 가지고 진시황을 암살하러 떠났다.

형가가 작별인사를 할 때, 고점리가 '축'을 치자 우렁찬 소리가 울려 퍼졌다. 그러자 모두 "바람은 소슬하고 역수강 물은 차네. 장사가 한 번 떠난 길 다시 돌아오지 못하리"라고 노래를 불렀다. 이는 장례의 형식을 빌려 아직 살아 있을 때 이별을 고하는, 즉 생전에 죽음을 고하는 이별이었다.

항우, 굴원, 혹은 형가를 막론하고 이별하는 장면은 모두 우리에게 혁명가의 고독한 이별을 보여준다. 그러나 이들은 모두 미학의 우상이 됐다. 상대적으로 유방, 초나라 회왕懷王, 진나라 시황제는 모두 실패한 사람이라고 말할 수 있다. 사마천은 《사기》를 통해 권력과 권력을 거머쥔 이들에게 항거하는 방식으로 이들이 아름다움을 잃어버리도록 했다. 《사기》는 지금도 여전히 영향력을 행사하고 있지만 역사에서도 꼭 그런 것만은 아니다. 《사기》는 한 사람의 성정과 내면을 고집스럽게 바라본 데 그 미학적 가치가 있다.

실패한 혁명가, 고독을 완성하다

"혁명의 고독이란 무엇인가?"라는 문제를 다시 고찰해보자. 혁명가는 꿈을 품고 있는 사람이지만 그 꿈을 현세에서 완성할 수 없는 사람이다. 이룰 수 없는 꿈은 시적 아름다움을 품게 마련이다. 현세에서 꿈이 실현될 수 있다면 혁명은 체제로, 또 개혁으로 변할 것이다. 그렇게 되면 더 이상 혁명이 아니다.

대학 시절 시사時社단체에 참가했던 친구들은 졸업 후 모두 각자 서로 다른 길을 걸었다. 어떤 친구는 정계로 나아가고, 또 어떤 친구는 남부 시골 마을에서 교직에 몸담았다. 우리는 그때 우리가 믿었던 꿈을 믿었다. 나는 때때로 내가 《사기》를 쓰게 된다면 나의 미학적 우상은 누가 될까 생각해본다.

한 사회에서 인간적 면모가 풍부할 때, 당장 눈에 보이는 승부를 가지고 우상을 선택하는 기준으로 삼진 않을 것이다. 《사기》에서 우리를 감동시킨 사람이 모두 현실의 실패자였던 것처럼 말이다. 항우도 실패했고, 굴원도 실패했고, 형가도 실패했으나 그들의 실패는 온 세상 사람을 깜짝 놀라게 했다.

《사기》에는 정치적인 혁명가와 판이하게 다른, 고독한 또 다른 혁명가가 있다. 바로 탁문군卓文君이다. 막 과부가 된 여인이 흠모하는 사람을 만났을 때, 전통사회의 도덕 체제와 규범 아래에서 쉽게 사랑을 싹틔울 수 있을지 생각해보라. 이런 문제는 지금도 까다로운 문제다. 사마천은 《사기》에 사마상여司馬相如가 이제막 과부가 된 탁문군을 보고 규범이나 예교를 지켜야 한다고 생각하지 않았다고 적었다. 사마상여는 오직 그녀가 정말 아름답다고 느껴져 봉황이 짝을 찾는다는 의미를 가진 제목의 시 〈봉구황鳳求凰〉을 지어 그녀에게 바쳤다. 탁문군의 마음은 흔들렸다. 그녀는 삶 속에서 추구할 만한 가장 가치 있는 것이 사랑이라는 사실을 발견했다. 그러나 이 때문에 그녀는 자신의 아버지인 탁왕손卓王孫과 대립할 수밖에 없었다.

탁왕손은 쓰촨의 이름난 부호였다. 설령 딸을 개가시키더라도 별 볼 일 없는 가난뱅이에게는 시집 보내지 않을 게 분명했다. 그는 먼저 예교를 들먹이며 탁문군을 훈계하고는 그녀가 만약 자신의 의견을 따르지 않고 제 멋대로 한다면 유산을 한 푼도 받을 수 없을 것이라고 경고했다.

혁명의 고독을 언급하면 모두 정치적 혁명만 연상하지만 진정 어려운 혁명은 도덕과 예교의 혁명이다. 나는 탁문군을 혁명가라고 생각한다. 그녀는 아버지의 협박을 들은 후 당장 아버지와 연을 끊고 사마상여와 야반도주한다. 그녀는 대단하게도 야반도주를 했지만 멀리 달아나지 않고 바로 아버지 집 앞에 주점을 차리고 술을 팔아 탁왕손의 부화를 돋웠다. 탁왕손은 화가 나서 죽을 것만 같았다. 《사기》에는 "상여가 무릎까지 오는 짧은 잠방이를 걸쳤다"고 쓰여 있는데 '잠방이'를 의미하는 '독비곤犢鼻褌'은 '정丁' 자 모양으로 생긴 바지를 가리킨다. 사마상여는 술을 파는 노동자 계급이었기에 아름다운 옷을 입을 수 없었다.

탁문군의 혁명은 항우와 형가의 그것보다 어려운 혁명이었다. 남성 혁명가는 단호한 모습에 비장함이 더해져 많은 사람의 동조를 받는 반면, 여성 혁명가는 장렬한 분위기가 약하기 때문에 어려움을 겪는다. 여성의 몸을 결박하고 있는 멍에는 남성의 그것보다 더 크고 무겁다. 탁문군이 예교와 도덕, 그리고 그녀를 옭아맨 모든 것을 전복시키려고 했을 때, 그 혁명은 위대하지만 쉽게 이해될 수는 없는 것이었다.

이런 이유에서 나는 사마천이 위대하다고 느낀다. 그는 이를 위해 수많은 출구를 찾았다. 오늘날에도 여인의 정절에 대해 왈가왈부하는데, 이는 우리 모두가 2000년 전 사마천보다 못하다는 사실을 나타낸다. 사마천은 도덕으로 탁문군을 평가하지 않았다. 그는 진정 자아로부터 해방된 탁문군의 대담함과 용기를 칭찬했다. 대담함과 그 결과를 감당하는 용기는 옳을 수도 있고 잘못된 것일 수도 있다. 하지만 이는 그녀 자신이 감당할 몫이며,

다른 사람과는 무관하다. 많은 사람이 사마상여는 마지막에 변심한 것이 아니라고 했다. 오히려 사람들은 탁문군을 보고 "이렇게 될 줄 알았다면, 애당초 그렇게 할 필요가 있었는가"라고 조롱했지만 나는 탁문군이 그녀 자신의 선택에 대해 분명한 태도를 취했기에 혁명가라고 생각한다. 혁명가는 자신이 짊어져야할 것이 정치적인 부담이든, 도덕적인 부담이든 상관없이 원망도 후회도 없어야 한다.

그렇다면 왜 혁명가는 모두 실패자인가? 왜 혁명가는 혁명가라는 인물을 성공한 사람으로 보지 않는 것일까? 성공한 사람은 현세와 권력을 추구하기 때문이며, 현세와 권력에서 그는 더 이상 꿈을 품을 수 없기 때문이다.

일전에 한 친구가 우리 집에 왔다. 나는 그가 술을 마시고 노래를 부르는 모습을 가만히 바라보았다. 그는 정부 고위층이 된 후 과거와는 조금 달라졌다. 그의 모든 생각은 더이상 꿈에서 출발하지 않았다. 이때 그와 조금 거리를 두어야겠다는 생각이 들었다. 사실 우리는 그를 동정했다. 나는 권력을 쥔 사람들이 모두 꿈이 전혀 없다고 말할 순 없지만 이들이 가진 꿈은 점점 사라진다는 사실을 알고 있다. 좋은 말로 '현실적'이 됐다고 할 수 있지만, 귀에 거슬리는 말로 표현하면 바로 꿈이 없는 것이다. 이들은 다시는 시인이 될 수 없다. 이들은 다시는 큰 소리로 네루다의 시를 찬미하지 않을 것이다.

미학의 완성인 시는 고독을 필요로 한다. 현재의 번영과 영화는 고독을 유지하기 어렵게 만든다. 혁명가는 현실에서 실패한 사람이어야 한다. 왜냐하면 성공하지 않아야 혁명의 고독을 보전할 수 있기 때문이다.

모든 고독한 사람은 시인이다

자신을 제어할 수 없는 상태를 경험한 적 있는가? 동서고금을 막론하고 많은 이가 그리워하는 혁명가는 모두 시인이다. 나는 그 까닭을 시인이 열정을 추구하기 때문이라고 생각한다. 시를 쓰는 것이 혁명의 열정을 품는 것만 못하다는 것을 발견했을 때, 그는 혁명을 하러 떠난다. 우리 주변에는 이런 사람이 대단히 많다. 굴원도 그 한 예다. 그는 시를 정말 잘 썼다. 〈구가九歌〉, 〈이소離騷〉는 장문으로 된 시로, 시인은 고독이 극에 달했을 때 피눈물로 시를 썼다. 굴원은 톨스토이와 마찬가지로 가장 훌륭한 시로 이승과의 작별을 고했다.

근대에 와서 논쟁의 중심에 선 인물이 있다. 바로 왕징웨이汪精衛다. 그는 열일곱 살 때 중국 개혁을 꿈꿨다. 그는 자희태후慈禧太后와 다섯 명의 대신을 암살하려 했으나, 기밀이 누설돼 체포당했다. 그는 옥중에서 시를 한 수 지었는데, 마지막 두 구절이 기막히다. "목이 잘려도 통쾌하구나. 젊은이의 머리 미련을 남겨둘 필요가 없구나." 이야기인즉 '젊은 머리를 바로 혁명을 위해 떠나보내니 굳이 목 위에 남겨둘 필요가 있겠는가?'라는 뜻이다. 얼마나 호탕한 기백인가! 수많은 사람이 그의 시에 도취된 까닭에 그는 사형을 면했지만 오히려 비참한 일생을 살게 됐다. 석방된 후 그는 현실 정치로 뛰어들었다. 그러자 그의 모든 꿈과 그가 쓴 시는 모순에 부딪쳤다. 이로 인해 혁명의 고독도 파멸의 길을 걸었다.

혁명의 고독은 사실 자신조차도 제어할 수 없다. 똑같은 꿈을 품은 또 다른 인물인 린쥐에민林覺民, 쉬시린徐錫麟, 추진秋瑾, 천톈화陳天華, 쩌우룽秋容 등과 비교해보자. 이들은 '황화강黃花岡 72인 열사'• 라고 불린다. 왕징웨이는 정말 '단칼에 통쾌하게 죽기'를 바랐다.

황화강 72인 열사는 학창 시절 내 우상이었다. 나는 한동안 국부國父기념관 복도에 걸린 오래된 흑백 사진을 보는 것을 좋아했다. 그 사진들에서 나는 청춘을 볼 수 있었다. 사진 속 인물들은 대부분 스무 살 초반에 요절했다. 물론 스무 살 이후에 살아남은 사람도 있지만, 이들은 남은 삶을 감내하기 힘들어했다.

청춘의 아름다움은 우리가 청춘을 어떻게 규정하는가에 달려 있다. 청춘을 넘긴 이후 계속해서 삶을 이어갈 수 있을지 생각

•   황화(黃花)는 국화를 뜻하며 절개를 상징한다. 황화강 72인 열사는 1911년 4월 27일 동맹회가 광저우에서 봉기를 일으켰다가 실패하자 동맹회 회원 판궈웨이(潘過微)가 생명의 위험을 무릅쓰고 72명 열사의 유해를 수습해 1912년 홍화강에 안장하고 이곳 지명을 황화강이라고 고쳤다.

하지 말고, 노름꾼이 남은 밑천을 다 걸고 최후의 승부를 벌이듯 모든 것을 쏟아부어야 한다.

젊은 시절 썼던 일기를 뒤적여볼 때마다 나는 깜짝깜짝 놀란다. 한번은 생일날 "나는 스물한 살 이후에는 더 이상 살지 않기로 결정했다. 스물한 살을 넘어 산다는 것이 부끄럽다"라고 적은 일기를 발견했다. 10대 때 이런 일기를 썼으니 스물한 살 이후부터 나는 '부끄럽게' 삶을 살아가고 있는 것이라고 말할 수 있다.

젊음은 바로 꿈이다. 청춘이 흘러간 후 다시는 그 어떤 것도 우리의 마음을 사로잡지 못한다. 모든 것을 건다는 것은 현실에 전혀 개의치 않는 심경을 말한다. 때문에 추진도 린쥐에민도 죽음을 향해 걸어갈 수 있었다. 쉬시린도 역시 죽음을 향해 걸어갔으니, 이들 모두는 청춘 너머에는 그 어떤 것도 없다고 믿었기에 생을 초개처럼 버릴 수 있었던 것이다. 나는 한동안 이들을 숭배했다. 이들은 청춘의 열정과 뒤섞인 비극적인 감동으로 나를 이끌었는데, 이는 마치 아름다운 시 한 수 같았다.

추진의 사진을 본 적 있다면 '어쩌면 저리 아름다울까' 하는 생각이 절로 들 것이다. 좀 더 세심하게 그녀의 사진을 바라본다면 그녀의 아름다움은 성별을 초월함을 깨닫게 될 것이다. 성별을 초월해서 아름다울 수 있는 사람은 극소수다. 사진 속에서 기모노를 입고 손에 검을 들고 있는 그녀의 빼어난 기상은 보는 사람을 압도한다. 그녀가 어떤 심정으로 이 사진을 찍었을지 알 수 없지만, 이 사진은 줄곧 내 책상 유리 깔개 밑에 놓여 있었다. 이는 삶을 아름답게 살아낸 사람을 기리는 나만의 의식이다.

사실 추진은 보수적인 대가족에서 성장했다. 그의 아버지는 벼슬아치로, 딸을 위해 고관대작의 집안 가운데 사위를 골랐다. 추진의 결혼생활이 불행했기에 혁명가가 됐을 거라고 추측하는 사람도 있지만, 사실은 그렇지 않다. 이들 부부는 금슬 좋기로 유명했다. 혁명가는 종종 많은 사랑을 받은 자들이다. 혁명가가 자신이 받은 사랑을 다른 이들과 나누려고 할 때 꿈이 출연한다. 앞에서 이야기한 크로포트킨도, 톨스토이도 모두 그랬다.

톨스토이는 백작이었다. 광대한 토지와 수많은 농노를 소유했지만, 그의 가슴속에는 남다른 꿈이 있었다. 그는 다른 사람들과 자신의 재산과 부, 그리고 지위를 나누길 원했다. 그는 자신에 대한 전복과 혁명을 할 수밖에 없었다.

고독은 나를 찾아가는 길

몇몇의 사람만이 추진의 가정에 대해 알고 있다. 그녀는 사실 아이도 있었고 가족들이 서로 화목하고 원만했다. 한 친구가 추진에 관한 희곡을 쓰면서 그의 남편을 아주 나쁜 인물로 그렸다. 나는 그에게 자료를 다시 찾아보라고 했다. 여자라면 모두 전족을 했고, 남편이 첩을 맞아들이는 것이 당연한 사회에서 배우기 좋아하는 아내를 위해 큰돈을 써가며 아내의 일본 유학을 도운 추진의 남편은 분명 대단한 사람이리라.

일본 유학을 떠난 추진은 시야가 넓어졌다. 그녀는 더 이상 전통사회에 갇힌 여인이 아니었다. 그는 쉬시린과 천톈화 등 뛰어난 유학생들을 만나 함께 술을 마시며 신지식에 대한 이야기를 나눴다. 그녀는 이들과 함께 중국동맹회에 가입했다. 동맹회는 비합법적인 조직으로, 이 조직에 가입한 사람은 죽음을 불사해야 했기에 오직 꿈과 열정으로 충만한 인재들만 이 단체에 가입했다.

일본에 온 후 추진은 동양 여성이 극도로 억압받고 있을 뿐 아니라 약자로 치부되고 있음을 의식하게 된다. 그래서 그녀의 혁명은 정치적인 혁명이자, 거시적 측면에서 살펴보면 여성의 권리 해방에 대한 각성이자 여권 신장이었다. 추진이 여성 해방을 상징하는 그런 사진을 찍을 수 있었던 것도 바로 이런 배경이 있었기 때문이다.

여성 해방을 수용하려는 남성 단체는 반드시 개방적이어야 한다. 그만한 능력을 갖추지 못한 남성 단체에서 여성들이 해방되기란 어려운 일이다. 추진조차 남성적인 사고방식과 관념에 사로잡혀 있던 마당에 쉬시린, 천톈화 등은 모두 우수한 남성이고 추진의 남편 또한 절대로 형편없는 사람이 아니었지만, 사상의 틀은 분명 존재했다. 추진은 자신과 남편이 사상적인 면에서 각자의 길을 달릴 수밖에 없음을 깨달았다. 그녀는 보수적인 사회로 되돌아갈 수 없었다. 그래서 그녀는 자신의 삶 속에서 가장 용감한 선택을 하게 된다. 바로 이혼 제의였다.

여기에서 아주 흥미로운 사실 하나를 찾아볼 수 있다. 바로 타이완의 정치적인 생태 환경은 줄곧 부창부수를 강조해왔다는 사실이다. 타이완에서는 부부가 서로 다른 정당을 지지하는 경우가 극히 드물다. 부인이 혁명을 하러 가면 남편은 선거를 하러 가는 것이 통례이지, 정치에 있어 제2의 추진은 거의 찾아볼 수 없다. 물론 추진의 고독은 당시뿐 아니라 오늘날까지도 이해할 수 있는 사람이 드물다.

다행인 것은 추진에게는 뜻을 함께하는 친구들이 있었다. 그녀와 함께 술을 마시며 담소를 나누던 유학생이었던 이들은 추진이 검을 좋아한다는 것을 알았다. 그래서 이들은 돈을 모아 검을 사서 그녀에게 선물했다. 술집에서 검을 선물 받은 추진은 그 자리에서 춤을 추었다. 기모노를 입고 검을 들고 있는 그녀의 사진이 검을 선물 받은 그날 촬영된 것인지는 알 수 없지만 추진은 시에 이 일을 기록해두었다. 그녀는 시에서 "천금으로 보검을 산다 한들 조금도 아깝지 않다"라고 했다. 사실 그 검을 사는 데 친구들은 가진 돈을 모두 써버렸다. 천금을 썼다는 것은 결코 과장이 아니었다. 추진의 친구들은 "천금으로 보검을 샀기 때문에" 술값을 낼 돈이 없다는 사실을 뒤늦게 깨달았다. 그러자 추진은 조금도 아까워하지 않고 자신이 입고 있던 모피 코트를 술값 대신 주고는 친구들과 함께 유쾌하게 술을 마셨다. 시의 하반부에 그녀는 이렇게 썼다. "담비 외투로 술을 바꿔 마셔도 즐겁기 그지없구나."

추진의 시 〈술을 마주하여〉의 첫 구절이 남성이 여성에게 주는 선물이라면, 두 번째 구절은 여성이 남성에게 주는 보답이다. 여기에서 젊은 혁명가들의 감정이 어떠했는지 알 수 있다. 맨 마지막 두 구절은 "가슴속 뜨거운 피 늘 소중히 간직했다가 쏟아내, 비췻빛 노도가 되게 하리라"라고 노래한다. 혁명을 위해 뜨거운 피를 모두 흘려 사나운 파도가 되어 거칠고 험한 세상에 거대한 영향을 미치리라는 뜻이다. 이것이 바로 혁명가이며 이것이 바로 시인 아닌가!

일본에서 중국으로 돌아온 이 유학생들은 민간에 잠복해 혁명을 준비하고 기회를 노려 행동했다. 주도면밀한 추진에게는 열정도 있었지만 이성도 있었다. 당시 고국으로 돌아온 혁명가 중 추진은 가장 성공한 인물이었다. 그녀는 동맹회 회원이라는 신분을 숨기고 사관학교 교장으로 변신했다. 이 사관학교는 청나라 관리가 직접 통솔하는 학교로, 그 관리가 바로 그녀의 대부였으니 그녀의 위세는 정말 대단했다. 그녀의 팜므 파탈 같은 매력은 남성 혁명가의 강직함과는 사뭇 달랐다.

이혼 후 그녀가 삶 속에서 마주해야 했던 심원한 고독을 상상하기란 쉽지 않다. 그녀와 쉬시린 사이의 감정은 혁명이자 애정이었다. 거사를 일으킨 쉬시린은 구체적인 계획이 부족해 거사에 실패하고 체포됐다. 청나라 벼슬아치였던 언밍^{恩銘}을 위해 쉬시린의 가슴을 갈라 살아 있는 심장과 간을 꺼내 추모의식을 거행했다는 비보를 들은 추진은 곧 거사를 일으키나 곧 체포되고 만다.

추진의 전기를 읽으면서 나는 추진의 죽음과 쉬시린의 죽음은 아주 깊은 관련이 있다고 느꼈다. 보검을 사서 그녀에게 선물하자는 의견을 낸 사람은 바로 쉬시린이다. 이 이야기는 내게 혁명이 품고 있는 고독이 애정과 관련 있을 법하다는 생각이 들게 했다.

혁명 속에 뒤엉켜 있는 감정은 상당히 매혹적이다. 소녀의 애틋한 사랑에 비할 바가 아니다. 그들은 각자 "가슴속 뜨거운 피 소중히 간직했다가" 같은 방식으로 시의 클라이맥스를 향해 걸어갔다.

쉬시린 사후에 일어난 추진의 거사는 자살의 형식을 띠고 있다. 체포된 후 그녀는 갖은 가혹한 형벌을 받으며 혁명에 가담한 자의 명단을 쓰라는 강요를 받는다. 그러나 그녀는 오로지 '추^秋' 한 글자만을 썼다. 가담자는 오직 그녀 한 사람이라는 뜻이다. 그녀는 "가을바람 가을비에 수심으로 죽는구나"라는 시를 한 수 적고 다음 날 새벽 샤오싱^{紹興} 저자 거리에서 참수형을 당한다. 처음 샤오싱에 갔을 때 추진이 참형 당한 그 거리에 나는 오랫동안 서 있었다. 지금 그곳에는 추진의 기념비가 세워져 있다.

추진은 문학과 희곡 역사상 전무후무한 영향력을 행사한 여인이다. 그녀는 역사에 길이 남을 전기로 변해 형가와 굴원처럼 영원히 소멸되지 않는 인물이 될 것이다. 왜냐하면 그녀는 모두가 깜짝 놀랄 만한 자아를 찾는 삶을 살았기 때문이다.

절대고독을 향한 발걸음

루쉰의 소설 《약》은 바로 추진을 주인공으로 한다. 루쉰도 일본에서 유학했으며, 샤오싱 사람이다. 그는 어려서부터 추진의 목이 잘린 거리를 오가며, 말로는 표현할 수 없는 그의 정신을 뒤흔드는 감동을 느꼈다. 루쉰은 혁명의 고독을 충분히 이해한 소설가였다.

그러나 루쉰은 혁명의 길을 향해 걸어 나가지 않았다. 당시 모든 정당이 루쉰의 영입을 희망했다. 루쉰의 영향력이 너무 컸기 때문이다. 그러나 루쉰은 그 어떤 정당에도 입당하지 않았다. 그는 자신의 순수함을 지켜냈다. 그는 오로지 글을 써서 젊은 혁명가들에 대한 고마움을 가슴에 새겼다. 그의 학생인 뤄스柔石, 후예핀胡也頻은 모두 백색 공포 때 체포당한 젊은 시인이다. 이들의 이름을 직접 쓸 수 없었기 때문에 루쉰은 〈희미한 혈흔 가운데〉

라는 산문을 써서 이들을 추모했다.

1917년 러시아에서 레닌 혁명이 발발하기 전에 레닌을 도운 사람은 대부분 시인이었다. 그중에는 블라디미르 마야콥스키Vladimir Mayakovsky, 세르게이 예세닌Sergei Yesenin이 포함되어 있다. 혁명 전 이들은 분주히 뛰어다니며 동정과 지지를 호소했으며, 모두가 얼큰하게 취기가 오른 자리에서 자신이 쓴 시를 목청껏 낭송해 듣는 이의 마음을 감동시켰다. 정작 혁명이 성공한 후에 이 두 사람은 앞서거니 뒤서거니 자살로 생을 마쳤다.

한동안 내 책상 유리 깔개 밑에는 태양혈에 구멍이 난 예세닌의 자살 후 사진이 깔려 있었다. 나도 왜 그의 사진을 유리 깔개 밑에 넣어두었는지 잘 모르겠다. 아마도 나 자신에 대한 경고가 아니었을까? 이것이 바로 혁명가의 말로, 혹은 시인과 혁명가의 고독 사이에 존재하는 매우 매혹적인 관계다.

이 두 시인의 시 구절들은 오랜 세월 우리에게 감동을 선사했다. 그들의 삶은 절대고독을 향해 걸어갔다. 그렇다면 절대적인 고독이란 무엇인가? 형장을 향해 걸어갈 때 추진은 자신과 천지 만물과는 하등 관련이 없다고 느꼈을 것이다. 이 부분을 역사는 말하고 있지 않지만 말이다. 후세 사람들은 린쥐에민을 입에 올리면 곧 추진을 이야기하고, 쉬시린을 이야기하고, 천톈화를 이야기했다. 정치적인 각도에서 바라보았을 때 이들은 '열사'로 칭해졌다. 이들은 자신의 목숨을 아끼지 않고 정의를 위해 나섰다. 죽어도 여한이 없었다. 역사는 이들에게도 고독한 일면이 있었음을 기록하지 않았다. 더욱이 이들이 삶의 마지막에 느꼈을 쓸쓸함과 적막함을 언급하지 않았다.

새벽 동트기 전, 추진은 샤오싱 저자 거리로 끌려 나왔다. 그녀는 더는 일출을 볼 수 없을 터였다. 그녀는 더 이상 국가와 민족의 미래를 볼 수 없을 터였다. 기나긴 밤 동안 얼마나 안타까웠을까? 생의 마지막에 얼마나 쓸쓸했을까? 그녀의 시체는 며칠 동안 태양 아래 널브러져 있었다. 그 누구도 감히 그녀의 시체를 수습할 용기를 내지 못했다. 시체를 수습한다면 바로 그녀와 한 패거리라는 증거가 될 것이기 때문이었다. 일주일, 그리고 또 일주일. 이주일이 지나서야 그녀의 절친 우즈잉嗚芝瑛이 죽음의 위험을 무릅쓰고 그녀의 시체를 훔쳐와 항저우杭州로 이송해 시후西湖 강변에 묻었다.

우즈잉도 빼어난 인물이었다. 추진에 대한 많은 자료가 보존될 수 있었던 것은 모두 그녀의 평생지기 우즈잉 덕분이다. 청나라 말기의 추진이나 우즈잉 같은 여성들이 행한 일에 우리는 그저 놀라워할 따름이다.

1990년대 타이완 학생운동으로 화제를 돌려보자. 당시 나는 둥하이대학에서 교편을 잡고 학과주임을 맡고 있었다. 나는 텔레비전 뉴스와 신문 등 미디어를 통해 수많은 학생이 중정기념관에 모여서 밤을 지새우고 있음을, 수많은 학생이 타이베이 기차역을 점거하고 열변을 토하며 정부 고위층과의 대화를 요구하고 있음을 알게 됐다. 타이완 학생운동보다 조금 늦게 대륙의 톈안먼 광장에서도 학생들이 모여 시위를 벌였다. 우얼카이시^{吾爾開}^{希, 톈안먼 학생운동의 리더}는 잠옷을 입은 채 리펑^{李鵬}과 서면으로 대화를 나눴다. 이들은 내게 파리 유학 시절을 생각나게 만들었다.

성공한 혁명가는 다시 꿈꾸지 않는다

맨 마지막에 아름다운 구두점을 찍지 못한 혁명가는 실은 정말 볼썽사납다. 이는 내 논리에 모순되는 것이기도 하다. 혁명가의 고독은 마땅히 죽은 자아가 있어야 하지만, 혁명은 성공하기 위한 것이 아닌가? 왜 모든 혁명가는 실패자의 모습으로 역사에 이름을 남기는가?

혁명가란 자신의 꿈을 완성하려는 사람이지만 일단 혁명이 성공하면 꿈은 다시는 꿈이 될 수 없다. 반드시 제도적인 개혁을 수행해야 하며, 자질구레하고 잡다한 행정 업무에 얽매이기에 다시는 시가 될 수 없다.

혁명가의 고독을 고집하려면 반드시 사마천이 《사기》를 쓸 때 고집했던 미학의 이데올로기를 고집해야 한다. 결코 유방이 될 수 없다고 말하면 안 된다. 나는 우리 모두는 유방이지 항우가 아니기를 희망한다고 믿는다. 모두 성공한 사람이 되기를 바라지 실패자가 되기를 바라진 않는다고 믿는다. 그러나 미학으로 남겨진 부호는 모두가 고독한 사람이요, 실패한 사람이다.

타이베이 기차역과 중정기념관을 지날 때마다 10여 년 전 학생운동의 장면이 머릿속에 떠오른다. 10여 년 전, 학생들이 내게 "저는 정치를 하지 않을 겁니다. 또한 학생운동에 참여하지도 않을 겁니다"라고 얘기했을 때 나는 "학생운동은 정치가 아니야. 넌 아직 젊으니 옆에서 그 격정을 한번 느껴보렴!" 하고 말했다. 학생들에게 이런 이야기를 들려줄 때마다 나는 스물다섯 살 때 파리에서 느꼈던 감동을 회상했다.

이렇게 이야기를 매듭짓고 싶다. 우리의 삶 속에 현실과 부합하지 않는 꿈이 있는가? 맞다. 꿈은 바로 현실과 부합하지 않는다. 너무도 현실과 부합한다면 청춘이라고 불릴 자격이 없다. 왜냐하면 청춘은 본래 거대한 꿈의 축제이기 때문이다.

학생운동에 참가한 사람들이 모두 꼭 정치적인 목적이 있는 것은 아니다. 나를 포함해 파리에서 함께 학생운동을 했던 친구들 중에는 남자친구나 혹은 여자친구와 함께하려고 학생운동에 뛰어든 이들도 있었다. 이들은 심지어 시위를 하는 의제가 무엇인지도 몰랐다. 그러나 어떤 이유에서든 일찍이 격정을 맛보았던 사람들은 평생 이를 잊지 못한다.

나는 아직도 당시 중정기념관을 지날 때 보았던 대학교 2~3학년 남학생의 치기 어린 얼굴이 기억난다. 이 남학생은 학생운동의 리더로 뽑혀 그 자리에 모인 이 학생들 앞에서 연설을 해야 했다. 그는 조직을 이해해야 했고, 그곳에 모인 학생들의 끼니 문제나 위생 문제로 골머리를 앓아야 했다. 연단에 올라가 연설할 때면 그는 때로 겁을 먹거나 부끄러워했고, 때로는 연설을 제대로 하지 못하기도 했고, 때로는 머리를 한쪽으로 쓸어넘겨 좀 말쑥해 보이기도 했다. 그리고 시간이 뛰뛰기한 후 그는 국회와 총통부에 모습을 나타냈다. 그는 여전히 단상에 서 있었다. 그리고 차분하고 당당하게 이야기했다. 두 사람의 얼굴은 닮은꼴이다. 어디에서 보았더라? 추진의 사진에서 보았던 그 얼굴이다.

학생운동을 주도했던 사람들은 나중에 나와 아주 친한 친구가 됐다. 나는 이들을 만날 때마다 그들의 얼굴에서 혁명가의 고독을 찾으려고 시도했다. 그리고 지극히 소소한 고독이라도 찾아낼 때면 나는 너무 기뻤다. 비록 이 같은 내 바람 때문에 그의 정치 생활이 이도 저도 아닌 것이 됐는지도 모르겠지만 말이다. 이것은 아마도 내 문제일 듯싶다.

나는 타이완 학생운동에 관한 소설을 한 편 더 쓰고 싶다. 전 세계를 통틀어 학생운동이 이렇게 성공한 예는 아주 드물다. 야생백합학생운동에 참여했던 사람들은 지금 요직을 차지하고 있다. 학생운동에 대한 반성과 검토 및 이에 참여했던 혁명가의 내재적인 고독에 대한 조사는 아주 재미있는 내용이 될 것이다. 그런데 왜 10년이 넘도록 학생운동이 일어나지 않고 있는 것일까?

사회가 개혁됐기 때문일까? 아니면 꿈에 대해 모두가 더 이상 열정을 품고 있지 못하기 때문일까?

깨어난 꿈, 부서진 이상

1970년대 나는 파리에서 아나키즘이라는 조직에 참가했다. 우리 조직의 리더는 차이※라는 성을 가진 홍콩 학생이었다. 그의 머리칼은 무척 아름다웠다. 그렇게 아름다운 머리칼을 가진 남성은 한 번도 본 적 없다. 나는 그가 크로포트킨을 이야기할 때면 주변에 앉아 있던 사람들이 모두 그의 머리칼을 바라보고 있다는 사실을 발견했다. 그 순간 나는 아주 이상한 생각이 들었다. 리더는 정말 꼭 아름다워야 한다! 혁명이라는 것은 정말 이상하다. 혁명의 매력을 우리는 형언할 수 없다.

그때 나는 남녀를 불문하고 우리 조직의 모두가 그를 연모한다는 사실을 깨달았다. 그는 말문이 막힐 때면 아주 기묘한 표정을 지었다. 유약하기도 하고 자책하는 것 같기도 한 그런 표정이었다. 그런 그의 모습을 보며 우리는 혁명의 리더가 어떻게 저렇게 유약할 수 있을까, 좀 강인해야 하지 않을까 생각했다. 그런데 곰곰이 생각해보면 우리는 그의 유약함이 안타까워서 기꺼이 그에게 표를 던졌던 것 아닌가.

차이는 내가 만난 첫 번째 학생운동 리더였다. 그가 이끄는 우리 조직은 조직 전체가 미학적이었다. 우리는 그때 파리의 지하실에서 살았다. 우리는 함께 잠을 자고 한 대밖에 없는 타자기로 번갈아 타자를 쳐서 《유럽통신》이라는 간행물을 만들어냈다. 이 간행물은 크로포트킨의 아나키즘 사상으로 가득했다. 조직원들은 대부분 아르바이트를 했다. 당시 나는 여행 가이드를 해서 돈을 벌었다. 일을 마치고 지하실로 돌아와 통 안에 벌어온 돈을 넣어두면 모두가 함께 그 돈을 썼다.

나중에 나는 친구들에게 내가 조직을 탈퇴한 이유는 누군가 통 안에 있는 돈을 훔치고 있다는 사실을 알았기 때문이라고 말했다. 그 사실은 나를 꿈에서 깨어나게 만들었다. 나는 "이렇게 고귀한 조직에서 어떻게 이런 더러운 일이 일어날 수 있을까"하고 절망했다.

혁명가의 고독은 혁명가가 젊은 시절 자신의 결벽에 연연해 하는 것이라고 말할 수 있다. 우리는 이상이란 더할 나위 없이 행복하고 아름다운 것이라고 믿는다. 또한 모든 사람이 이를 이룰 수 있다고 믿는다. 우리는 각자 숭고한 도덕을 소유하고 있으며, 모든 사람이 이 같은 이상을 실현하기 위해 함께 노력하기를 원할 것이라 믿는다.

나는 지금 크로포트킨의 작품이 모두 시인 것처럼 시를 낭송하듯 읽는다. 그는 어느 날 정부가 필요하지 않게 될 것이라고 굳게 믿었다. 그는 우리가 어느 날부터 자발적으로 세금을 내고, 자발적으로 인프라를 구축할 것이므로 타인에 의한 관리가 필요 없어질 것이라고 믿었다. 젊은 시절 나는 그를 믿었다. 하지만 지금은 이 사회에 분명 계급이 있고 가난뱅이와 부자가 있음을 믿는다. 어느 날 "어느 나라인들 거지가 없겠어?"라고 말한다면 우리는 더 이상 젊지 않은 것이다.

그러나 설사 이미 꿈을 꾸는 나이가 지났을지라도 젊은 시절의 결벽은 여전히 우리를 따라다닌다. 그러다 어느 순간 갑자기 나타나서는 우리가 편안히 자고 먹고 할 수 없도록 '난 이제 늙은이가 되어버렸나? 젊은 날 내가 품었던 꿈을 이미 포기해버렸나?'라고 자신에게 질문을 쏟아놓고 싶어진다.

젊은 시절 꿈이 100퍼센트였다면 스물다섯 살이 지난 다음부터 그 꿈은 마모되기 시작해 80, 70, 60퍼센트 혹은 이보다 더 적게 남게 되겠지만 고독은 여전히 존재한다. 이는 다른 사람에게는 털어놓을 수 없는 내 가슴속 가장 깊은 곳에 자리한 근심거리다.

나는 《아나키스트의 머리칼》이라는 소설에서 야생백합학생운동의 리더를 아름다운 머리칼을 가진 남자로 예쯔^{葉子}라는 여자아이와 사랑하는 사이지만 그들 간의 감정은 혁명 동지로서의 감정을 넘어서지 못하는 것으로 묘사했다. 혁명은 거대한 공동의 꿈을 추구한다. 예쯔는 임신한 몸으로 광장에서 밤낮을 가리지 않고 군말 없이 학생운동에 관한 여러 가지 일을 보살핀다. 그런데 예쯔 자신조차 그녀가 사랑하는 것이 "그의 머리칼인지 아니면 그의 머리칼 아래 있는 믿음인지" 알 수 없었다.

성경 속의 인물 삼손은 힘이 장사였지만 머리칼이 잘린 후 힘을 잃었다. 군대와 감옥을 관리하기 위해 맨 처음 하는 일이 바로 재소자와 군인들의 머리를 박박 깎는 것이다. 모든 이의 머리칼이 몽땅 잘린 첫날 밤, 나는 모두가 똑같이 변했다고 느꼈다.

머리는 개성의 일부로, 머리칼이 잘리면 개성 또한 사라진다. 누군가 내게 감옥에서는 수감되기 전 막강한 힘을 자랑했던 '형님'도 일단 머리칼이 박박 깎이면 그 대단했던 위세가 바로 쪼그라든다고 이야기해줬다. 머리칼에는 마력이 있는 듯하다. 머리칼은 마치 주술처럼 인간의 행동에 영향을 미친다. 나는 소설에서 이에 대한 내용을 초현실 기법을 사용해 설명했다.

둥근 달이 뜬 밤, 한바탕 바람이 불어오면 리더는 천천히 그 신비로울 정도로 아름다운 머리칼을 천천히 벗겨냈다. 그의 머리칼은 가발이었다. 그 누구도 알지 못했지만.

크로포트킨은 대머리였다. 그가 스위스에서 《한 반역자의 이야기》를 쓸 때 찍은 사진이 한 장 있는데, 사진 속 그에게는 머리칼이 없었다. 이 사진은 내게 머리칼의 이미지와 혁명가의 고독을 결부시켜야겠다는 영감을 주었다. 그래서 나는 《아나키스트의 머리칼》이라는 소설을 쓸 수 있었다.

나는 개인적으로 《아나키스트의 머리칼》이라는 소설 중 한밤 중 광장의 모습을 묘사한 대목을 가장 좋아한다. 이 부분은 내가 야생백합학생운동에 참가했을 때 한밤중 중정기념관에 앉아서 느낀 감정의 투영이었다. 한낮의 격정이 지나간 후 밤이 되면 광장에선 젊은 혁명가들의 외침조차 깊은 잠에 빠져들었다. 나는 광장에 놓인 침낭을 하나하나, 아직 치기가 가시지 않은 얼굴을 하나하나 바라보았다. 그러다 남녀가 꼭 껴안고 잠이 든 채 누워 있는 침낭을 바라보며 갑자기 나와 이 젊은 생명 간에 모종의 관련이 있다는 생각이 들었다. 내가 혁명가를 사랑하게 됐다면 아마도 이때였으리라.

여자로서 자신이 사랑하는 남자의 의견에 대해 부단히 추측한다면 꿋꿋하고 흔들림 없는 아나키스트는 그가 경시하는 바를 반대하리라 믿는다.
한번은 예쯔가 그에게 자신의 머리 길이에 관해서 묻자 그는 조금은 귀찮다는 듯 "해방된 아나키스트 여성이 남성의 희열을 자신의 생존 목적으로 삼아서는 안 되지" 하고 대답했다.
이야기를 마친 후 그는 질문을 던진 그녀에게 자신이 경멸의 표정을 지었다고 생각한 듯했다. 오랫동안 아나키스트로서 내적 훈련을 쌓아온 그는 즉시 자신의 행동을 반성했다. 그는 얼른 자신의 감정을 추스르고 미안하다는 듯 예쯔의 긴 머리칼을 어루만지며 이렇게 말했다.

"예쯔, 머리칼에 관한 문제는 아나키즘의 핵심이 아니라오."

예쯔에게 이 순간은 동지로서, 그리고 한 남성으로서 그에 대한 사랑을 유일하게 처음으로 동시에 느낀 순간이었다. 그리고 오랫동안 여전히 그녀는 육체적인 흥분에 대한 그리움과 머릿속에서 강요하는 이성과 신앙의 관계가 제대로 조절되지 않아 갈등했다.

결국 그녀는 긴 머리칼을 짧게 잘랐다.

그녀는 이렇게 생각했다. 머리칼이 사랑하는 남자의 즐거움을 위해 존재하지 않는다면, 예전부터 긴 머리칼에 잔존했던 수많은 꿈과 환상에 가까운 연상도 사실 함께 잘라내야 한다. 확실히 리더가 이야기한 것처럼 머리칼은 인간의 사고를 담당하는 부위에 가장 근접한 산물이며, 이로 인해 머리칼에는 사상과 밀접한 관련이 있는 이데올로기적 변증이 내재되어 있다.

예쯔는 거울을 보며 허리까지 오는 긴 머리칼을 한 움큼 움켜쥐더니 숨을 내쉬고는 결심했다는 듯 가위로 싹둑 잘랐다. 머리를 자른 후 예쯔는 거울 속 자신을 바라보았다. 모든 게 새로워진 것 같았다. 마치 그녀가 잘라낸 것이 머리칼이 아닌 그녀가 과거에 깨닫지 못했던 여성의 그 어떤 것이라도 되는 것처럼.

"혁명, 진정한 혁명은 칼이나 창으로 하는 것이 아니라 머릿속에 있는 부패와 횡포, 그리고 타락을 잘라내는 것이다."

아나키스트들은 항상 이렇게 말하지 않는가.

예쯔는 여성에서 해방됐다고 느꼈다. 예쯔는 인간 역사의 쇠사슬인 '가정', '국가', '민족', '계급' 등 부패와 타락의 관념을 잘라낸 것 같았다. 동시에 장구한 역사 속에 가해져온 모든 성차별과 주종의 관념에서 해방되는 것 같았다.

이 소설을 쓸 때 나는 사실 독자를 염두에 두지 않았다. 나는 독자들에게 이 부분이 상당히 생소하게 받아들여지리라고 생각했다. 그 원인 중 하나로 타이완은 제2차 세계대전 후 계엄을 맞아 사상의 농단이 생기고, 서로 다른 신념과 이념 사이의 변론이 결핍됐다. 나의 고등학교 영어 선생님 천잉전이 마르크스 이론서의 서문을 번역해서 친구에게 인쇄를 맡긴 일이 정치적인 사건으로 비화된 것처럼 말이다. 이런 상황에서는 의식이나 사상을 사고하고 변별하는 습관이 결여되기 시작한다. 타이완에 있는 우리는 파리 시민들이 점심, 저녁, 그리고 티타임 때 정치 사건에 대해 이야기하며 자신의 독특한 견해를 피력하거나, 심지어 부부 사이에 서로 다른 정치적 견해를 가지는 것에 비해 뒤떨어진 사고력과 변별력을 가지고 있었다.

심지어 당시 학생운동에 참여했던 리더들 모두가 사변의 습관을 가지고 있었다고 말할 수도 없다. 학생운동은 광속의 빠르기로 성공을 거뒀다. 학생운동의 리더들은 대부분 30대쯤 되었을 때 정부 고위층 인사가 되어버렸다. 그들에게는 혁명가의 고독을 계속 유지할 시간이 없었다. 아울러 그들에게는 사회적 이상에 대해 사고하고 변별하는 습관을 배양할 시간도 없었다. 그들은 단번에 압제자에서 집정자로 변했기에 계속해서 혁명가의 고독을 발전시킬 수 없었다.

《아나키스트의 머리칼》을 다시 읽었을 때 나는 특별한 감동을 받았다. 한 사회에서 실패자의 모습이 담고 있는 의미와 중요성은 어떠한가? 사마천의 항우나 형가처럼 역사에 길이 남는 실패자는 우리에게 우리도 마땅히 실패자의 모습을 연출해야 한다고 말해준다. 실패자가 성공한 사람에게 대항하는 발언을 할 수 있어야만 비로소 소위 사변력을 갖췄다고 말할 수 있다.

타이완 학생운동의 발전 과정에 우리에게 너무 보수적이어서 부패하기 시작한 정권이 있어서 한편으로 다행이다. 덕분에 타이완은 최단시간 내 사회적 반성과 검토를 유도해낼 수 있었다. 새 시대의 힘이 빠른 속도로 구시대를 접수했으나 또 다른 측면에서는 반성과 검토를 계속할 수 없었다. 소설에서 임신한 예쯔는 리더의 곁을 떠난다. 그녀는 자신이 리더의 머리칼을 사랑했기에 아나키스트 당원이 됐다는 사실을 깨닫는다. 그의 곁을 떠난 뒤 그녀는 다시 자잘하고 오밀조밀한 꽃무늬가 있는 치마를 입고 레이스가 달린 양말을 신는다. 아나키스트들이 비판해 마지않는 '프티 부르주아' 계급의 소박한 여성으로 되돌아간 것이다. 그녀는 이제야 진정한 자신으로 되돌아왔다고 느낀다.

만약 혁명가가 자신을 충분히 인식하지 못한 상태에서 자각하게 된다면 혁명은 위험에 빠질 것이다.

청나라 말기, 우리를 감동시키는 수많은 혁명가 중 한 사람으로 탄쓰퉁譚嗣同이 있었다. 그는 강량정변康梁政變 •6군자 중 한 사람이다. 불교를 공부한 탄쓰퉁은 격렬한 혁명을 향해 걸어갔다. 강량정변이 실패한 후 만청滿清 정부가 당원들을 잡아들일 때 도망칠 기회가 충분히 있었으나 그는 량치차오梁啓超에게 "당신은 반드시 도망가야 하고 나는 반드시 남아 있어야 하오. 도망치는 사람이 없으면 혁명은 성공할 수 없고, 남아 있는 사람이 없으면 전에 이런 혁명을 한 사람이 있었다는 것을 세상에 알릴 수 없기 때문이오"라고 말했다. 그는 형장으로 걸어가는 배역을 맡기로 결심했다.

탄쓰퉁의 가슴에는 환상과 허무와 형언할 수 없는 고독이 있었다. 그래서 그는 불교와 혁명을 서로 결합시켰으리라. 삶에서

• 　강량은 량치차오와 캉유웨이(康有爲)를 뜻한다. 1898년 광서(光緖) 24년, 서태후를 주축으로 하는 수구파와 광서황제를 중심으로 하는 개량파 간의 세력 다툼이 100여 일간 계속됐는데, 이를 무술정변(戊戌政變)이라 한다. 무술정변을 일으킨 주역 탄쓰퉁, 캉광런(康廣仁), 양루이(楊銳), 양선슈(楊深秀), 리우광디(劉光第), 린위(林旭) 등 여섯 명은 잔혹하게 살해당하는데, 이들을 6군자(六君子)라고 한다.

가장 큰 환상을 가졌을 때 그는 자신의 삶을 불살라 가장 열정적인 일을 하리라 선택했다. 마치 내가 둔황 육조 불교 벽화에서 자신의 살을 베어내 매를 먹이는 이야기를 봤을 때 격정에 휩싸였듯이 말이다.

탄쓰퉁은 고독한 혁명가의 훌륭한 본보기다. 공산당이 자리 잡던 때, 또 다른 멋진 혁명가 쥐추바이瞿秋白가 탄쓰퉁의 계보를 이어받는다. 타이완에서 쥐추바이를 알고 있는 사람은 드물다. 그의 저서 《아향기정餓鄕紀程》은 타이완에서 보기 쉽지 않은 책이다. 쥐추바이 역시 불교를 공부한 문인이다. 그는 도장을 새기고 붓글씨를 쓰고 시와 사를 지었다. 그러다 갑자기 문인 세계에 환멸을 느끼고 여기에서 벗어나기로 결정했다.

1917년 러시아 혁명이 일어났을 때, 그는 러시아에 대해 아는 것이 하나도 없었지만 동문관同文館에 입학해 러시아어를 공부하기 시작했다. 그는 기차역마다 멈춰 서는 완행열차를 타고 러시아에 도착했다. 《아향기정》은 그의 러시아 입성 과정을 담은 기록이다. 그와 동행한 청나라 벼슬아치가 열차에서 마작을 하고 소실과 엉망진창이 되도록 놀 때도 그는 열심히 러시아어를 공부했다. 그는 러시아 혁명이 성공하리라 믿었으며, 중국 혁명도 반드시 성공하리라는 신념을 갖고 있었다.

불교를 공부하고 낭만과 유미주의를 논하는 문인이 최초로 《공산당선언》을 번역하고, 공산당이 가장 중요하게 생각하는 〈국제 무산계급 혁명가〉를 중국어로 번역했다. 〈국제 무산계급 혁명가〉는 본래 프랑스 파리 코뮌의 노래였으나, 나중에 여러 나라 언어로 번역되어 전 세계 공산당원이 부르는 노래가 됐다. 쥐추바이는 중국으로 돌아온 후 공산당 지도자가 되었으나 그는 《사기》에서 이야기하는 실패자가 됐다. 그는 리더가 된 후 갑자기 자신은 리더가 될 만한 재목이 아니라는 사실을 깨닫는다. 그는 예술을 사랑하고, 유약했다. 그와 선총원沈從文, 딩링丁玲, 후예핀 등은 공동 소유를 원칙으로 하는 공산共産을 너무 사랑하다 보니 심지어 결혼과 애정조차도 공유했다는 루머가 떠다녔다. 1981년 미국에서 딩링을 만났을 때 나는 그녀에게 그것이 사실인지 물었다. 그녀는 완강히 부인했다. 그 루머가 사실인지 아닌지를 떠나 혁명가들 사이에 존재하는 감정이란 본래 속세 사람은 이해하기 어려운 법이다.

후예핀은 나중에 국민당에 의해 총살당했다. 딩링은 농촌 아낙네처럼 꾸미고 옌안으로 탈출했다. 차이위엔페이蔡元培와 쥐추바이는 모두 그녀를 보호하기 위해 북상한 핵심인물들이었다. 나중에 비적을 토벌할 때 쥐추바이는 힘이 없는 리더였기에 푸젠福建에서 체포되어 창팅長汀 감옥에 갇혔다. 이때 그는 걸작을 남겼는데 그 작품이 바로 1980년대 홍콩 《밍바오明報》에 실린 《쓸데없는 이야기》다. 이것은 그가 임종을 앞두고 남긴 작품이다.

현재 타이완에서 쥐추바이에 대해 아는 사람은 드물다. 타이완에서 그는 공산당으로 낙인찍힌 위험한 인물이다. 대륙에서 그는 공산당을 배신한 배신자다.《쓸데없는 이야기》를 썼기 때문에 그는 배신자가 됐다.

《쓸데없는 이야기》에서 그는 자신은 근본적으로 공산당이 되기에 부적합한 인물이며 리더가 되기에는 더욱 부적합하다고 고백했다. 그는 자신의 내면에 도사린 아름다움에 대한 탐닉을 버릴 수 없었노라 이야기했다. 그에게 관심이 있다면《아향기정》과 《쓸데없는 이야기》두 권의 책을 읽어보라. 이 두 권의 책에서 쥐추바이의 결연한 신념부터 신념의 환멸, 그리고 신념과 환멸 사이의 커다란 격차를 살펴볼 수 있을 것이다. 내 생각에 쥐추바이 같은 사람은 앞으로 새롭게 탄생될《사기》에서 무척이나 중요한 인물이 될 것이다. 이들은 모두 모순된 인성의 조합을 가진 인물들이다. 시대적인 변천 속에서 이들의 풍부한 인성과 성격은 책에 기록할 만한 가치가 충분하다.

총살을 당하기 전, 형을 집행하는 사람이 쥐추바이에게 돌아서라고 했지만 그는 "그럴 필요 없소"라고 말했다. 그는 총구를 마주하고 자신이 번역한 〈국제 무산계급 혁명가〉를 부르며 생을 마감했다. 그는 죽기 전 시 한 수 남겼다.

석양이 명멸하며 산중을 어지럽히네. 낙엽 떨어지는 소리, 차디찬
샘물 소리 쉼 없이 들리는구나. 고독을 참아온 세월 이미 10년이

라네. 가슴속에 남은 건 반 토막짜리 가타(伽陀)뿐, 아름다운 세상과 작별을 고하노라.

공산당의 리더였던 그가 마지막으로 쓴 절명시는 바로 고승(高僧)의 문장이었다. 탄쓰퉁에서 쥐추바이까지 이들은 모두 실패한 혁명가다. 이들을 계승한 사람은 혹시 성공할지도 모르지만《사기》의 유방처럼 성공한 사람은 그다지 사랑스럽지 않을 것 같다. 사랑스러운 자들은 이렇게 실패한 고독한 자들이다. 문학은 주변과 당대가 아닌 미래를 바라보아야 한다.《아나키스트의 머리칼》이라는 소설을 쓸 때를 포함해서 나는 줄곧 청나라 말기에서 중화민국 초기까지 현대 학생운동의 혁명가들 사이의 얽히고설킨 복잡한 관계를 생각했다.

만약, 그리고 문학이 있다면
메이리다오(美麗島) 사건*을 기억하는가. 나는 당시 컨딩(墾丁)에서

•   1979년 타이완 남서부에 위치한 가오슝에서 잡지《메이리다오》가 창간되어 민주화 운동의 구심점이 되었다. 같은 해 12월 10일, '세계 인권의 날'을 맞아《메이리다오》는 '대만인권위원회' 발족 행사를 거행했다. 정부가 불법으로 간주한 이 행사에는 3만 명이 넘는 시위대가 참여했는데, 150명 이상이 체포되어 국가반란죄 등의 명목으로 중형을 선고받았다. 메이리다오 사건은 타이완 민주화 운동의 전기를 이룬 사건으로, 이로 인해 1986년 민주진보당이 성립됐다. 1987년 7월 14일 장징궈(蔣經國) 정부는 1949년 5월 20일 발령하여 38년 동안 지속된 세계 최장 계엄령을 해제했다.

가오슝高雄에 있을 때 이 사건이 일어났다. 사건에 연루된 사람들 중 많은 이가 내 지인이었다. 그중에는 소설가 왕퉈王拓도 포함되어 있었다. 왕퉈의 아버지와 형님은 모두 어부였는데, 두 사람은 바다에서 잇따라 목숨을 잃었다.

그는 소설에서 바더우쯔八斗子 가족에 관한 이야기를 썼는데, 이로 인해 당시 '계급혁명을 선동했다'는 죄명을 뒤집어썼다. 당시 막 프랑스에서 돌아온 나는 천진난만했다. 나는 그를 옹호하는 글을 한 편 썼다. 이로 인해 나는 대학에서 해임됐다. 이 사건은 지금 생각해도 스릴 있다. 나는 내가 믿는 것을 위해 원망도 후회도 없는 선택을 했다.

왕퉈는 억압받는 자였고, 실패자였다. 그는 고뇌스러운 꿈을 품고 있었으며, 비통한 어민들을 위해 목소리를 높였다. 그는 우리에게 문학은 반드시 삶의 영역에 발을 들여놓아야 한다는 믿음을 심어주었다. 오늘날의 문학은, 아니 만약 문학이 있다면, 촉수는 어느 방향으로 뻗어야 할 것인가?

한동안 텔레비전을 켤 때마다 두 사람이 나왔다. 한 사람은 왕퉈, 또 한 사람은 시인 잔처詹澈다. 잔처는 타이둥농민조합 소속으로, 2002년 농어민 대규모 시위에서 총간사를 맡았다. 그를 알게 된 것은《라이온미술》의〈향토문학〉편집을 담당했을 때이다. 나는 그에게 원고 청탁을 했다. 당시 군복무 중이던 그는 휴가 때마다 군복을 입은 채 우리 사무실로 나를 찾아왔다. 우리는 그가 쓴 시에 대해 이야기를 나눴다. 나중에 여공인 예샹葉香과 결혼한 그는 타이둥으로 돌아가 농민과 노동자를 위한 운동에 헌신했다. 텔레비전 뉴스에서 나는 왕퉈와 잔처가 동시에 나오는 장면을 보기도 했다. 왕퉈는 집권당 대표로, 잔처는 민중의 목소리를 대변했다. 나의 절친인 두 사람이 서로 대립되는 입장을 대변하는 대표였지만, 나는 이 장면을 보면서 깊은 감명을 받았다.

사회에서는 당연히 서로 다른 역할이 필요하고, 실무에 종사하는 사람도 필요하다. 문학이라는 측면에서 보면, 이 두 사람의 대립은 곧 두 배역의 황당무계함을 반영한다고 볼 수 있다.

2002년 선거에서 나는 선거 전에 후보 사퇴를 선언한 스밍더施明德를 보고 메이리다오 사건이 발생했을 때 매일매일 '그가 체포됐을까?' 하는 조마조마한 심정으로 신문을 펼쳐보던 기억을 떠올렸다. 그는 줄곧 도망쳤다. 마치 어린아이가 거대한 로봇에 대항하는 것을 보는 것 같았다. 그의 도주는 내게 일종의 기대감을 안겨주었다. 나는 그가 체포되지 않기를 바랐다. 내가 만약 《사기》를 새롭게 쓴다면 나는 이 인물을 어떻게 다뤄야 할 것인가 고민했다. 그는 정말로 황당하기 그지없는 인물이었다. 그는 조롱받을 만한 꿈을 꾸고 있지 않으면 거대한 꿈을 파멸시킨 후 고독한 실패자를 표방했다.

나는 정당 정치를 신뢰하지 않는다. 내가 믿고 있는 아나키즘의 신념에 따르면 아나키즘은 영원히 권력 안에 존재할 수 없다.

아나키스트는 영원히 주변인, 약자의 입장에 서서 주류에 반항하는 인물이다. 스밍더는 당시 랴오티엔딩廖添丁, 일제강점기 시절 협객으로 타이완에서 항일운동 열사로 추앙받고 있다.에 비유되기도 했다. 랴오티엔딩은 거부들의 재산을 훔쳐 가난한 사람들에게 나눠주었다. 그는 익살맞은 방식으로 통치자라는 어마어마하게 커다란 로봇을 상대했기 때문에 세간의 귀염둥이가 될 수 있었다.

거대한 정치 로봇의 모습은 시대를 막론하고 변함 없다. 누가 다음번 랴오티엔딩이 될 것인가? 아니면 모두 랴오티엔딩 같은 인물은 존재하지 않아야 된다고 생각하는 것일까?

나는 정당 정치를 신뢰하지 않지만 가정, 학교, 사회, 정치에 있어서 자신을 반역자라고 지칭했던 크로포트킨 같은 인물이 존재하는가 아닌가에는 무척이나 신경을 쓴다. 반역자는 정당에서, 가정에서, 학교에서, 사회에서 '말 잘 듣는 사람'이 될 수 없다. 우리에게는 이가 갈리게 미운 사람이지만, 그가 맡은 배역은 힘의 밸런스를 맞추는 역할이다. 어떤 사회는 반역자란 시급히 제거해야 하는 암적 존재로 보기도 하고, 또 어떤 사회는 반역자를 '너'와 '나'의 상호작용으로 인해 형성되는 추진력으로 보기도 한다. 내 생각엔 후자가 전자보다 더 사랑스럽다.

정권을 장악한 사람이 찬양하는 것을 찬양한다면 그는 매수됐다고 봐야 한다. 《수호전》에 나오는 108명의 호걸은 갖가지 경험을 한 끝에 자신과 정권은 상충되는 관계임을 깨닫고 어쩔 수 없이 양산梁山에 오른다. 소설의 맨 마지막에서 작가는 아주 재미난 수수께끼를 남겨놓는다. 도대체 송강은 투항을 했을까?

어떤 이들은 송강이 투항해서 정부의 정규군이 됐다고도 하고, 또 어떤 이들은 그가 계속 양산에서 하늘을 대신해 정의를 실천하고 있다고 한다. 이 두 종류의 결말은 108명 호걸이 자리매김하는 데 한계가 있음을 보여준다.

아나키즘은 사실 또 다른 형태의 양산박이다. 우리는 스스로 우리 내면에 영원히 매수당할 수 없는 반역자의 모습이 있음을 알고 있다.

고독과 함께 혁명은 끝난 것인가

학생운동은 우담바라처럼 잠깐 나타났다가 바로 사라졌다. 그러나 성차별 문제, 계급 문제 등 많은 사회 문제는 더욱 많은 반역자에게 각성하라고 촉구한다. 왜 더 이상 학생운동이 없는 것일까? 설마 학생운동이 여기에서 끝난 것일까? 다음에 각성할 학생은 누구일까?

만약 내가 펜을 잡고 현대식 버전의《사기》를 쓴다면 나는 누구를 기록할 것인가? 형가인가? 그럼 형가는 어디에 있는가? 항우일까? 그럼 항우는 어디에 있는가? 탁문군일까? 그렇다면 탁문군은 어디에 있단 말인가? 어떻게 해야 이같이 혁명의 시기 꿋

꿋꿋하게 고독으로 버텨온 사람들을 표현할 수 있단 말인가?

'혁명'. 이 두 글자는 오랫동안 '정치'와 같은 의미로 읽혔지만, 혁명은 정치보다 의미가 크다. 크로포트킨이 이야기한 반역자처럼, 혁명가는 자신의 삶에서 불만족스러운 상태를 개선하고자 반역을 저지르고 반역을 최고의 절대적인 수준으로 유지시키는 인물이다.

모든 권력은 어떻게 그 권력을 거머쥐었든 상관없이 모두 혁명을 두려워한다. 그러나 훌륭한 권력은, 심지어 혁명까지도 거의 가지고 놀 수 있는 수준이다. 혁명을 놀이로 삼은 사람으로 마오쩌둥毛澤東이 있다. 그는 혁명이 연극으로 변하도록 만들었고, 붉은색 완장을 두르고(절대로 이 상징적인 동작을 우습게 보지 마시길. 이는 마오쩌둥도 홍위병의 일원임을 보여준다) 톈안먼 앞에 앉아 있는 학생들을 지지했다. 또한 전세계 권력자들이 감히 그 누구도 입밖에 낼 수 없었던, 복종하지 않는 데는 이유가 있다는 의미의 '조반유리造反有理'를 이야기했다. 불복종당하게 되는 대상이 바로 그라는 사실은 상상조차 할 수 없었다. 그를 제외하고 모든 사람에게는 복종하지 않을 이유가 충분히 있었다. 오직 역사만이 그 결과를 셈해줄 것이다.

혁명은 찬탈 당할 수 있다. 혁명은 위장 당할 수 있다. 혁명은 손바닥 위에서 가지고 놀 수 있다. 진정한 혁명가는 더욱 큰 시험이 기다리고 있음을 알아야 한다. 어떠한 환경에서도 혁명의 횃

불을 계속 전해줄 수 있어야만 고독 또한 후세로 전해줄 수 있다.

혁명이란 정말이지 비이성적이다. 혁명은 일종의 격정이다. 동서고금을 막론하고 혁명가는 모두 시인이었다. 이들은 피눈물로 시를 쓰고, 목숨을 바쳐 시를 썼다. 이들이 남긴 것은 단순히 아름다운 글이나 문장이 아니라 생명의 화려함과 진귀한 형식이었다.

타이완의 학생운동에 대해 생각할 때면 나는 항상 갈등한다. 학생운동이 재빨리 성공을 거둬서 기쁘기도 하고, 한편으로는 슬프기도 하다. 인성에 있어 가장 고귀한 정서인 단련이 부족하면 인성의 풍부함을 제고할 수 없기에 실망만 남게 된다.

텔레비전에서 친숙한 얼굴을 볼 때마다, 국제회의실에서 이들의 발언을 들을 때마다 나는 전에 이들이 소유했던 영광을 떠올린다. 그리고 이들이 이상을 이야기할 때 눈에 눈물이 그렁그렁 맺혀 있던 얼굴 표정을 떠올린다. 이들의 자신의 가슴속에서 뭔가 중요한 하나를 잃어버린 것은 아닐까? 겨우 몇 해밖에 지나지 않았는데 이들은 이전에 자신들이 믿었던 그 커다란 꿈을 잊어버렸다!

나는 현실의 정치는 꿈의 종착역임을 믿는다. 만약 현실의 정치가 자그마한 꿈이라도 가지고 있다면 앞으로 무척이나 소중해질 것이라 믿는다.

그렇다면 글을 쓰는 사람은?

사마천이 한나라 무제시대 초나라와 한나라가 서로 다투었던 이야기를 쓸 때, 벌써 70년이라는 세월이 흐른 뒤였다. 이 금서는 지식인들 사이에 전해졌으며, 지식인들의 경각심을 불러일으켰다. 이들은 자신의 행동 하나하나가 이처럼 기록될 것이라는 사실을 깨달았다. 이런 모습이야말로 글을 쓰는 사람이 맡아야 할 배역이다.

스물다섯 살에 열정적인 꿈을 꾼 적이 있는 사람이라면

평생 세상과 동떨어지지 않을 것이다.

왜냐하면 유토피아에 대한 동경을 품고 있기 때문이다.

"

도대체
인간의 본성 속에는
얼마만큼의 폭력이
잠재되고 은폐되어 있을까?

"

4장

인간의 내면에
숨겨진 어둠

세간의 시선이나, 특히 중국 문화의 입장에서 '폭력'이라는 두 글자는 결코 좋은 의미를 갖고 있지 않다. 그런데 근대 혹은 현대 서양 미학을 주의 깊게 살펴보면 희한한 명사를 하나 발견할 수 있다. 바로 '폭력의 미학'이다. 회화나 영화, 그리고 희곡을 이야기할 때 사용되는 폭력의 미학은 과연 무엇을 의미하는 것일까? 폭력의 미학은 폭력의 고독을 사유하는 기점으로 삼을 수 있다.

제2차 세계대전이 끝난 뒤 1950~1960년대 영국의 화가 프랜시스 베이컨은 명확하지 않지만 인체를 대충 그린 듯한 느낌이 드는 그림을 그렸는데, 그림에 표현된 인체가 서로 누르고 밀어내고 있는 모양새가 마치 상대방을 정복하거나, 억압하거나, 혹은 학대하고 있는 듯했다. 이러한 인체와 인체 사이의 서로 밀고 당기는 팽팽한 긴장관계를 베이컨은 구체적인 형태의 사실적인 표현보다 불완전한 기법으로 표현했다. 베이컨의 그림을 감상하다 보면 침략성이나 잔혹한 힘이 느껴지는데, 그 힘이 거대함에도 불구하고 그림을 감상하는 사람들은 화가가 전달하려는 진정한 의미를 정확하게 전달받을 수 없다. 오히려 관람객은 그림을 통해 일종의 해방감이나 쾌락을 느끼는데, 이것이 바로 폭력과 미학의 결합이다.

폭력의 미학은 에스테틱스^{Aesthetics}, 즉 미학이라는 글자를 사용해 단순히 겉모양의 아름다움뿐만 아니라 인간 본성의 서로 다른 점이 포함되어 있음을 표현한다.

만약 폭력이 인간 본성의 일부라면 미학적으로 어떻게 전달되고, 또 어떻게 사고되어야 할 것인가? 또한 어떻게 관찰되고 어떻게 표현되어야 할 것인가? 이러한 점은 폭력의 미학에서 모두 중요한 화두다.

베이컨 이전인 1920년대 무렵, 독일의 표현주의 화가들 중 많은 이가 '폭력의 미학'이라는 기법을 화폭에 도입했다. 이들은 작렬하는 듯한 강렬한 붓 터치와 시각적으로 불안과 초조함이 느껴지는 색채를 자주 사용했는데, 이는 모두 폭력의 미학이라는 범주에 해당된다.

우리 안에 감추어진 폭력 본능

우리는 예술이란 온화한 정서와 심성을 기르는 하나의 방법이라 생각한다. 어릴 적 미술 대회에 참가해 상을 받은 적이 있는데, 그때 상을 수여하던 분이 "정말 잘했어. 1등 했으니까 앞으로 더욱 온화한 마음을 갖도록 하렴"이라고 말했다. 그 이야기를 듣고 나는 고민에 휩싸였다. 나는 그림을 그리는 것이 마음을 닦는다기보다는 내 안에 내재된 갈등을 드러내 자아를 찾는 과정이라고 생각했기 때문이다. 온화한 정서와 심성을 기르는 수단이라는 인식은 미학을 개념화하는 데 있어 케케묵은 생각이다.

현대 미학의 의미와 범주는 갈수록 넓어지고 있다. 단순히 환상이나 가볍고 유연한 유미적 표현이 아니라 인간 본성에 큰 충격을 던져주기도 한다. 독일의 표현주의와 비슷한 시기에 프랑스에서는 야수파가 출현했다. 타이완에서 야수파의 대표주자인 앙리 마티스의 전람회가 열린 적이 있다. 그가 작품에서 사용한 수많은 충격적인 색채와 거친 붓 터치는 인간 심성의 가장 깊은 곳에서 끓어오르는 쾌락의 열망을 향한 외침 같았다. 이는 폭력의 미학과도 관련 있다.

제2차 세계대전 이후 '폭력의 미학'은 서방 미학의 한 영역으로 매우 중요한 역할을 했다. 1960년대 프랑스 '잔혹연극Theatre de la Cruaute'의 창시자 앙토냉 아르토Antonin Artaud는 소극장 무대에 인간의 본성과 충돌하는 수많은 요소를 설치해 관객들에게 공포와 전율을 안겨주었다. 그의 연극은 전통 연극이 표현하려는 개념에 완전히 위배됐다. 잔혹연극의 표현 형식은 현재까지도 서양 연극 무대에 커다란 영향력을 행사하고 있다.

타이완을 방문한 적이 있는 독일의 현대무용가 피나 바우쉬 Pina Bausch 도 어떤 면에서 1970년대 잔혹연극의 연장선상에 있다고 볼 수 있다. 예를 들어 무용수가 높은 곳에서 뛰어내리는 동작이 있다. 공연이 회를 거듭할수록 무용수는 더 높은 곳에서 아래로 뛰어내린다. 피나 바우쉬는 무대 위에서 무용수가 온몸으로 표현하는 율동을 보며 관객들이 전율과 섬뜩함을 느끼도록 계속 도전하고 있다.

어렸을 때 나는 서커스 구경을 좋아했다. 1950년대 타이완에는 선창푸沈常福라는 서커스단이 있었는데, 맹수를 길들이는 조련사는 사자가 완벽하게 길들여졌다는 것을 관객들에게 보여주기 위해 자신의 머리를 사자의 입에 집어넣는 공연을 선보였다. 이 광경을 보는 그 순간, 나는 갑자기 아주 끔찍한 생각이 떠올랐다. 나는 사자가 그의 목을 사정없이 물어뜯는 모습을 상상하고 있었다! 어린 나이였지만 그날 밤 꾼 꿈이 아직도 생생하다. 바로 사자가 조련사의 목덜미를 물어뜯는 꿈이었다.

이런 이야기는 감히 입밖으로 꺼낼 수 없는, 잠재의식 속에 존재하는 공포와 폭력에 대한 생각으로 우리를 극도의 흥분 상태로 몰아넣는다. 내가 생각하는 괴상한 폭력의 미학은 우리 내면에 숨어있어야 한다. 모두가 이를 감히 폭로할 수 없어야 하고, 이 폭력은 거의 성장하지 않아 보이지 않을 정도가 돼야 한다.

서커스 공연을 좋아하는 사람이라면 공중곡예 공연이 있는 날, 아래쪽에 그물을 치지 않는다면 그날은 공중곡예사들이 가장 고난도의 연기를 펼쳐 보이는 날이자 공연표가 불티나게 팔리는 날이라는 것을 짐작할 수 있을 것이다. 위험천만한 이날, 서커스장에서 관객들은 무엇을 보고 싶어 하는 것일까? 관객들은 바로 자신은 안전한 상태에서 목숨이 경각에 달린 사람들을 구경하고 싶어 한다. 공중에서 도약과 자전거 타기 등 곡예사들이 목숨을 건 모험을 하는 모습을 통해 자신의 잠재의식에 존재하는 폭력적 성향을 마음껏 배출하려는 것이다.

폭력의 미학은 연구해볼 만한 가치가 충분한 주제지만 결코 만만한 주제가 아니다. 1900년 지그문트 프로이트는 《꿈의 해석》을 발표했다. 그는 성을 인간의 가장 큰 억압으로 여겼으며, 잠재의식 속에서 활동하는 성욕이 창작의 주체와 꿈의 주체로 변한다고 했다. 그러나 그는 한 가지 사실, 바로 폭력 또한 인간을 억압한다는 사실을 간과했다. 인류 진화의 측면에서 살펴보면 인간이 넓디넓은 광야에서 짐승과 다름없는 생활을 할 때는 가장 폭력적인 사람만이 리더가 될 수 있었다. 원시부족의 리더는 맹수의 송곳니로 만든 장식품을 달고 다니며 자신이 이 동물을 정복했음을 과시했다. 송곳니 장식은 그가 부족의 영웅이자 얼마나 용맹한지를 나타내주는 표식이었다.

예전에 아리산阿里山의 쩌우족鄒族이 풍년을 기원하는 제사를 올리는 광경을 본 적이 있다. 쩌우족은 돼지를 꽁꽁 묶어서 들고 나왔다. 그리고 쩌우족 용사가 한 사람씩 앞으로 나와 칼로 돼지를 찔렀다. 선혈이 뿜어져 나오며 풍년제는 절정으로 치달았다. 바로 옆에서 반항할 능력이 전혀 없는, 제물로 사용되는 돼지를 지켜보아야 했던 우리는 정말 괴로웠다. 이 제사의식이 처음 시작됐을 때 쩌우족은 잘 길들여진 돼지가 아닌 천방지축 날뛰는 멧돼지를 제물로 바쳤는데, 멧돼지는 스페인 투우 경기에 등장하는 소와 같았다. 이처럼 인간과 동물이 서로 격투를 벌이는 것이 폭력이 아니고 뭐란 말인가?

우리가 지금 이야기하고 있는 '폭력'은 부족시대 인류 생존의 최고 가치를 내포하는 고상하고 품위 있는 정서다. 부족의 지도자는 폭력적이기 때문에 리더가 될 수 있었다. 그는 양손으로 멧돼지의 사지를 발기발기 찢을 수 있었으며, 맨손으로 사자나 혹은 호랑이를 때려잡을 수 있었다. 부족민은 선혈이 낭자한 이러한 광경을 보며 사냥에 성공한 리더를 숭배하고 환호했다.

그렇다면 학문이 깊고 교양이 풍부한 리더가 추대되는 시대가 된 후 인간 내면에 숨겨진 폭력의 본성은 어디로 갔을까?

폭력은 어떻게 미학으로 변하게 되었는가

폭력의 미학은 우리에게 숨어있는 모습이 전환된 흥미로운 문제이기도 하다. 몇 해 전 미국 워싱턴에서 테러 사건이 발생했다. 총을 든 범인은 뉴욕 거리에서 무차별적으로 총기를 난사했다. 이는 분명한 폭력 사건이다. 모든 매체가 범인의 행동을 비난했다. 그런데 총기를 난사한 흉악범의 배경이 흥미로웠다. 그는 걸프 전쟁에서 돌아온 영웅이었다. 흉악범은 그가 맡은 두 번째 역할이었다. 이라크에서 살인을 저질렀을 때 그는 더 많은 살인을 저지르도록 독려받았다. 이때 그의 살인은 합법적이었다. 더욱 잔인하게 적군을 살해할수록 그가 받는 훈장은 늘어났다. 그러나 고국으로 돌아온 그는 비합법적인 살인범으로 변했다. 그렇다면 폭력이란 장려해야 하는 것인가, 아니면 두려워해야 하는 것인가?

이처럼 폭력은 둘로 나눌 수 있다. 하나는 합법적인 폭력이고, 나머지 하나는 비합법적인 폭력이다. 우리는 전쟁터에서 적을 더 많이 살해하도록 독려하는 것으로 합법적인 폭력을 고무한다. 그런데 전쟁이 끝나 평범한 일상으로 돌아온 이들은 남은 삶을 어떻게 살아가야 할까?

베트남 전쟁 때 이 문제에 관해 토론을 벌인 적이 있다. 1970년대 영화감독 프란시스 포드 코폴라의 〈지옥의 묵시록〉은 폭력이 어떤 모습으로 미학적으로 전환되는지 탐구한 작품이다. 이 영화는 조셉 콘라드[Joseph Conrad]의 《어둠의 심연[Heart of Darkness]》을 각색한 작품으로, 소설은 가상의 전쟁을 배경으로 삼았다. 코폴라는 이 소설을 바탕으로 베트남 전쟁을 배경으로 하여 인간에게 내재된 어두운 폭력성을 탐구한, 근대에 보기 드문 서사성이 강한 훌륭한 영화를 만들어냈다.

영화 속에서 우리를 경악하게 만드는 장면이 있는데, 바로 대오를 정비한 헬리콥터가 대학살을 벌이는 장면이다. 이 장면의 배경음악으로 고전음악의 대표작인 바그너의 교향악이 흐른다. 이 최고의 명장면으로 인해 〈지옥의 묵시록〉은 서사성을 갖춘 훌륭한 영화가 됐다. 우리를 경악케 하는 폭력임에도 불구하고 이 장면을 보는 순간 이것이 폭력인지 아닌지 구분이 되지 않는다. 폭탄을 투하한 미군은 그 순간 그야말로 신이 됐다. 그 순간 누가 그의 폭력성을 비난할 수 있을 것인가? 누구든 폭탄이 투하되는 장면을 보며 폭력이 아니라 아름다움을 느꼈을 것이다.

폭력과 미학은 이렇듯 서로 얽히고설켜 있다. 역사적인 기원 또한 아주 오래 전으로 거슬러 올라간다. 폭군인 네로에 관한 이야기를 들어보았을 것이다. 네로는 로마의 마지막 황제다. 그는 예술가의 기질이 농후한 제왕이자, 오락과 공연에 열중한 자칭 '위대한 예인[藝人]'이었다. 그의 마지막 작품은 바로 로마를 불태운 것이었다. 역사적으로는 폭군이자 미치광이 황제로 인식되지만, 그는 폭력과 미학의 관계에 있어 매우 애매한 논점, 즉 권력을 쥔

자는 한 도시를 불사를 수 있는가라는 문제를 남겨놓았다. 이 문제는 인간의 본성에 대한 도전이다. 나는 내가 속한 문화 속에서, 더욱이 지식인의 한 사람으로서 시종일관 적나라하게 폭력의 본질에 대해 감히 논할 수 없다. 폭력은 사회의 성장 과정에서 최고의 금기 사항으로 변했지만, 그렇다고 해서 우리가 폭력의 미학을 갈망한 적이 없다고 말하는 것은 결코 아니다.

늑대를 그리워하며

조폭이나 깡패 세계를 경험한 적이 있는가? 나는 깡패질을 한 적은 없지만 초등학교 때부터 주변에 이런 친구가 많았다. 때로 보스 격인 큰형님이 내게 "괴롭히는 놈 없어?" 하고 묻기도 했다. 초등학교 5학년 때 나는 온몸에 문신을 새긴 사람들을 알게 됐는데 이들은 의리가 있는 게 꽤 멋져 보였다.

그냥 언제까지고 나를 보호해줄 것 같았다. 중학교에 진학하자 이들 중 대다수가 시장에서 야채나 고기 장사를 했다. 우연히 마주치면 이들은 내게 고기나 야채를 한 보따리씩 싸주었다. 어머니께서 누가 준 것이냐고 물을 때마다 나는 감히 사실대로 말씀 드릴 수 없었다.

시쳇말로 어둠의 세계는 내가 교육받은 세상의 바깥에 있었다. 나는 어렴풋이 이 세계에는 우리를 깜짝 놀라게 할 만한 어떤 의식이 있음을 감지했다. 이들은 가끔 형제의 의리에 대해 이야기했는데, 그 의리란 양쪽 옆구리에 칼이 찔려도 꿈쩍하지 않는 그런 기백으로 내게는 매우 감동적이었다. 이런 의리는 서로 속고 속이는 정치판에서는 찾아볼 수 없다. 하지만 이런 폭력을 우리는 어떤 시선으로 바라봐야 하는가?

중학교 때 주롄파竹聯幇 혹은 쓰하이파四海幇라는 패거리가 있었다. 우리는 그들 중 누구의 엉덩이가 칼에 찔렸다거나 하는 얘기를 귀엣말로 속닥거렸다. 청소년들 사이에서 이런 폭력성이 두드러지는 이유는 잠재의식 속에 내재되어 있는 폭력의 욕구가 서로 통하기 때문이다. 청소년기는 신체 발육이 왕성한 시기로, 원시적인 폭력에 대한 내재된 욕망이 매혹적인 힘으로 분출한다. 그것은 자연과 광야에서 체력을 이용해 집단을 보호하던 원시적인 인류의 유전인자가 현대인의 몸에서 완전히 사라지지 않고 남아 있기 때문이다. 단지 오늘날 우리는 도덕이라는 잣대를 가지고 폭력을 나쁜 것, 옳지 않은 것으로 분류하기 때문에 원시 사회에서는 위대했던 폭력적인 정서가 지금은 해서는 안 되는 행위로 변해버린 것이다.

산시陝西 작가 자핑와賈平凹의《늑대를 그리워하며》라는 재미있는 소설이 있다. 산시에는 늑대가 많은데, 수시로 나타나 사람을 잡아먹었다. 늑대는 사람을 잡아먹기 위해 갖가지 술책을 썼다. 부모의 주의가 소홀한 틈을 타 젖먹이의 오장육부를 먹어치우기도 하고, 인간인 양 행세하기도 하는데, 뒷다리로 일어서서 밤 늦게 귀가하는 사람들의 어깨에 앞다리를 올려놓고는 흠칫 놀란 사람이 고개를 돌리는 순간 목덜미를 확 물어뜯었다.

예전부터 산시에는 늑대와 관련된 수많은 전설이 전해지고 있으며, 늑대 사냥꾼은 영웅으로 여겨졌다. 그런데 점점 늑대의 개체 수가 줄자 정부는 환경보호 전문가를 파견해 늑대에게 일련번호를 붙였다. 그런데 번호는 15번이 끝이었다. 남아 있는 늑대가 열다섯 마리에 불과했던 것이다. 그래서 야생 늑대 보호 캠페인이 일어났고, 늑대를 도살하던 영웅은 한순간에 비난받게 되었다.

이 소설은 야만이란 도대체 무엇인가에 대한 질문을 던지는 훌륭한 작품이다. 만약 폭력을 야만으로 정의할 때 우리가 갖는 모순은 야만의 시대에는 폭력적인 성향의 사람이 완벽한 인간으로 여겨진다는 것이다. 하지만 문명의 시대에는 오히려 이와 정반대로 생존의 힘을 잃어버리게 된다. 문명과 원시, 진보와 야만은 공존 가능할까? 어떻게 폭력을 보유하고 폭력을 미학으로 변하게 할 것인가가 폭력의 고독자에게는 중요한 과제다.

폭력을 희망하고, 폭력을 거부한다

청소년들의 세계에서 모든 행위는 폭력과 관련 있다. 한창 발육하는 청소년의 몸은 왕성한 생명력을 가지고 있지만 마음의 지혜나 사고능력의 성숙도로는 이런 힘을 조절할 수 없다. 그렇기 때문에 청소년들은 종종 몸을 움직여 무언가를 해야 할 것 같은 느낌을 받는다. 청소년들은 손이나 발로 왕성한 생명력을 발휘하는 일을 해야만 비로소 기분이 좋아진다. 파리에서 나는 청소년만을 위해 만들어진 청소년 전용 공간을 많이 보았다. 이들은 그 공간에서 뛰어오르거나 기묘한 동작을 선보여 지켜보는 사람들에게 박수갈채를 받았다. 이렇게 마음껏 뛰고 노는 공간이 없었다면 파리의 많은 청소년이 싸움이나 말썽을 일으켰을 것이다. 이런 공간은 이들이 폭력을 미학으로 전환시키는 데 도움이 됐다.

레이싱 경주를 본 적 있는가? 레이싱 경주는 진정 폭력이라 할 만하다. 전복된 경주용 차량을 살펴보면 그 안에서 부상당한 선수의 모습이 보이지 않는 경우가 많다. 차 밖으로 튕겨나가 들것에 실려가는 선수의 모습은 그야말로 붉은 피로 범벅이 되어 있다. 상황이 이런데도 왜 레이싱 경주 같은 폭력적인 활동을 금하지 않는 걸까?

인류 문명의 발전을 살펴보면 폭력에 대한 평가가 양 극단임을 알 수 있다. 우리는 폭력이 존재하기를 바라지 않으면서도 폭력이 정말로 사라지기를 희망하지 않는다. 믿을 수 없다면 한번 시도해보라. 만약 아이들이 폭력적인 충동을 절대로 발산할 수 없다면, 즉 조금 어려워 보이거나 위험해 보이는 일에 절대로 도전하고 싶어 하지 않는다면 걱정스럽지 않을까? 이것이 바로 폭력에 관한 딜레마다. 누군가의 삶에 폭력이 좋은 것인지, 아니면 나쁜 것인지 어떻게 알 수 있단 말인가? 폭력에 대해 스스로 인지하고 발전해가는 과정이 있어야만 우리 내면에 잠재되어 있는 폭력을 조절할 수 있다.

현대 영화는 두 가지 기준으로 나뉜다. 바로 섹스와 폭력이다. 섹스와 폭력은 인류 문명에 위배되는 금기 사항이기 때문에 설사 인류가 이를 갈망할지라도 감히 드러내놓을 수 없다. 섹스를 전혀 원하지 않는다면 이것이 바람직할까? 변태나 성희롱 때문에 섹스가 나쁜 것으로 치부되지만, 당신의 남편이나 아들이 섹스에 대한 욕망이 전혀 없다면 큰 골칫거리일 것이다. 우리는 이러한 극단적인 문제에 대해 깊이 생각하지 않는다. 양극단의 문제는 쉽게 쟁의를 일으키지만, 이런 문제일수록 반드시 공개적으로 토론해야 한다.

성은 공론화하여 토론할 기회가 갈수록 많아지고 있지만, 폭력은 좀처럼 그렇지 않다. 그 원인은 폭력은 아주 쉽게 부도덕하고 야만적인 행위로 분류되어 이를 무조건 없애려 들기 때문이다. 나는 폭력과 생존은 밀접한 관련이 있다고 믿는다. 이것은 사실 아주 복잡한 문제다. 앞에서 서커스 공연에 대해 이야기했다. 서커스 공연에는 폭력적인 요소가 다분히 포함되어 있다. 이 같은 폭력은 도대체 무엇을 만족시키기 위한 것일까?

대부분의 사람이 폭력 영화를 본 적 있을 것이다. 무엇을 폭력 영화라고 하는가? 미성년자 관람 불가 영화가 폭력 영화일까? 폭력은 무소부재하다. 재난 자체도 일종의 폭력 아닐까? 우리는 왜 돈을 써가면서 표를 사서 재난 영화를 관람하고, 영화가 실감날수록 좋은 영화라고 칭찬을 아끼지 않을까? 영화를 실감나게 찍을수록 우리의 잠재의식 속에 숨어 있는 폭력에 대한 욕망이 만족을 얻기 때문이다.

인류 문명이 폭력의 반대 방향을 향해 걸어가는 데는 폭력 영화나 재난 영화가 사라지지 않고 존재하는 게 큰 도움이 되었다. 우리는 〈샌프란시스코 대지진〉이라는 영화를 새로운 버전으로 되풀이해서 촬영한다. 그 영화에서 뉴욕의 빌딩들이 무너지는 끔찍한 장면을 감상하기를 좋아한다. 영화에 나타나는 압도적인 폭력은 도대체 무엇을 만족시키려는 것일까?

의문부호가 차례로 생겨난다. 섹스가 관음으로 변할 수 있듯, 폭력도 관음으로 변할 수 있다. 영화는 폭력에 대한 관음증을 만족시켜주는 수단이다. 관음은 오직 내 안에 내재한, 그러나 인지되지 않는 주변화된 것에 접촉하도록 도와주지만 그 핵심에는 도달하지 않는다. 폭력이 미학의 한 모습으로 업그레이드되면 오히려 가장 위험하지 않는 상황이 펼쳐진다. 섹스와 폭력 모두 억압될 때가 실은 가장 위험하다. 공개토론은 전환 가능성을 제공하기 때문에 폭력을 레이싱 경주로, 프로레슬링 경기로 변하게 하고, 파리 거리에 설립된 청소년 오락장처럼 오락을 제공해주기 때문에 이 공간에서 폭력의 합법화가 이루어진다.

폭력의 이중성

걸프 전쟁에서 용감하게 적을 물리쳤던 영웅이 고국에 돌아온 후 계속 살인을 저질렀을 때 그는 폭도이자 테러리스트로 변했다. 인간을 살해하는 것이 비합법적인가, 아니면 미국인을 살해하는 것이 비합법적인가? 이는 폭력의 본질에 관한 문제다.

걸프 전쟁에서 명사수였지만 살인자로 변한 그가 아직 살아 있다면 미국 사람들은 그가 어디에 사는지 모르기 때문에 계속 불안할 것이다. 다음번 피해자가 누구일지 알 수 없기 때문이다. 그가 살해하려는 대상은 그와 아무런 관계가 없는 사람이다. 그가 전혀 모르는 사람이다. 이것이 바로 폭력의 본질이다. 폭력에 특정한 대상이 있을 때는 비교적 쉽게 그 동기를 탐구할 수 있지만, 가장 위험한 폭력은 폭력을 위해 폭력을 저지르는 데 있다.

사마천이 '협俠'이라는 주제를 이야기할 때 이르기를 "협은 무로써 금령禁令을 범한다˙"라고 했다. 무기를 거머쥐거나 무력으로 금기를 어기는 사람이 '협'이라는 뜻이다. 따라서 정부는 협을 두려워한다. 진나라와 한나라 때 중앙정부가 온 힘을 다해 소멸시키려 한 것 역시 협객이었다. 혹자는 중국의 구류십가 중에서 가장 깨끗하게 사라진 유파가 바로 묵가墨家라고 하는데, 묵가는 바로 협의 전신이다. 묵자墨子는 불공평한 일을 보면 의연히 나서서 억울한 자의 편을 들었다. 그가 주창한 묵가는 하늘을 대신해 도를 행하는 유파로, 부자의 창고를 털어 가난한 사람을 구제했다. 묵가는 '협'의 가장 중요한 기원이다.

중앙정부는 군대를 훈련하여 법률을 보호한다는 미명 아래 합법적인 폭력을 행사한다. 내가 훈련시킨 사람에게 명령을 내려 내가 생각하기에 맞아도 당연하다고 생각하는 사람에게 폭행을 가하고, 내가 생각하기에 도륙해야 될 사람에게 가서 도륙을 하는 것이 바로 합법인 폭력이다. 그런데 협은 중앙정부의 명령을 준수하지 않는다. 이들은 각자 신봉하는 믿음과 독특한 의지에 따라 행동했다. 심지어 이들은 중앙정부의 명령을 위반하기 일쑤였으므로 진시황과 한무제는 협객들을 정리하려 애썼다.

오늘날 우리는 '협'이라는 글자에 호감을 가지고 있으며, 협객의 이야기도 즐겨 읽는다. 사실 어떤 측면에서 바라보면 협객은 당시 최고의 깡패였기에 블랙 리스트에 이름이 오르면 진시황과 한무제는 이들을 도성으로 이송해 가까운 곳에 두고 감시

• 　한비자韓非子)는 문인과 협객에게 반감을 가지고 있었다. 문인은 붓을 함부로 놀려 법제를 혼란스럽게 하고, 협객은 폭력을 사용해 법률과 조례를 위반하기 때문이라고 그 이유를 설명했다.

했다. 이들은 다루기가 쉽지 않아서 일반인과 함께 두면 위험하다고 판단한 것이다. 협은 강호에 있을 때는 위험했으나, 수도로 이송한 후에는 별다른 위력을 발휘하지 못했다. 중앙집권자들의 총명한 계략이었다. 역대 개국 군주들은 천하를 평정할 때 모두 협객의 도움을 받았다. 시쳇말로 표현하면 조직의 도움을 받았다. 동서고금을 통틀어 예외가 없다. 다만 정권이 세워진 후 이들을 어떻게 이용하는가에 따라 합법적인 폭력과 비합법적인 폭력의 미묘한 관계가 생겨났다.

폭력의 본질은 인간 본성에 대한 반전이다

미국 영화 〈대부〉 시리즈를 보면서 우리는 소위 폭력이란 깡패 몇몇에서 총질하는 그런 것이 아니라 우리가 상상하는 것보다 훨씬 복잡하다는 것을 느끼게 된다. 대부는 합법과 비합법 사이를 유유히 걸었다. 국회의원을 포함해 모두가 그의 사람들이었다. 그가 케네디 대통령 암살 사건 같은 일을 저질렀지만 지금까지 그 사건이 미제인 채로 남아 있다고 상상해보자. 그 배후에 도사리고 있는 어둠의 역량은 그 크기가 도대체 어느 정도나 될까? 감히 상상조차 하기 어렵다.

정부의 무기와 탄약 매매에도 소위 고위층과 마피아 조직의 관계가 이용된다. 매매 대금 역시 수백억 달러에 이른다. 폭력은 단순히 주먹을 흔드는 문제가 아니라, 여러 조직이 연루되어 있는 문제다. 그 내면을 들여다보면 정치적인 거물과 소위 마피아 조직 간에 복잡한 관계가 얽혀 있는 것이 보인다.

앞에서 서술한 워싱턴에서 체포된 저격수에게 법정에서 변론할 기회가 주어졌다면, 그는 매우 당당하고 차분하게 멋진 진술을 했을 것이다. 그는 변론에서 합법적인 폭력과 비합법적인 폭력이라는 문제를 건드릴 것이다. 그의 변론하는 모습이 텔레비전으로 방영됐을지는 의심스럽다. 그가 던진 질문은 미국인의 기본적인 신념을 뒤흔들어놓을 것이다. 미국은 베트남에 폭력을 행사하지 않았나? 미국이 아프가니스탄에서 행사한 것은 폭력이 아닌가? 미국이 이라크에 행사한 것도 폭력이 아닌가? 이때 우리는 폭력의 본질에 대해 더욱 다양한 사고를 할 수 있을 것이며, 아울러 우리가 일찌감치 합법적인 폭력으로 구분되어진 영역 속에서 비합법적인 폭력을 제압하고 있었다는 사실을 발견하게 될 것이다.

프랑스 희곡 작가 알베르트 카뮈는 《정의의 사람들^{The Just} ^{Assassins}》이라는 작품에서 러시아 혁명에 대해 이야기했다. 무정부 아나키즘 조직의 조직원들이 러시아 폭군을 암살하기 위해 주도면밀한 계획을 세운다. 그런데 폭군을 암살하려는 순간, 그의 곁에 천진난만한 모습으로 두 명의 아이가 앉아 있었다. 암살자는 그 폭군을 죽일 수 없었다. 그는 갑자기 폭력의 본질에 대해 깊이 생각하기 시작했다. 《정의의 사람들》은 당시 프랑스 사회에서 커다란 반향을 불러일으켰다. 이 암살자는 싸구려 인정에 사로잡힌 것인가, 아니면 혁명의 본질에 놓인 폭력에 대해 또 다른 인식을 한 것인가?

사실 이에 대한 모범답안은 없다. 같은 상황에 놓인다면 대부분의 사람이 아이를 발견한 그 순간 망설일 것이다. 폭군은 죽어 마땅하지만 아이들은 죄가 없지 않은가? 아이들의 죽음과 어떻게 마주할 수 있겠는가? 진퇴양난에 빠졌을 때, 흑백논리는 문제를 단순하게 만들어준다. 악랄하고 용서받을 수 없는 인간은 죽어 마땅하다! 모든 문학가, 철학가는 이렇게 악랄하고 용서받을 수 없는 인간으로부터 사유를 시작하기 때문에 이 인간은 죽어 마땅하다는 결론을 내릴 수 있다. 그렇지 않으면 문학과 철학은 모두 의미를 잃게 된다.

이런 측면에서 보면 천진싱의 죽음은 폭력의 고독을 이야기할 때 중요한 의제가 된다. 피해 가족의 시선으로 바라볼 때 그는 악랄하기 그지 없는, 용서할 수 없는 악인이다. 그러나 폭력의 고독 측면에서 보면 그가 표현한 폭력의 본질은 인간의 본성에 대한 반전이었다.

1997년에 발생한 이 사건은 타이완 사회 전체를 전율에 떨게 했다. 내가 기억하기로 그가 톈무天母의 한 대사관 가정에서 인질극을 벌이고 있을 때, 텔레비전은 24시간 이를 보도했다. 그날 나는 수업이 있어 학교에 갔는데, 학생들은 그 누구도 수업을 들으러 오지 않았다. 사건이 마무리된 후에 학생들은 오히려 내게 "교수님은 왜 그날 학교에 오셨어요?" 하고 물었다.

이 사건은 타이완에서 일어난 전대미문의 거대한 '폭력 의식'이었다. 노인부터 어린아이까지 모두가 텔레비전 앞에서 이 의식에 참여했다. 나는 이 같은 행위가 단순한 범죄 사건이 아니라 폭력에 대한 타이완 사회의 동요와 잠재의식 속의 갈망이 표출된 것이라고 느꼈다. 당시 사람들이 이 사건을 대하는 마음의 상태는 내가 어렸을 때 보았던, 조련사가 머리를 사자의 입에 집어 넣었을 때와 같았다. 그때 나는 조련사가 사자에게 물리기를 바라는 것 같기도 하고, 한편으로는 물리지 않기를 바라는 것 같기도 했다. 과연 어느 쪽의 비중이 더 컸을까? 생각하기조차 끔찍하다. 인간의 본성에는 우리 자신도 알 수 없는, 또 감히 생각할 수도 없는 것이 얼마나 감춰어져 있을까?

춘추전국시대 맹자는 인간의 본성이 선하다고 했다. 인간이 성선性善을 발휘한다는 입장과 달리 순자荀子가 중심이 된 유파는 인간의 본성은 악하다고 했다. 순자는 인간의 본성은 악하기 때문에 교양을 많이 쌓아야 하며, 금기를 두어 제약을 가해야 한다고 보았다. 이 두 유파는 성선과 성악性惡이라는 완전히 상반된 주장으로 쟁론이 끊이지 않았다. 오늘날에는 공자와 맹자의 가르침인 "인간의 본성은 본래 선하다"라는 주장이 주류인 것처럼 보인다. 인간의 본성이 본래 선하다면 어째서 그렇게 많은 금기와 법률이 존재하는 것일까?

성선설 자체는 빈 틈도 있고, 모순도 존재한다. 인간의 본성 중에 확실하게 우리가 헤아리거나 짐작할 수 없는 그 어떤 것이 존재한다. 만약에 우리 문화가 그저 덮어놓고 공자와 맹자의 가르침만 옳다고 추켜세우고, 순자와 같이 서로 다른 사유를 한 철학가를 경시한다면 각종 사회 현상을 대할 때, 우리는 사고의 평형점을 잃어버리게 될 것이다. 나는 순자의 철학이 계속해서 발전했다면 소위 폭력의 미학이 배양됐을 것이라고 믿는다.

잠재의식 속 폭력의 미학

사마천의 《사기》 중 〈자객열전〉은 단순히 혁명의 고독에서 비롯되는 쓸쓸함이나 적막감을 써낸 것이 아니라, 폭력의 미학을 멋있게 담아낸 결과물이다. 그중 예양豫讓이 조양자趙襄子를 암살하려 했던 사건이 있다. 예양은 지백智伯에게 충절을 다했다. 그런데 지백이 조양자에게 살해당하자 예양은 복수에 나섰다. 첫 번째 조양자 암살 계획은 실패하고 예양은 체포됐다. 조양자는 지백의 복수를 하기 위해 자신을 암살하려 했다는 말을 듣고 예양을 의인이라고 여기고 그를 석방했다. 하지만 예양은 포기하지 않았다. 그는 자신의 얼굴이 알려져 조양자에게 접근하지 못할까 봐 얼굴 가죽을 벗겨내고 얼굴을 짓이겼다. 그리고 다시 조양자의 암살을 시도했다. 하지만 두 번째 암살 계획도 실패로 돌아갔고 예양은 또 붙잡혔다. 그러나 조양자는 이번에도 그를 놓아주었다. 그러자 예양은 목소리를 바꾸기 위해 뜨거운 석탄을 삼켰고, 다시 암살을 시도했다. 하지만 그는 또 붙잡히고 말았다. 이번만큼은 조양자도 그를 놓아줄 수 없었다. 죽더라도 복수를 포기할 수 없었던 예양은 조양자에게 그의 옷 한 벌을 가져다 달라고 부탁했다. 조양자의 옷을 받은 예양은 세 번 칼로 찔렀는데, 예양의 이 같은 행동은 복수를 끝마쳤음에 대한 상징적 표현이었다. 그러고 나서 그는 스스로 목숨을 끊었다.

이 이야기 속에는 깜짝 놀랄 만한 폭력의 미학에 관한 요소가 담겨 있다. 《사기》 속 자객 중 형가는 요즘도 회자되고 있다. 형가는 위대한 혁명을 목표로 삼았기 때문이다. 예양의 행동에는 혁명이라는 주제는 쏙 빠져 있고 오직 복수만 있다. 그가 죽이고자 했던 조양자는 폭군이 아니었기 때문에 우리는 예양의 행동에 대해 논하기를 꺼린다. 예양을 논한다면 폭력을 고무하는 것처럼 비칠 수 있기 때문이다. 그러나 춘추전국시대 이러한 폭력은 사람들의 마음을 격정으로 들끓게 만드는 이야기였다.

1970년대 홍콩 영화감독 장철張徹은 무협영화 시리즈를 찍었다. 영화의 장면 장면에서는 피비린내 가득한 살육이 넘쳐났다. 폭력의 미학을 담은 서양 영화와는 달리 완성도가 떨어졌지만 그의 영화는 폭력의 미학 언저리에 닿았다고 할 수 있다.

　장철은 전통 희곡인 경극과 곤극崑劇의 〈판창다잔盤腸大戰〉을 스크린으로 옮겨왔는데, 정말 경악할 만한 영화다. '판창다잔'은 적군에게 복부가 관통 당하면 흘러내리는 내장을 꺼내 허리에 묶고 이를 악물고 죽을 때까지 싸운다는 뜻이다. 나는 어렸을 적 '판창다잔'을 들으며 아름답다고 생각했다. 어른이 된 후에야 비로소 이것이 장렬하고 잔혹한 폭력의 미학임을 알게 됐다. 이는 우리 문화 속에서 줄곧 소독되고, 여과되고, 그리고 감히 접촉할 수 없지만, 폭로될 수 있는 그 어떤 것이었다. 그리고 폭력이 사라지기를 기대해야 하는 그 어떤 것이었다. 폭력은 왜 꼭 엄폐되고 소멸되어야 하나? 나는 폭력을 꼭 그렇게 해야 한다고 생각하지 않는다.

　중국 문학에도 폭력의 미학을 다룬 경전 같은 소설이 있다. 바로 《수호전》이다. 하늘을 대신해 도를 행한다고 나선 양산박의 호걸들이 벌이는 살인 행위는 가히 경악할 만하다. 만약 우리가 양산박에 있는 음식점에 앉아서 만두를 먹었다면 사람의 손톱을 먹었을지도 모른다. 그 손톱의 주인은 요릿집 주인의 것이 아니라 재물을 강탈당한, 길 가던 행상들일 것이다. 이들은 행상들의 인육을 다져 만두 속재료로 만들었다. 여기까지 읽다보면 모골이 송연해진다.

　그러나 임충林沖이 눈 내리는 밤에 양산으로 올라가는 부분이나 노지심魯智深이 예주린野猪林에서 위험에 빠진 임충을 구해주는 대목은 아름답기 그지없다. 이런 부분에 주목하면 일장청一丈青처럼 인육으로 만두를 만들어 파는 여인을 상상하기란 참 어렵다.

폭력의 미학은《수호전》에서 모종의 권력관계를 나타내는데, 바로 여성을 대하는 태도에서 표현된다. 무송武松이 반금련潘金蓮을 어떻게 대했는가를 살펴보자.

반금련의 옷을 벗긴 뒤 무송은 칼을 잡고 그녀의 눈처럼 하얀 가슴을 단칼에 베었다. 그리고 아직 팔딱팔딱 뛰고 있는 심장을 꺼내 무송의 형 무대랑武大郎의 영전에 바쳤다.

여기까지 읽으면 우리는 음탕한 여인의 말로가 얼마나 비참한지에 주목하게 된다. 그러나 잊지 말아야 할 것은 생생하게 살아 있는 한 여인의 육체에서 가슴을 가르고 살아서 펄떡펄떡 뛰고 있는 심장을 꺼내 영전에 놓는 이 행동이 바로 폭력의 미학이라는 사실이다. 이 부분을 읽을 때, 맹수 조련사가 자신의 머리를 사자의 입에 집어넣는 장면을 보는 것과 동일한 쾌감이 우리의 도덕적인 의식이라는 여과기를 통해 걸러지는 것을 느낄 것이다. 여기에서 내가 사용한 '쾌감'이라는 두 글자에 아마도 모든 사람이 동의하지는 않을 것이다. 그러나 무송이 반금련을 죽일 때 우리가 느끼는 '흡족함', 공감할 수 있는 '음탕한 여인의 말로'

가 바로 일종의 쾌감이 아니고 무엇이겠는가?

단순히 비합법적인 폭력만이 잔인할까? 사실 천하에 악명을 떨치고 다니는 해적들이 사람들을 해하는 방법은 정부가 합법적인 폭력을 행사하는 것보다 덜 잔인하다. '능지처참'이란 단어를 들어보았을 것이다. '능지'는 죄인의 몸에 300번 이상 칼질을 하는 것이다. 게다가 칼질을 하는 과정에서 죄인이 죽으면 안 된다. 만약 죄인이 죽으면 칼을 든 망나니도 똑같은 벌을 받게 된다. '능지'는 명나라까지 존속됐는데, 이후 더 잔인한 방법이 개발됐다. 해외의 고문 박물관에 가보면 철사로 만든 그물 모양의 조끼가 있는데, 죄인에게 이 조끼를 입힌 후 바짝 죄면 살이 그물 밖으로 튀어나온다. 이때 생선 비늘을 벗겨내듯 칼로 조끼 밖으로 비어져 나온 살을 한 점 한 점 도려냈다고 한다.

나는 눈물과 구토가 나올 것 같은 것을 간신히 참고 겨우 이러한 형구를 제대로 쳐다볼 수 있었다. 그런데 이런 잔인한 형벌이 행해졌던 시대, 죄인에게 형을 집행할 때 수많은 사람이 이들을 둘러싸고 형이 집행되는 모습을 구경했다는 사실을 알고 있는가? 이것이 소위 공자와 맹자의 가르침 뒤에 숨겨진 경악할 만한 폭력의 미학으로, 죄인을 빙 둘러선 사람들은 제 눈으로 직접 이 합법적인 법의 집행을 목도했다.

루쉰의 소설에도 이 같은 장면을 묘사한 부분이 있다. 아큐阿Q는 죄인의 목을 베는 광경을 구경하는 것을 좋아했다. 다른 사람들처럼 그도 참수형을 집행하는 광경을 흥미로운 연극 정도로 여겼다. 어디에서 참수형이 집행된다는 소문을 들으면 아큐는 그날 아침만큼은 여느 때와 달리 일찌감치 일어나 아주 즐겁게 형장으로 달려갔다. 만약 참수 당하는 죄인이 겁을 집어먹고 나약하게 굴거나, 두려워 바지에 오줌을 싸거나 하면 주위에서 구경하던 사람들은 웃으며 그에게 "겁먹지 마!", "20년만 참으면 빵빵하게 잘나갈 수 있어!", "머리가 목에서 떨어지는 건 밥그릇에 커다란 흠집이 남는 거랑 똑같아!" 등등의 말을 했다. 폭력이 도덕적으로 합법화가 이루어지고 난 후 사람들의 내면에서 뿜어져 나오는 폭력에 대한 정당성이 우리에게 큰 두려움을 안겨주는 순간이다.

《광인일기》에서 루쉰은 각 문화에는 모두 '식인'이라는, 우리를 침통하게 만드는 두 글자가 있다고 말했다. 루쉰이 소설을 쓰던 시대에는 거리에서 참수형이 집행되는 모습을 볼 수 있었다. 그는 중화민족에게 참수형은 일종의 연극 속 한 의식임을 발견했다. 지금 우리는 더 이상 '참수형'을 합리화하지 않는다. 그런데 한동안 연세가 지긋한 분들은 아직 기억할 테지만, 타이완이 경제적으로 비상하던 시기에 강도 사건이 갈수록 많아지자 정부가 일벌백계를 위해 사형 집행을 앞둔 강도의 모습을 텔레비전을 통해 방영한 적이 있다. 내가 막 프랑스에서 돌아온 1976년에서 1977년 사이의 일이다. 나는 텔레비전으로 본 이 장면과 어릴 적 보았던 서커스 관람 경험, 그리고 그 후에 보았던 〈타이타닉호〉의 경험을 서로 연결시켜 보았다. 그리고 확실히 이런 장면들을 통해 우리는 의식 속에 잠재되어 있는 폭력의 미학을 배출하고 있음을 깨달았다.

폭력의 미학은 무소부재無所不在하지만 우리는 폭력을 분명하게 자각하지 못할 뿐 아니라 우리 몸에서 폭력이 소멸됐는지 검증할 방법도 없을 뿐더러 합법적인 폭력과 비합법적인 폭력 사이에 확연히 드러나지 않는 애매모호함 역시 심도 깊게 토론할 수 없다.

폭력은 단순한 행위가 아니다

여러 서양 국가들이 사형 폐지에 관한 문제를 검토하기 시작했을 때, 나는 폴란드 영화감독 크쉬시토프 키에슬롭스키Krzysztof Kieslowski의 〈십계十戒, Decalogue〉라는 영화가 떠올랐다. 〈십계〉는 총 열 편으로 이루어진 옴니버스 영화로, 기독교 십계명 속에 나오는 열 가지 하지 말아야 할 계명에 관한 사건을 기록하고 있다. 그중 중요한 사건이 바로 "살인하지 마라"는 계명에 입각한 이야기다.

"살인하지 마라", 아주 짧은 문장에 많은 것을 담고 있다.

영화는 시작하자마자 남매 간의 우애가 돈독한 사내아이와 여동생 이야기를 풀어놓는다. 그런데 여동생이 트럭에 깔리는 불의의 사고를 당하게 된다. 그 후 오빠는 여동생의 사진을 몸에 지니고 다니며 가슴에 맺힌 한을 차곡차곡 쌓아둔다. 그는 모든 운전사를 증오한다. 이 같은 원한과 증오는 그의 내면에 폭력을 누적시키는 원인이 된다. 열여덟 살쯤 되었을 때, 그는 아무 이유 없이 택시를 타고 교외로 나가 택시 운전사를 살해했다.

여기에서 우리는 죄 없는 택시 운전사는 무척 억울할 것이라는 생각이 든다. 이 택시 운전사가 그의 여동생을 압사시키지는 않았을 것이기 때문이다. 그러나 폭력은 본래 대상이 없다. 잠재되어 있는 분노를 깨우는 그 어떤 것과 부딪혔을 때 분노는 바로 폭발한다. 이 영화의 전반부는 또 다른 사람에게 폭력을 행사하고 살해한 후 사내아이가 체포되는 장면이 나온다. 그런데 살인을 저지르는 영화 전반부보다 살인자에게 형을 집행하는 영화 후반부가 더 끔찍하다. 모든 사람이 살인을 저지른 그는 용서받을 수 없는 악인이라고 한다. 그리고 그는 사형 판결을 받는다.

법관의 감독 아래 사형 집행관이 형구에 기름을 발라 윤이 반질반질 나게 만든 다음 형구가 튼튼한지 시험해본다. 그는 아래쪽 변기통을 떠받치고 있는 널빤지가 깨끗한지 살펴본다. 영화를 보는 동안 우리는 이처럼 합법적으로 범인을 사형에 처하는 과정이 비합법적인 폭력보다 훨씬 더 공포스럽다는 사실을 깨닫게 된다.

이것이야말로 크쥐시토프가 영화를 통해 탐구하려던 철학이다. 사실 "살인하지 마라"는 딱히 합법적인 살인 혹은 비합법적인 살인을 구분하지 않는다. "살인하지 마라"는 그 어떤 살인 행위도 해서는 안 된다는 의미다. 합법적이든 비합법적이든 살인에 차별이 있어서는 안 된다. 사내아이가 택시 운전사를 살해한 것도 살인이지만, 이 아이가 사형을 선고받은 것도 살인이다. 크쉬시토프가 폭로하려던 것은 합법적으로 간주되는 법률이라는 그 배후에 폭력이 도사리고 있다는 것이다.

폭력은 단순한 행위의 표출이 아니다. 폭력의 본질은 인간 본성의 복잡한 사고를 드러낸다. 유럽에서는 폭력 및 살인 사건에 대해 심도 깊은 토론을 벌인 후 비로소 판결을 내리거나, 심지어 아주 오랫동안 미해결 사건으로 남아 있는 경우도 많다.

문명의 허울을 둘러쓴 폭력

란위 섬에서 핵폐기물 반대 시위가 일어났을 때, 친구가 내게 연대서명을 하라고 팩스로 서명지를 보내주었다. 당시 난 이를 단순히 핵폐기물 문제가 아니라 타이완의 2,000여만 명이 소수의 다우족에게 가하는 폭력으로 이해했다. 이 폭력은 핵폐기물을 란위 섬에 매장하는 것이 당연하다는 입장이다. 전기는 우리가 사용하는 것인데, 심지어 란위 섬에는 전기가 들어오지도 않는데, 우리가 사용하는 전기를 만들어내는 과정에서 발생한 핵폐기물을 란위 섬에 폐기했다. 이는 명백한 폭력이다. 그러나 다우족이 문제의 심각성을 스스로 깨닫기 전까지 우리는 이를 합법적인 폭력이라고 여겼기 때문에 그 누구도 이에 대해 항의하지 않았다. 그러나 다우족의 항쟁은 미약했다. 심지어 정치적으로 이용당해 동정심을 유발하기도 했다. 이것도 폭력이다. 문명사회에서 폭력은 겉으로 보면 폭력이 아닌 것 같지만 확실히 우리에게 해를 입힌다.

미국은 자국 군대를 파병할 때마다 언제나 유엔의 결의라고 말한다. 미국은 폭력의 합법성을 쟁취하기 위해 유엔을 위한 출병일 뿐, 자국을 위해서가 아니라고 한다. 폭력은 문명사회에 접어든 후 형태를 바꿔 최적의 합리적인 명분을 찾기 시작했다. 이것이 바로 크쥐시토프가 영화에서 규탄했던 것이다. 법률을 이용해 자신을 위한 그 어떤 변호를 하든 폭력은 폭력이며, 우리는 이를 반드시 폭력이라고 인정해야 한다.

핵폐기물 반대 시위가 벌어지는 동안, 나는 우리가 이 폭력에 대해 공공연히 드러내놓고 다 같이 토론할 수 있기를 기대했지만 이런 일은 일어나지 않았다. 누군가는 핵폐기물 처리를 두고 또 다른 방안을 내놓았는데, 핵폐기물을 란위 섬에서 다른 여섯 개의 섬으로 옮기자고 제안한 것이다. 그런데 그가 거명한 여섯 개의 섬 중 다섯 개의 섬이 모두 원주민들이 사는 섬이었다. 만약 내가 원주민이었다면 나는 이것을 바로 폭력이라고 인식했겠지만, 나는 원주민이 아니었기에 내가 지금 폭력을 당하고 있다는 사실을 쉽게 실감할 수 없었다. 폭력의 강도가 일정 수준이 되면 계급, 국가, 혹은 집단 그 자체가 폭력으로 구성됐다고 볼 수 있다. 그러나 우리가 이런 자각을 하기란 쉽지 않다.

만약 오늘 비행기 표를 한 장 사서 란위 섬에 간다면 나는 그곳이 받고 있는 폭력의 압제가 무엇인지 느낄 수 없을 것이다. 그러나 란위 섬의 다우족은 자신의 성씨조차 제대로 사용할 수 없는 상황에서 어떻게 폭력의 피해자가 아니라고 말할 수 있겠는가? 란위 섬에도 훌륭한 작가가 있는데 바로 샤만 란보안이다. 그는 다우족 고유어로 된 자신의 이름을 찾았다. 내가 란위 섬에 갔을 때 만난 대부분의 다우족이 내게 자신의 성씨를 '셰'라고 소개했다. 이들의 성이 대부분 '셰'인 게 의아해 그 까닭을 묻자 이 사람들의 얘기가 호적을 신청할 때 신청받는 사람 성씨가 '셰'였기 때문에 모두 '셰'라는 성을 쓰게 됐다고 했다.

샤만 란보안은 자신의 이름 샤만 란보안을 사용하는 데 여러 어려움이 따른다고 했다. 가장 쉬운 예로 그는 신분증에 공간이 충분하지 않아서 이름을 제대로 쓰기 어렵다고 했다. 이렇게 대세나 주류도 일종의 폭력이다. 다우족 자체도 소수이지만, 다우족의 소수도 역시 다수에 복종해야 한다. 다우족은 자신의 이름조차 다우족 고유어로 부르기를 포기해야 했다. 어느 날 다우족이 갑자기 폭력적으로 변한다면 그들도 우리를 이렇게 대접하지 않을까?

나는 《새로운 전설》이라는 소설집에 타이완에서 실제로 발생했던 이야기를 한 편 실었다. 바로 아리산의 쩌우족 청소년 탕잉성湯英生(이 이름은 물론 한족의 이름이다)에 관한 이야기다. 탕잉성은 자신의 부족을 떠나 타이베이의 세탁소에서 일했다. 그는 부족의 풍년제에 참석하기 위해 집으로 돌아가려 했지만 세탁소 주인이 허락하지 않았다. 주인이 그의 신분증을 압수하고 돌려주지 않자 두 사람 사이에 싸움이 벌어졌고, 결국 탕잉성은 세탁소 주인과 그의 아들을 살해하고 만다.

이 사건은 겉으로 보기에는 아직 열아홉 살이 되지 않는 미성년자 탕잉성이 저지른 폭력 사건 같지만, 당시 작가들은 모두가 이 문제를 타이완이 당면한 사회 문제로 보고 범사회적 토론회를 여는 등 사회적 의제로 비약시켰다. 그러나 우펑嗚鳳으로 인해 오랫동안 사회적인 편견에 시달려야 했던 쩌우족은 오히려 냉담했다.

우펑이 접촉한 원주민이 바로 쩌우족이었다. 쩌우족은 우펑이 스스로 추차오出草. 대만 원주민이 과거 인간을 제물로 바쳤던 풍습한 것에 감동을 받아 눈물 콧물을 흘리며 악습을 타파했던 부족이다. 역사적으로 우펑은 군왕 정치를 추진한 한족漢族이 날조해낸 인물로, 실제로 존재하지 않는다. 그러나 추차오라는 고약한 습속을 고치기 위해 우펑이 살신성인한 이야기는 아직까지도 전해지고 있다. 추차오는 폭력이다. 그러나 우펑의 이야기를 날조해낸 것도 폭력 아닐까? 내가 아는 쩌우족 친구들은 수업 시간에 이 이야기가 나올 때쯤이면 일부러 결석을 하거나 수업을 듣지 않았다. 쩌우족은 우펑의 목을 자른 부족이며, 자이嘉義, 타이완의 중남부 도시 도처에 우펑의 동상을 세운 부족이다.

폭력에는 두 가지 종류가 있다. 첫째는 금세 알아차릴 수 있는 폭력이고 나머지 하나는 금세 알아차릴 수 없는 폭력이다. 추차오와 탕잉성의 살인은 모두 전자에 속하지만 우펑의 이야기와 법률에 의거한 사형 집행은 후자에 속한다.

문화 우월주의, 또 다른 이름의 폭력

교육, 문화, 미디어를 통해 부단히 타인이나 타 부족 혹은 이민족을 억압하는 것도 바로 폭력이다. 미국의 인디언 보호구역도 역시 폭력이다. 어릴 적 나는 서부영화를 좋아했다. 겁쟁이 보안관과 사나운 강도가 서로 죽고 죽이는 것을 보면서 내 폭력 성향은 만족을 얻었다. 서부영화에 꼭 등장하는 아주 재미있는 이야기가 있는데, 바로 예쁘고 가냘픈 백인 여성이 갑자기 나타난 인디언에게 납치당하는 이야기다.

인디언들이 저지른 납치 역시 폭력이다. 그래서 백인들은 인디언들의 뒤를 쫓는다. 그리고 몽타주 기법이나 카메라 렌즈가

교차하는 방식으로 장면이 연출되며 백인 여성이 인디언에게 강간 당하려는 그 긴박한 순간, 백인들이 나타나 인디언을 살해하고 여인을 구출해내는 장면이 나온다. 우리의 이데올로기대로라면 원주민과 인디언은 죽어 마땅하다. 이렇게 우리는 폭력을 합법화하고 정당화하고 있다.

폭력과 손잡은 영화가 문화 우월주의라는 이데올로기를 우리에게 무한반복적으로 교육하고 있다는 사실을 발견할 수 있다. 그래서 우리는 알게 모르게 우리 안에 소위 지배적인 주류 문화와 부수적인 주변 문화 사이에 선을 긋게 된다.

만약 내가 인디언이라면 우리 조상이 살아온 터전이 오늘날 백인들이 우월감을 행사하는 땅으로 변한 이 상황을 어떻게 바라볼 것인가? 비록 보호구역을 지정해놓고 보호를 받을 수 있다고 하지만 마치 동물원의 동물처럼 굴욕을 당하는 이 상황을 또 어떻게 바라볼 것인가? 만약 내가 산과 들을 맘껏 뛰어다니던 표범이라면? 지금은 우리에 갇혀 야성을 맘껏 발휘할 수 없게 되었다면 나는 이 상황을 어떻게 이해할 것인가? 여기에 영향을 끼치는 폭력의 본질은 내 삶을 정복당해 문명세계에서 황당하게 변한, 마치 마지막에는 환경보호 목록에 오른 늑대가 느끼는 그런 쓸쓸함일 것이다. 우리가 상실한 것은 인류의 가장 귀한 품성이며, 이는 반폭력 형태와 함께 소실되고 있다.

자핑와의 《늑대를 그리워하며》라는 소설을 읽을 때, 광야를 향해 걸어온 고독한 늑대는 인간의 마지막 고귀한 품성을 품고 있었다. 그것은 환경보호나 사육, 길들여지는 고독이 아니다. 늑대가 길들여지면 개가 된다. 우리 모두 개가 된다면 애완동물에 지나지 않을 것이다. 애완동물로 변한 개의 삶 속에는 더 이상 자아에 대한 정복성과 자아에 대한 도전성이 존재하지 않는다.

폭력을 둘러싼 인간 군상의 블랙코미디,
〈밍위에 여사의 손가락〉

《왜냐하면 고독하기 때문에》라는 단편소설집에 실린 〈밍위에 여사의 손가락〉을 쓰던 당시, 타이완에서는 폭력 사건이 빈발했다. 나는 한 여인이 은행에서 68만 NT^{한화 2,500만 원 정도}달러를 인출해 은행 문을 나서다가 돈뭉치를 강도에게 강탈당한 뒤, 이를 되찾기 위해 보이는 행동에 대한 이야기를 썼다. 돈뭉치를 되찾기 위해 동분서주하는 그 순간, 중산층의 교양으로 똘똘 뭉친 그녀 속에서 늑대의 본성 같은 그 무엇이 튀어나와 그녀는 돈뭉치를 꼭 잡고 놓지 않는다. 무력을 사용할 마음이 전혀 없던 강도는 돈만 빼앗아 달아나려다 그녀에게서 늑대의 본능이 튀어나오자 강도 역시 늑대의 본성을 드러낸다. 둘은 결국 폭력으로 맞선다.

강도가 산악용 칼을 꺼내 휘두르는 대목에서 나는 강도를 향해 한 아이가 장난감 기관단총을 쏘는 깨알 같은 장면을 삽입했다. 사실 이는 황당한 상황이다. 그러나 이 황당함의 배후에 대해 우리가 주의 깊게 살펴야 할 것은 심지어 아이가 가지고 있는 장난감 기관단총도 그 본질은 모두 폭력이라는 사실이 내재돼 있다는 것이다.

한번 생각해보라. 특히 남자아이들의 장난감이 얼마나 폭력과 관련되어 있는지 말이다. 컴퓨터 게임 중 폭력과 관계된 것이 얼마나 되는지 말이다. 어른들은 아이들에게 폭력을 사용해서 안 된다고 말하지만, 아이들의 장난감과 게임은 폭력을 학습하도록 만든다. 여기에 도사리고 있는 모순과 갈등에 대한 해답은 어떻게 얻을 수 있을 것인가? 게임은 아이들에게 정규 교육보다 큰 영향을 미친다. 왜 우리는 폭력을 금기시하면서 폭력에 노출된 놀이나 게임을 하도록 아이들을 내버려두는 것일까?

〈밍위에 여사의 손가락〉에는 몇 가지 중요한 장면이 있다. 첫 번째는 강도가 나오는 장면이고, 두 번째는 여사의 잘린 손가락을 돈뭉치와 함께 강도가 가져가버리는 장면 그리고 세 번째는 여사가 다른 사람에게 털어놓는 그녀가 아직도 느낄 수 있다는 손가락과 돈뭉치의 관계다. 이 부분을 쓸 때 나는 그 어떤 과학적인 증거도 없었지만 내 마음속에 심증은 있었다. 그것은 손가락이 다 잘려나갈 정도로 돈뭉치를 꼭 쥐고 있어야 할 만큼, 게다가 이미 사라져버렸지만 돈뭉치에 단단히 붙어 있는 잘려진 손가락을 통해 돈뭉치를 만진 감각을 여전히 느낄 수 있을 만큼 그녀에게 돈은 매우 중요하다는 것이다.

물론 이것은 아주 황당한 논리다. 그래서 나는 흥미로운 캐릭터로 공부는 많이 했지만 현실 경험이 적은 인물로 한 대학생을 설정해놓았다. 대학생은 여사에게 잘린 손가락은 이미 중추신경이 끊어졌기 때문에 더 이상 감각이 없어 돈에 대해 그 어떤 감각도 느낄 수 없다고 말한다. 밍위에 여사는 피를 흘리며 그의 과학이론 강의를 듣는다. 이 또한 황당하기 그지없는 상황이다!

밍위에 여사는 중소기업은행에서 68만 NT달러를 찾아서 은행을 나서다가 강도를 만났다. 강도는 눈 깜박할 사이 밍위에 여사의 돈을 낚아챘다. 밍위에 여사는 너무 갑작스럽게 당한 일이라 미처 손을 쓰지 못하고 있는데 두툼한 돈뭉치는 어느새 강도의 손아귀에 들려 있었다.

처음에 밍위에 여사는 얼떨떨했다. 그 순간 이전에 신문이나 텔레비전에서 보고 들은 강도에 관한 모든 뉴스가 한꺼번에 눈앞에 떠올랐다. 그녀는 어쨌든 강한 여자였다. 일단 정신이 들자 뛰기 시작했다. 곧 강도를 따라잡아 강도의 머리를 한방 갈기고 나서 곧 자신의 두툼한 돈봉투를 움켜쥐었다. 마치 엄마가 죽었다가 다시 살아난 아들을 보호하는 것처럼 돈뭉치를 죽어라 꽉 움켜쥐었다. 강도와 밍위에 여사가 거리에서 서로 돈뭉치를 들고 옥신각신하는 모습은 지나가는 사람들의 눈길을 끌었다. 강도는 서른 살 정도의 까무잡잡하고 건강한 남성이었다. 그는 사람들이 자신과 중년 부인이 옥신각신하는 모습을 물끄러미 바라보는 데서 수치심을 느꼈다. 화가 난 그가 사리분별을 못하는 여사에게 흉악한 표정을 지어 보였다. 그리고 강도는 여사에게 겁을 주려고 했다. 강도는 왼손으로는 돈뭉치를 붙잡은 채, 오른손으로 부츠 속에서 재빨리 예리한 산악용 칼을 꺼냈다.

"아!"

주변에서 구경하던 사람들은 흉기를 보고 놀라서 뿔뿔이 흩어졌다. 그런데 장난감 기관단총을 들고 서 있던 여덟아홉 살쯤 되어 보이는 꼬마가 갑자기 흥분했다. 꼬마가 기관단총의 방아쇠를 당기자 총은 "따따따따" 하고 강도를 향해 총소리를 내기 시작했다.

나는 이 꼬마가 소설을 쓰고 있는 나라는 생각이 들었다. 이 꼬마가 느낀 흥분이 내가 어렸을 때 조련사가 자신의 머리를 사자의 입에 집어넣는 장면을 보고 느꼈던 짜릿함은 아닐까 하는 생각이 들었다. 꼬마는 흥분했다. 아이는 마치 그의 장난감 총이 진짜 총인 것처럼 흥분했다. 꼬마가 평소 하는 놀이는 가짜였지만 가짜가 진짜 상황으로 변하자 아이는 기쁨과 흥분에 사로잡혔다.

요즘 타이완에서는 아이들을 캠프 보내는 것이 유행이다. 어떤 부모는 아이들을 극기 훈련 캠프에 보내기도 한다. 내 친구 역시 그랬다. 아들 녀석이 너무 짓궂고 말썽꾸러기인데다 도무지 말을 듣지 않아서 참다 못해 아이를 극기 훈련 캠프에 보낸 것이다. 그런데 캠프에 다녀온 아이가 하는 말이 가관이었다.

"아빠, 2프로 부족해요. 여기보다 더 멋진 데 없어요?"

우리의 정규교육은 생기 넘치고 생명력 충만한 야생동물을 동물원의 판다나 천연기념물로 변하게 한다. 야생동물은 산림을 뛰어다니는 것이 자연스럽지만 곧 우리에 갇히게 될 운명이 되었다.

나는 천징싱이 어렸을 적 장난감 총을 가지고 놀았는지 어땠는지 잘 모른다. 이 이야기에서 현대 사회의 폭력과 어린아이의 장난감 사이의 그 어떤 연계를 발견할 수 있을지도 모른다. 이는 우리가 평소 생각해보지 않았던 문제일 수도 있다.

강도가 발을 걸어 꼬마를 쓰러뜨렸다. 강도는 고개를 돌려 밍위에 여사에게 고래고래 고함을 질렀다.

"이래도 안 놓을래? 죽고 싶어!"

범죄 수사극을 즐겨 보는 밍위에 여사는 이런 일촉즉발의 위기 상황이 현실 같지 않았다. 그녀는 부들부들 떨며 자신의 두 손에서 몇 센티미터 떨어져 있지 않은 곳에 있는 예리한 칼날을 바라보았다. 그녀는 이미 제정신이 아니었다.

다행히 이 도시는 아직 여자가 강도를 당해도 그 누구도 구원의 손길을 내밀지 않을 정도로 냉정하고 모진 사회는 아니었다. 멀리 공중전화박스에서 이미 누군가가 119에 신고를 했다.

그러나 강도는 흥분할 대로 흥분한 상태였다. 그는 이제 오직 돈을 빼앗아야겠다는 생각만 하는 것이 아니었다. 자기 체면을 구긴 여사를 보며 그는 마음을 독하게 먹고 칼을 휘둘렀다. 밍위에 여사의 손가락 몇 개가 잘려 나갔다.

가장 먼저 여사의 왼손에 있는 손가락 세 개가 잘려 나갔다. 피가 콸콸 쏟아졌다. 파란색 지폐 뭉치는 순식간에 붉게 물들었다.

밍위에 여사는 너무 놀란 나머지 순간 멍해져 돈뭉치에서 손을 뗄 수 없었다. 그러자 격분한 강도가 매섭게 손가락 몇 개를 더 잘라 냈다. 마치 도마에 올려놓은 돼지의 딱딱한 다리뼈를 다지는 것처럼 여사는 단번에 손가락 아홉 개와 손바닥 일부를 잃어버렸다.

밍위에 여사는 두 눈을 빤히 뜬 채 자신의 손가락이 두툼한 돈뭉치에 붙어서 사라지는 것을 지켜보았다. 강도는 그 자리를 뜨면서 그녀에게 욕을 퍼부었다.

"지독한 년!"

그리고 오토바이에 올라탄 그는 서쪽을 향해 쏜살같이 달렸다.

"내 손가락!"

여사는 자신의 손을 바라보았다. 오른쪽 엄지를 제외하고 나머지 손가락 아홉 개가 잘려서 뼈마디마다 마치 빨간 인주가 묻은 도장처럼 뭉툭해져 있었다. 인주가 묻은 도장 같은 손가락에선 선홍색 피가 뚝뚝 떨어졌다.

용감한 행인 몇 사람이 여사를 빙 둘러싸고 그 모습을 지켜보았다. 여사가 손가락을 잃은 것이 안타까웠는지 모두 고개를 절레절레 흔들었다.

"대체 얼마를 뺏긴 거예요?"

"68만 NT달러요."

"아! 저런!"

행인들은 손가락을 잃은 것과 돈을 잃은 것에 대해 서로 다른 감탄사를 쏟아냈다. 그러나 결국은 모두 그녀 곁을 떠나갔다.

"대체 무슨 일이 있었던 거지?"

다음은 대학생이 등장하는 부분이다. 나는 개인적으로 이 부분이 마음에 쏙 든다. 나는 이 부분을 쓰면서 마치 어리숙한 대학생이 내 눈앞에 서 있는 양 줄곧 웃음이 나왔다. 이 학생은 마음씨가 비단결 같은데다 공부도 많이 했고, 어려서 적어도 하루에 한 가지는 착한 일을 해야 한다는 이야기를 듣고 이를 실천하고 있었다.

두 사람의 대화는 정말 유치하기 짝이 없다. 그래서일까. 손가락이 잘려나간 공포스러운 상황인데도 대학생이 나오는 장면은 블랙코미디를 연상시킨다.

대학생 제복을 입고 모범생 냄새를 풀풀 풍기는 남학생이 그녀에게 다가왔다. 남학생은 번화한 거리에서 몇 안 되는 그리 바쁘지 않은 행인이었다.

"내 돈!"

밍위에 여사가 울음을 터뜨렸다. 손가락의 통증은 점점 심해졌다.

"천천히 말씀해보세요. 운다고 도움이 되는 건 아니에요."

대학생은 가만히 밍위에 여사를 바라보았다. 여사는 그에게 사건 경위를 모두 이야기했다. 이는 사건이 일어난 뒤 그녀가 처음으로 분명하게 기억을 더듬어 정리한 사건의 경위였다.

"강도는 아주 오랫동안 내 뒤를 밟았어요. 내가 주식으로 번 돈을 이 은행에 저축한다는 사실을 알고 있었던 거죠. 우리 남편도 모르는 사실을 말이에요."

그녀는 강도에게 공범이 있을 가능성이 있다고도 했다. 정신이 없어 얼떨떨하지만 어렴풋하게나마 기억나는데, 그녀를 구해주러 정의감 넘치는 용감한 행인이 다가오기 전 강도를 엄호하기 위해 누군가 총질을 했다고 말했다.

밍위에 여사가 공범이라고 생각한 사람은 실은 장난감 총 방아쇠를 당긴 그 꼬마다. 사고를 당해 혼란스러운 상황에서 그녀는 누군가 기관총을 들고 강도를 엄호했다고 착각한 것이다. 여기에서 우리가 깨달을 수 있는 것은 글을 쓰는 사람은 반드시 냉정한 방관자의 입장을 유지해야 한다는 사실이다. 당사자보다는 제3자가 상황을 더 잘 알 수 있다. 소설, 그림, 연극, 영화를 막론하고 이를 창작하는 사람은 모두 제3자의 역할을 해야 극중 인물에 대해 논리적일 수 있다. 독자 역시 제3자의 위치를 지켜야 작가의 냉정하고 침착한 서술을 따라 황당한 사건을 전체적으로 읽어낼 수 있다. 재난을 당한 사람들의 이야기를 들을 때면 제각기 다른 이야기를 하기 때문에 이를 규합하더라도 완전한 이야기를 만들어낼 수 없다.

나는 이런 이야기를 소설을 쓰는 훈련으로 삼는다. 글을 쓰는 사람은 냉정하게 제3자가 되어 새로운 이야기를 써내야 한다. 그래서 나는 유명한 문학서적은 조금 덜 읽는 편이지만 사회 뉴스를 보는 것은 좋아한다. 인간 본성이 낱낱이 드러난 이런 뉴스는 훌륭한 소설의 소재가 될 수 있기 때문이다.

밍위에 여사는 계속해서 이야기했다.

"강도는 단순히 돈만 강탈한 게 아니에요. 그는 산악용 칼로 내 손가락 아홉 개를 잘라갔어요."

밍위에 여사는 흐느껴 울었다.

"손가락을요?"

대학생은 고개를 숙이고 바닥을 한번 훑어보았다.

"돈뭉치에 붙어서 강도가 가져가버렸어요." 그녀가 말했다.

"저런, 안타깝군요. 현대 의학의 봉합수술은 성공률이 무척 높거든요."

여기까지 소설을 쓰고 나서, 나는 터져 나오는 웃음을 참을 수 없었다. 대학생은 합리적이지만 좀 황당한 생각을 가지고 있는 인물이다. 이 인물은 단순히 대학생만을 가리키는 것이 아니라 지식인을 상징하는데, 실제로 지식인들은 자신의 앞에서 이런 사건이 발생하면 흥미로운 반응을 보일 것이다.

"그런데…."
밍위에 여사는 대학생에게 절단된 손가락이 돈뭉치에 단단하게 붙어 있는 것을 느낄 수 있다고 이야기했다.

그 돈은 밍위에 여사가 매일 반찬값을 아껴 조금씩 모은 것으로, 주식 투자를 해서 불렸다고 했다. 그래서 그녀는 설사 손가락이 잘려나가 돈뭉치에 붙어버린다 해도 돈에서 손을 뗄 수 없었다. 사실 이것은 '손가락은 잘려도 마음은 자를 수 없다'는 심리 상태의 표현이다. 앞서 말했듯, 이 사건은 실화다. 신문에 이 사건이 실렸을 때 사건 진술에서 그녀의 억울해하는 심정을 읽을 수 있었다. 그런데 그녀는 손가락이 잘린 게 억울하기보다는 손가락으로 돈을 쥐었을 때의 그 감각을 느낄 수 없다는 것이 더 억울한 것 같았다. 이와 같은 인간의 본성은 이해하기 어렵다.

"그건 불가능해요."

대학생이 단호하게 말했다.

"중추신경이 절단됐으니 손가락이 돈뭉치를 쥐고 있더라도 아무런 느낌을 받을 수 없어요. 고대 중국에 참수형이라는 형벌이 있었던 거 아시죠. 목에서 머리와 몸이 잘려나간 후 머리가 아플까요, 아니면 목이 아플까요?"

대학생은 목이 잘려나가는 시늉을 해보였다.

"내 손가락은 돈뭉치에 꼭 붙어 있어!"

여사는 참수 후 머리가 아플지 아니면 목이 아플지 하는 문제에는 관심을 보이지 않았다. 그녀는 여전히 손가락이 잘려나간 그 순간에 집중하고 있었다. 비록 짧은 시간이지만 떨어져 나간 손가락이 두꺼운 돈뭉치를 쥔 느낌은 정말 생생했다.

실은 나는 여기에서 우리가 아주 중요한 물건을 잃어버렸을 때, 가슴 아프고 속이 쓰린 정도가 거의 정신적 붕괴 수준일 때 그 물건이 또 다른 존재로 변하는 심리 상태를 묘사하고 싶었다. 잃어버린 물건이 오히려 더 생생하게 존재하는 것 같은 느낌은 우리가 그 물건을 너무 아끼고 그것의 존재를 너무 필요로 하기 때문이다.

"음…."

대학생은 어깨를 으쓱했다. 그는 이 여자를 무지하고 사물을 객관적으로 관찰하고 검증할 능력을 갖도록 교육받지 못한 사람으로 판단했다. 그는 이런 그녀가 가련했지만 더 이상 무의미한 논쟁으로 시간을 낭비하고 싶지 않았다. 그렇다고 경솔히 그 자리를 뜨고 싶지도 않았다.

그는 한번 붙잡은 일은 마칠 때까지 최선을 다하라는 훈련을 받았기 때문에 감정적인 이유로 자신의 신조가 흔들려서는 안 된다고 생각했다.

"기분이 좋고 안 좋고를 기준으로 삼아 행동을 결정하는 것은 이성적인 지식인으로서 마땅히 행할 바가 아니지."

그는 스스로 경계했다.

이 대학생은 그곳에서 본인이 아주 훌륭한 사변을 하고 있다고 생각했지만, 밍위에 여사가 한쪽에서 피를 흘리고 있다는 사실 또한 잊지 않고 있었다.

대학생은 밍위에 여사를 위해 택시를 한 대 불렀다. 그리고 운전사에게 그녀가 신고할 수 있도록 경찰서로 데려가달라고 부탁했다.

나머지 이야기는 신문에 보도된 실제 사건 그대로다. 밍위에 여사가 택시를 탄 후 택시 운전사가 그녀의 손에서 피가 흐르는 것을 보고 뒷좌석 시트를 더럽힌다며 계속해서 욕을 해댄 상황도 포함되어 있다. 나는 이 기사를 보았을 때 타이완이 괴상망칙하게 변했다는 생각이 들었다. 사람들은 이제 무엇이 가엾은지도 모른단 말인가? 때로 가엾음이나 불쌍함은 주변의 분위기를 타기도 한다. 나하고 별로 상관없는 대통령이 죽었을 때는 엉망진창이 될 때까지 엉엉 울어대지만 눈앞에서 사람이 죽어갈 때에는 별다른 느낌을 받지 않는 경우가 비일비재하다.

인간의 이기심이 부른 또 다른 폭력

택시 운전사는 성미가 고약한 사람이었다. 그는 여사 손에서 피가 흘러 뒷좌석 시트가 젖는 것을 발견하고는 화를 냈다. 그는 운전을 하면서 계속 고개를 돌려 그녀에게 욕을 퍼부었다.

"양심도 없군."

그가 말했다.

"이 도시 전체의 공공도덕이 씨가 말랐어."

"이런 상황에서 이 사회에 무슨 희망이 있겠어?"

"눈이 있으면 좀 보라고. 이런 제길. 또 빨간불이야."

이 네 마디가 운전사가 한 말이다. 때로 황당함이 합리화되면 그 황당함을 살펴볼 수 없다.

나는 우리 사회에서 나타나는 도덕의 애매모호한 현상에 주목했는데, 마치 소설 속 이 운전사의 경우가 그렇다. 그는 모르긴 몰라도 평소에 자선단체에 기부를 할 것이다. 그러나 그가 밍위에 여사를 만났을 때 반응은 이랬다. 이것이 바로 인간의 황당함이다. 우리 자신도 이런 양극화, 표리부동의 반응을 보일 수 있다. '어브슈어드^{absurd}'는 서양의 실존주의에서 빈번하게 거론되는, 소위 황당함을 의미하는 단어다. 인간의 행동은 통일을 기하기 어렵기 때문에 바로 지금 행동과 1분 후의 행동이 서로 연계될 수 없다.

그러나 과거 우리가 받은 교육은 인간의 본성은 항상 일치한다고 여겼다. 그래서 문천상^{文天祥}이 〈정기가^{正氣歌, 남송 대 시인 문천상이 옥중에서 쓴 오언 고시}〉를 쓸 때는 이런 일이 일어날 수 없었다. 그러나 현대의 미학 사상은 이미 인간이 수많은 분열증상인 불일치를 가지고 있기 때문에 극과 극을 달릴 수 있다고 인식한다.

카뮈의 《이방인》에서 이야기한 파리에서 발생한 흉악한 살인 사건은 아랍인을 총으로 쏘아 죽인 프랑스 청년을 비난할 타당한 이유를 찾기 위해 신상 털기를 시작했다. 어머니가 돌아가셨을 때 눈물 한 방울 흘리지 않은 냉혈한이었다거나, 장례식을 마친 다음 날 여자 친구와 휴가를 보내며 성관계를 가졌다거나 하는 등등이었다. 여기에서 주목해야 할 것은 먼저 결론을 내린 다음 증거를 수집했다는 사실이다. 실존주의는 존재가 본질에 앞서기 때문에 먼저 인간의 본질에 대해 정의를 내린 후 존재의 상태를 수집해야 한다고 말한다. 존재의 본질은 관찰에서 출발한다. 설사 황당해도 관찰해야 하고 이를 배척하지 않아야 한다.

인간의 본성은 본래 황당하다. 인간 본성의 황당함은 양극성으로 묘사될 수 있다. 대개 스스로 사물을 관찰하는 방법을 훈련해야 한다. 어떤 사건이 발생했을 때, 우리는 다른 사람과 함께 이런저런 말을 많이 하는지 살펴볼 필요가 있다. 뉴스에서 어떤 사람이 성추행을 했다고 보도하면 수많은 사람이 텔레비전을 가리키며 "저 사람 저럴 줄 알았어. 생긴 게 꼭 그럴 거 같잖아", "바로 저 사람이라니까. 생긴 게 꼭 변태 같잖아"라고 말한다. 그러나 조사 결과 성추행을 한 사람이 그가 아니라고 밝혀지면 모두들 갑자기 말 바꾸기를 한다.

세심하게 관찰해보면 대부분의 폭력이 대중의 '중구삭금衆口鑠金'에서 시작된다는 것을 발견하게 될 것이다. '중구삭금'은 모두가 같은 이야기를 하면 그 힘이 금도 녹일 수 있다는 뜻이다. 여론의 힘은 이렇듯 강하며, 우리는 여론에 적잖은 힘을 보태고 있다.

우리는 타인을 대할 때 서로 다른 폭력의 형식을 사용한다. 때리고 욕하는 것이 가장 쉽게 발견되는 폭력이지만, 누군가를 조롱하는 것도, 냉담하게 구는 것도 역시 폭력이다. 때로 자식을 향한 어머니의 사랑도 폭력이 될 수 있다. 장아이링의 소설《황금 족쇄》를 보면, 어머니가 자신이 가장 사랑하는 아들 창바이長白에게 하는 일들이 정말 놀랍다. 아들이 밖에 나가 여자들과 어울리거나 혹은 자신이 좋아하지 않는 일을 하지 못하도록 그녀는 아들에게 아편을 가르쳐 그를 곁에 붙잡아둔다. 그녀는 이것이 사랑이라고 생각한다. 우리가 그녀에게 그것이 폭력이라고 말한다면 그녀는 땅을 치고 통곡할 것이다. 그녀는 자신이 아들을 얼마나 사랑하는지, 그래서 모든 유산을 그에게 물려주려고 준비하고 있다고 얘기할 것이다.

폭력은 쉽게 알아차릴 수 없다. 왜냐하면 폭력의 형식은 또 다른 감정으로 위장하기 때문이다. 나는 일부러 이런 극단적인 예를 사용했는데, 그 까닭은 사랑과 폭력은 양끝에 있을 뿐만 아니라 동시에 출현할 수 있기 때문이다. 우리가 이 점을 인지한다면 폭력의 미학은 비로소 더욱 근본적인 문제를 건드릴 수 있을 것이다.

대학생이 질책한 내용은 대부분 밍위에 여사와 무관한 것이었지만 여사는 계속해서 울었다. 여사는 텔레비전 드라마에나 나오는 비참한 여성과 같았다. 난폭한 술주정뱅이 남성에게 구타당하고 버림받아 길 모퉁이에 앉아 감히 목 놓아 울지도 못하고 서럽게 흐느끼고 있는 그런 불쌍한 여인 말이다. 더욱이 성미 고약한 택시 운전사가 거듭 시트를 더럽히지 말라고 핀잔했기에 그녀는 손가락이 잘린 양손을 높이 쳐들고 있어야만 했다. 그러자 아직 잘려나가지 않은 오른손 엄지가 갑자기 혼자서 꼿꼿이 섰다. 그녀는 자기 모양새가 너무 우스워 보일 것 같았다. 그녀는 더이상 참을 수 없었다. 그녀는 엉엉 소리 내어 울었다.

소설을 창작하는 일은 정말 재미난 놀이다. 그것도 아주 이상 야릇하고 괴상한 장면을 상상하는 놀이다. 밍위에 여사는 욕을 먹는 것이 무서워 두 손을 위로 올렸는데 그녀의 오직 하나 남은 엄지손가락이 택시 운전사가 욕을 해대자 갑자기 꼿꼿이 치켜 올라가는 모습이 마치 벌을 서는 것처럼 보였다. 얼마나 얄궂은 장면인가. 블랙코미디 공포 소설을 읽을 때는 방관자의 상황을 유지할수록 그 공포 수위가 더 높아진다는 사실을 잊지 말아야 한다.

밍위에 여사가 만난 경찰은 법이라는 배역을 맡아 그 역할을 톡톡히 한다.

택시 운전사와는 대조적으로 밍위에 여사가 만난 경찰은 상냥하기 그지없었다. 경찰은 그녀가 생각했던 것보다 훨씬 젊고 다림질이 잘된 연한 남색 제복을 입고 있었다. 범죄 사건이 수시로 발생하는 복잡한 도시, 그리고 각종 분쟁으로 소란스러운 경찰총국에서 그는 오히려 조용하고 침착했다. 게다가 예의 바르게 밍위에 여사의 부상당한 손을 붙잡아주었다.

밍위에 여사는 위층에 있는 작지만 조용한 방에 앉아 심문을 받았다. 경찰은 밍위에 여사에게 물을 따라주며 맞은편에 앉아 상세하게 사건 발생의 경위를 물었다.

경찰은 형사처리안에 대해 전문적인 훈련을 받은 티가 줄줄 났다. 그는 사건의 세밀한 부분까지 놓치지 않았다. 이런 그의 모습에 밍위에 여사는 감탄을 금치 못했다. 예를 들어 그는 잃어버린 아홉 개의 손가락에 나 있는 손톱 위에 매니큐어를 칠했는지, 칠했다면 어떤 색인지까지 물었다.

사건을 처리하는 데 있어서 손톱의 매니큐어 색깔은 물론 중요하다. 손가락을 찾았을 때 판단의 근거가 되는 중요한 단서이기 때문이다. 그러나 소설을 쓰는 나는 이 지극히 작은 증거를 황당함과 대비시키는 소재로 삼았다. 나는 이것으로 사건과 사건 사이의 소원한 관계를 대비시켰다. 창작자와 작품 사이에는 반드시 소원한 관계가 유지되어야 하는데, 이는 작가가 상황 속에 매몰되지 않고 상황에서 멀리 떨어져 있어야 한다는 뜻이다. 이는 또한 서양에서 항상 이야기하는 '소원감alienation'을 의미한다. 일단 작가가 작품에 너무 도취되면 소설을 쓰기 어려워진다.

경찰은 밍위에 여사를 대신해 기록하기 시작했다. 결말에 이르면, 경찰의 머릿속에는 사건 해결 계획이 세워진다.

경찰은 대답하지 않았다. 그는 조서를 꾸미는 종이에 셰퍼드를 한 마리 그렸다. 이것은 그만의 비밀이었다. 그는 밍위에 여사에게 이 비밀을 알리고 싶지 않았다. 그녀에게 사건 해결의 열쇠를 알려주면 사건을 해결하는 데 방해가 될 수도 있기 때문이었다.

"사건 해결 과정에서는 신중함과 더불어 여러 원칙을 반드시 지켜야 한다."

그는 학교에서 수업 시간에 받은 교관들의 가르침을 떠올려보았다. 밍위에 여사가 머리를 내밀어보니 경찰이 종이에 개를 한 마리 그리고 있었다. 그녀는 경찰이 무료해한다는 생각이 들자 맥이 쭉 빠졌다.

경찰 조사가 끝나고 여사를 집으로 데려다준 다음 경찰은 계속해서 그림을 그렸다. 마침내 그는 셰퍼드 그림을 완성했다. 그는 돈을 되찾기 위해 경찰들을 출동시키고, 셰퍼드를 동원해 부인의 손가락을 찾아 도시의 후미진 곳까지 수색해야겠다고 생각했다.

"자네는 손가락과 돈의 행방을 쫓는 것을 서로 나눠서 처리해야 한다고 생각하나?"

경찰의 지원 요청 계획서를 보고 상사가 이렇게 물었다.

"그렇습니다."

경찰은 차렷 자세로 서서 큰 소리로 말했다. "돈은 골프장, 도박장, 밀수 선박, 그리고 경선 활동 같은 곳에서 단서를 찾아 추적할 수 있습니다. 그리고 손가락은 지저분한 쓰레기장, 폐수로, 주택가 뒷골목⋯."

"알겠네. 그럼 행동 개시하도록!"

상사는 경찰이 떠난 후 커다란 달이 도시 위 상공으로 떠오르는 소리를 들었다. 셰퍼드가 헐떡이는 소리와 날카롭고 처량하게 울부짖는 소리가 골목으로 전해졌다. 셰퍼드는 도시 어디엔가 버려졌을 밍위에 여사의 잃어버린 아홉 개의 손가락을 찾고 있었다.

독자들은 내게 "달이 떠오를 때 소리가 나나요?"라고 묻고 싶을 것이다. 왜 상사가 달이 떠오르는 모습을 '들었다'라고 표현했는지 궁금할 것이다. 실은 나도 어째서 내가 이 부분을 '보았다'가 아닌 '들었다'로 표현했는지 잘 모르겠다. 이어서 나오는 '셰퍼드가 헐떡이는 소리와 날카롭고 처량하게 울부짖는 소리'라는 표현을 통해 전체 도시가 이미 황량한 폐허로 변했는데 마치 모든 문명이 사라지고 셰퍼드가 동물의 본성을 회복한 느낌을 내고 싶었다.

이 소설을 완성한 후, 나 역시 놀랐다. 아마도 썰렁한 블랙코미디를 만들어내는 과정에서 소설의 배후에 폭력의 미학이 깔려 있음을 서서히 드러내고 있기 때문일 것이다.

합법성을 쟁취한 폭력은 더 큰 폭력으로 나타난다

타이완은 그림, 연극, 영화 각 분야에서 폭력의 미학에 대한 탐구를 많이 하지 않는 편이다. 이미 별세한 할리우드의 영화감독 스탠리 큐브릭은 1970년대 〈시계태엽 오렌지〉라는 영화를 제작했다. 당시 타이완에서는 이 영화의 상영이 금지됐다. 물론 지금은 이 영화를 볼 수 있다. 이 영화는 그 시절 폭력의 미학을 다룬 대표작이다. 영화에는 비행청소년 몇몇이 호화 주택에 잠입해 이곳에 살고 있던 중산 계급을 학대하고 모독하는 내용이 나온다. 이 영화는 여러 나라에서 상영금지 조치가 내려졌으며, 영화 필름 중 상당 부분이 잘려나갔다. 큐브릭 감독은 이 영화를 통해 사회 하층민에 속하는 젊은이(천진싱 정도)의 중산층 문화 약탈에 대한 욕망과 폭력의 본질에 대해 서술했다.

천진싱 사건이 발생했을 때, 나는 그에 관한 모든 자료를 읽었다. 그는 루저우蘆洲, 우구五股, 신좡新莊 일대에서 성장했는데, 이곳은 모두 폐수로가 있는 곳이다. 이런 곳에서 성장한 아이들과 타이베이 번화가 둥취東區에서 성장한 아이들은 완전히 다르다. 낙후된 성장 환경에서 자라는 아이들은 아무래도 정복성이라든지 야만성 등에 계속 자극받게 되고, 어느 날 자신과 또 다른 휘황찬란한 세계와의 격차를 발견하면서 차츰 폭력의 본질이 드러나게 된다.

이렇듯 폭력을 유발시키는 '격차'를 큐브릭 감독은 〈시계태

엽 오렌지〉라는 영화에서 이야기했다. 영화 속에서 비행청소년 들은 우연히 아름다운 저택 옆을 지나가다가 섹시하게 옷을 차 려입은 여주인공을 보게 된다. 마침 그 저택에서는 파티가 열리 고 있었다. 이들은 저택에 들어가 함께 즐기다가 과격해져 결국 살인을 저지르게 된다. 이렇듯 심한 빈부의 격차는 현실 사회를 살육의 장으로 만들어버릴 수도 있다.

미국과 아프가니스탄의 관계에도 아주 큰 격차가 있다. 9월 11일 미국을 상징하는 쌍둥이 빌딩이 폭탄 테러에 의해 무너질 때 이를 지켜보던 아프가니스탄의 일부 사람들은 기뻐서 눈물을 흘렸다. 이들은 폭력을 사용해 쌍둥이 빌딩을 공격했다. 이들에 게 있어 쌍둥이 빌딩은 원한과 증오를 상징했기 때문에 이 빌딩 이 파괴되는 모습을 보고 복수에 의한 만족감을 느꼈던 것이다.

인간은 영원히 행복하고 편안한 상태에 머물러 있을 수 없다. 폭력의 본질을 이해하지 못하면, 폭력은 언제든 우리 주변에서 발생할 수 있다. 서로 간의 격차가 너무 클 경우 폭력이 나타난 다. 미국은 이 사건을 테러분자들이 저지른 테러 사건이라고 단 순화했지만, 아프가니스탄이나 아랍, 터키 사람들에게 세상에 존 재하는 가장 강력한 테러분자는 바로 미국이다. 이는 우리가 타 이완에서는 들을 수 없는 이야기다.

미국이 이라크에서 일으킨 전쟁은 그야말로 SF 영화 같았다. 이 전쟁에 사용된 무기는 우리가 상상조차 할 수 없는 것이었다.

이라크가 공격다운 공격 한번 제대로 해보지 못한 채 걸프 전쟁은 순식간에 종식됐다. 이때 테러분자는 백병전(베트남과 미국이 베트남 전쟁을 치를 때, 맨 마지막에 백병전을 했다는 사실을 잊지 말아야 한다)밖에 할 수 없었다. 황당한 것은 세계에서 가장 정교하고 가장 우수한 무기를 보유한 나라는 미국이고, 무기에 대한 검사를 받아야 하는 나라는 이라크라는 것이다. 여기에서 우리는 합법성을 쟁취한 폭력을 볼 수 있다. 폭력이 합법성을 쟁취하면 더 큰 폭력으로 변하게 되고, 심지어 법률의 지지 또한 얻을 수 있게 된다. 그래서 암흑세계는 국회의원과 손을 잡게 될 것이고, 폭력의 내부에는 혁명의 고독 속에서 이야기한 투항 가능성과 배신자의 역할을 맡게 될 위험성이 도사리게 되는 것이다.

나는 폭력의 고독이 행사하는 영향력이 특히 막강하다고 생각한다. 우리는 우리 안에 잠재된 폭력의 본질을 제대로 인식하지 못할 뿐 아니라, 이 폭력을 감히 깨우지도 못한다. 때문에 우리가 폭력을 행사했을 때 그 즉시 자기 반성이나 자각을 할 수 없다. 우리는 대부분 깜짝 놀랄 만한 이야기를 통해 인간이 갖고 있는 폭력의 본질을 이해한다. 예전에 나는 역사책을 읽을 때면 식은땀을 줄줄 흘렸다. 한나라 때 황제의 총애를 받는 후궁이 주변의 비와 빈에게 얼마나 극심한 투기의 대상이 됐는지 알고 있는가?

황제의 죽음은 그녀에게 버팀목이 없어지는 것과 마찬가지였다. 황제가 죽으면 모든 사람이 그녀를 해치기 위해 갖가지 방법을 동원했으니, 얼마나 공포스러웠겠는가. '인체人彘'라는 가혹한 형벌에 관한 이야기를 들어보았을 것이다. 이 형벌은 사지를 절단하고, 눈을 찔러 장님을 만들고, 귀를 상하게 해 귀머거리를 만들고, 혀를 잘라내 벙어리로 만든 뒤 술독에 담가두는 정말 고통스러운 형벌이다. 이 형벌을 자행한 가해자도 여성이고, 이 형벌을 당한 피해자도 여성이라는 사실이 아이러니하다.

나는 폭력이 난무하는 역사적인 사실을 읽는 것이 너무 두려워 역사책 읽기를 포기하고 예술사에 몰입했다. 명나라 때도 지식인에 대한 학살이 행해졌다. 단순히 살殺, 즉 죽임이 아닌 학虐, 바로 학대였다. 사람들은 학대를 가함으로써 즐거움을 느꼈다. 명나라 때는 정절을 지키지 않은 여자에게 행하는 '기목려騎木驢'라는 형벌이 있는데, 잔혹하기가 이루 말할 수 없는 정도였다. 이 형벌은 여성의 생식기에 나무 기둥을 꽂고 나체로 조리돌림을 시키는 형벌이었다. 이는 성에 대한 폭력의 극치다. 이러한 형벌은 도대체 누구를 만족시키려는 것이었을까?

합법적인 폭력은 모두 응징의 형식을 빌려 나타난다. 미국이 말하는 이라크에 대한 응징은 실은 미국이 이라크에 행사한 폭력에 다름 아니다. 우리는 타인을 응징할 때 이것이 폭력의 욕망을 만족시키기 위한 것은 아닌지 의심해보아야 한다.

군대에 있을 때 나는 군법을 집행하던 집행관 이야기를 들은 적이 있었다. 군인이 죄를 지으면 군법에 의해 처벌받게 되는데, 집행관은 이때 총살형으로 집행해야 됐다. 그런데 이 집행관은 총이 아닌 칼을 사용했다. 총 대신 칼을 사용할 때의 쾌감을 느끼고 싶어서였다. 나는 당시 대학을 갓 졸업한 어리숙한 사회 초년생이었다. 이 이야기를 듣고 나는 입도 벙긋 못했다. 도대체 인간의 본성 속에는 얼마만큼의 폭력이 잠재되고 은폐되어 있을까?

문화혁명 당시 홍위병들의 인민재판 수법은 정말 잔인함의 극치였다. 지금까지도 이에 대한 반성이 이뤄지고 있을 정도다. 많은 사람이 앞장서서 "맞아요. 홍위병들은 당시에 뭐가 나쁘고, 뭐가 나쁘고…" 하며 이들의 만행을 고발한다. 이때 누군가 내게 슬그머니 "저 사람 이야기 듣지 마요. 저 사람은 당시 인민재판을 했던 가해자예요"라고 귀띔해주었다. 그러나 그 사람은 잊어버렸다. 즉 그는 자신의 폭력의 본질을 잊었다.

나는 무섭다. 만약 내가 그 시대에 살았다면 나도 그런 일을 했을까? 폭력의 본질에 대해 무지한 상황에서 폭력이 무엇인지 밝혀진다면 폭력으로부터 도망칠 기회가 있다. 그렇지 않으면 언제 폭력이 폭발할지 모를 일이다.

폭력은 무척 심각한 과제다. 만약 우리가 우리 사회에 잠재된 각종 폭력에 대해 관찰하기를 희망한다면 우리는 더욱 냉정한 사유 능력을 갖추어야 하고, 반드시 이에 대해 더욱 깊이 연구할 필요가 있다. 유교 문화는 폭력에 대한 연구가 부족하다. 서양은 회화, 연극, 영화를 막론하고 폭력에 대한 연구가 무척 많아서 폭력에 대해 자주 검토하고 경각심을 갖는다. 9 · 11 테러 사태 이후 유럽에서 미국의 폭력성에 대한 토론이 일었다는 것은 주목할 만하다. 그러나 타이완에서는 이런 문제를 거의 언급하지 않는다. 아마도 타이완 정부의 미국 정부에 대한 높은 의존성 때문인 듯하다. 미국이 전 세계적으로 폭력을 가장 많이 조장하고 있으나, 우리는 덮어놓고 테러분자만 탓하고 있는 것은 아닌가?

내가 이 책에서 이야기하는 여섯 가지 고독은 실은 서로 연관되어 있다. 우리는 한 걸음 더 나아가 '혁명가가 세상이나 인간에 대해 연민을 갖는 혁명 사상은 일종의 폭력 아닐까?' 하는 점을 깊이 생각해볼 필요가 있다. 예를 들어 내가 '혁명의 장을 향해 나아가는 남녀는 다소 폭력적이고 잔혹한 자신의 폭력 성향에 대해 만족을 얻고자 한다'는 가설을 세운다고 하자. 여러분은 이 가설에 동의할 것인가? 마치 카뮈의 《정의의 사도》에서 이야기한 폭탄을 터트려 폭군을 죽이려고 한 암살 계획을 실행에 옮기려는 그 순간 '내 행동은 폭력인가, 아니면 혁명인가?'라고 사고했던 것처럼 말이다. 이러한 생각은 더욱 진지하게 폭력에 대한 문제를 사고하도록 할 뿐 아니라, 자신의 행동이 폭력 성향을 만족시키기 위함은 아닌지에 대해 행동을 점검해보도록 한다.

인간의 본성인 '악'에 대해 더욱 충분하게 이해하고 있어야 비로소 '선'을 발휘할 수 있다. 이런 이유에서 나는 순자의 성악설이 계속 발전하지 못한 것이 줄곧 유감스럽다. 맹자의 성선설은 마치 소설 속 대학생처럼 현실과는 잘 맞지 않는다. 우리가 반드시 알아야 할 것은 성선설과 성악설은 홀로 존재할 때는 의미가 없다는 사실이다. 성선설과 성악설이 서로 상호작용할 때 사변과 사유를 일으키고 인간 본성에 대해 가장 심도 깊고, 가장 차원 높은 탐색을 비로소 가능하게 한다.

폭력은 단순한 행위의 표출이 아니다.

폭력의 본질은 인간 본성의 복잡한 사고를 드러낸다.

66

고독한 사람으로서
자신의 생각하는 습관을 끝까지
고집스럽게 지켜낼 수 있을까?
이는 아주 어려운 시험이다.

99

5장

생각하는 사람은
고독하다

대학을 다닐 때 나는 철학을 좋아했기 때문에 자주 철학과에 가서 청강을 했다. 그 덕에 철학과 친구들을 꽤 여럿 알게 됐다. 당시에 나와 가깝게 지낸 친구가 있는데, 그는 주변의 시선에 전혀 아랑곳하지 않았다. 머리는 장발인데다 아주 오랫동안 목욕을 하지 않아서 고약한 냄새를 풍겼는데, 그 냄새 때문에 과 친구들이 거의 미쳐버릴 지경이었다. 철학하는 사람들에게는 일종의 괴벽이 있는 것처럼 이것 역시 이 친구의 괴벽이었겠지만, 이 친구가 왜 그러는지 그 이유를 알 수 없었다.

하루는 이 친구가 갑자기 분노에 차서 "타이완은 근본적으로 철학이 존재할 수 없는 곳이야" 하고 말했다. 깜짝 놀란 나는 "왜 그렇게 단정 짓는 거지? 왜 타이완에는 철학이 존재할 수 없다는 거야?" 하고 물었다.

타이완 사람들이 철학을 이해하지 못한다고 했다면 나도 충분히 공감할 수 있다. 많은 사람이 철학과에서 무엇을 공부하는지, 철학을 공부하고 난 후 어떤 일을 하게 되는지 잘 몰랐다. 그러나 플라톤이 살았던 고대 그리스나 제자백가가 출현한 중국 춘추전국시대의 전성기에 가장 강성했던 학문은 바로 철학, 혹은 사유다. 철학이란 바로 문화 속에 존재하는 사유를 그대로 재현해내는 것이다.

이 친구는 "자네는 아직 발견하지 못했어? 열대지방에서는 철학이 존재하지 않는다는 사실을 말이야. 기온이 높은 곳에 사는 사람들은 감각기관의 경험을 비교적 중시해. 비록 인도는 불교 같은 강하고 왕성한 종교와 신앙을 가지고 있지. 불교학을 철학의 한 종류로 분류할 수도 있지만, 불교는 오직 논리와 논증, 이성적 사고의 산물이 아니라 대개 감각기관에서 발전되어 나온 직관적인 사유로 볼 수 있어"라고 역설했다.

현재 우리에게 낯익은 철학과 그 사유 방식, 사변 형식과 그리스의 논리학은 깊은 관련이 있다. 이는 추론의 과정이자 이성적인 탐구 과정이다. 우리는 타인과 대화를 나눌 때, 서로 준수하고 추론하고 변증하는 과정이 헤겔이 제시한 '정반합' 같은 유형의 형식이기를 희망한다. 이 형식을 두고 우리는 논리에 부합한다고 말한다.

그렇다면 논리에 부합되지 않는 감각기관의 경험은 사유가 될 수 없단 말인가? 불경을 번역하는 사람은 항상 '불가사의^{不可思議}'를 이야기한다. 예를 들어《금강경》속에 담긴 뜻은 바로 불가사^{不可思}, 즉 생각해서도 안 되고, 불가의^{不可議}, 즉 논의해서는 안 된다는 것이다. 불교의 사유 방식과 그리스의 변증 논리는 그 형식에 있어 현저한 차이가 있다. 그렇다면 불교는 철학이 아닌가? 아니면 불교는 또 다른 종류의 철학인가? 대학 시절 철학과 친구가 내게 무심코 던져준 이 문제는 비록 완벽한 논증은 아니었지만 오늘날까지도 두고두고 생각하게 만드는 화두가 됐다.

생각지도 말고 논하지도 마라

이 철학과 친구가 당시 아주 좋아했던 철학가 중 한 사람이 바로 덴마크의 쇠렌 키르케고르다. 키르케고르는 기독교 사상에서 발전한 철학 유파의 대표주자로, 이 유파는 1970년대 실존주의의 전신이다. 그는《공포와 전율》에서 인류의 원시자연과 생명의 배태, 생육에 대한 공포 그리고 이 관점과《구약성경》의 관계를 이야기했다. 우리에게 낯설지 않은 기독교의 교의는《신약성경》에서 유래됐다. 바로 마태, 마가, 누가, 요한 같은 사람들이 전파한 4대 복음으로, 그 내용은 예수의 사랑을 중심으로 한다.

타이완의 기독교 신자들 중《구약성경》을 읽은 사람은 많지 않다.《구약성경》을 읽는다면, 우리는 수없이 많은 신비한 기적과 사건을 알게 될 것이다.《구약성경》은 여호와의 인간에 대한 탐색에서부터 비롯됐다. 그의 명령조 권위는 인간의 운명을 결정하는데, 이는 시시각각 인간에게 거대한 공포감을 안겨준다. 키르케고르가 탐구한 것이 바로 이런 공포였다.

우리 모두에게 익숙한 이야기를 예로 들어보자. 아브라함은 노년에야 아들을 하나 얻었다. 당연히 이 아들을 애지중지했다. 그러던 어느 날 절대적이며 유일한 신인 여호와가 갑자기 기발한 생각을 하게 된다. '아브라함은 평소 내 말에 순종하는 충직한 신도이자 내 종이며, 해마다 산에 올라가 양을 잡아 내게 제사를 지낸다. 그런데 내가 만약 그에게 양 대신 아들을 꽁꽁 묶어 제물로 바치라고 하면 그는 내 말에 순종할까?'

만약 여러분이 이 이야기를 처음 듣는다면 이 신이 아주 이상하다고 느낄 것이다. 이것은 폭력이 아닌가? 어떻게 신이 이렇게 잔혹한 방법으로 인간을 시험하려 했을까? 마주(媽祖, 하늘의 성모(聖母)로 중국 남방 연해에서 신봉하는 여신 사당에서 제사를 지낼 때, 우리는 아들을 꽁꽁 묶어 제물로 바치라는 이야기는 들어본 적이 없다. 그러나《구약성경》에는 이러한 비인간적인 행위가 적혀 있다. 이는 불경에 있는 불가사의와 상응한다. 불가사, 불가의여야만 비로소 그를 신이라고 부를 수 있다.

우리에게 가장 큰 영향을 미치는 유교 문화에 따르면 이 같은 신과 인간의 관계는 이해하기 어렵다. 유교 문화는 인간과 신의 관계를 상대적인 것으로 인식하기 때문이다. 유교에서는 신이 인간에게 잘 대해주기 때문에 인간은 신에게 제사를 지내지만, 기독교는 다르다. 그들은 인간과 신의 관계에서 '절대'를 주장한다. 아브라함은 신의 명령을 받은 후, 두말 않고 아들 이삭을 꽁꽁 묶었다. 이삭은 깜짝 놀랐다. 아버지가 왜 이렇게 하는지 알 수 없었다. 아브라함은 이삭을 들쳐업고 산으로 올랐다. 그리고 이삭을 양을 죽이던 제단에 눕혀 놓고 칼을 높이 쳐들었다. 아브라함이 이삭을 죽이려는 찰나, 천사가 나타나 그를 만류했다. 천사는 신이 단지 아브라함을 시험하려 했을 뿐이라고 했다.

영화관에서 할리우드에서 촬영한 성경 관련 영화를 본 적이 있다. 이 부분에 관한 이야기가 스크린에 펼쳐지자 곁에 앉아 있던 노신사가 격한 감정을 누르지 못하고 자리에서 벌떡 일어나 큰 소리로 "이게 무슨 신이야?" 하고 욕을 했다. 나는 그의 분노를 이해할 수 있었다. 중국의 유교는 이같이 윤리에 위배되는 사건을 수용하지 않는다. 유교는 신이 곧 신이 아닌 것처럼 느껴질 때, 신을 배반할 수 있다.

키르케고르가 이야기한 《공포와 전율》은 이처럼 신이 신답지 않은 일을 할 때, 인간은 삶의 본질에 대해 공포를 갖게 된다고 주장한다. 《구약성경》에 따르면 하느님은 인간을 창조했다. 하느님은 인간인 아담을 에덴동산에서 살도록 했다. 아담이 쓸쓸해하자 하느님은 다시 여자를 창조했다. 에덴동산에서 그들은 무엇이든지 먹도록 허락받았지만 지식의 나무에 있는 열매는 따먹을 수 없었다. 이를 먹으면 지식을 갖게 되기 때문이다. 결론은 모두 알고 있는 바와 같다. 그런데 신은 왜 완벽한 세상을 창조하고 이런 작은 빈틈을 남겨놓았을까? 이는 인류가 그를 배반할 것을 암시하는 것은 아닐까? 왜 이렇게 이상한 일을 행했는지 생각해본 적 있는가?

신은 인간을 창조했지만, 인간은 신을 배반했다. 인간은 신을 배반한 후 에덴동산에서 쫓겨났는데, 이는 앞으로 생존을 위해 싸워야 한다는 의미이다. 이는 우리가 잘 알고 있는 그리스의 논리학이나 이성적인 사유와는 다른 면이지만《성경》에는 아주 유사한 예가 많다. 예를 들어 신이 인간의 타락을 참다못해 대홍수를 일으켜 인간을 몰살시키려고 한 것도 이성적인 사유의 표현은 아니다. 신은 주관적인 권위로 생명을 박탈할 수 있다. 그는 창조할 수도 있지만 파괴할 수도 있다. 아울러 그는 '절대적인' 창조자일 수도 있지만 '절대적인' 파괴자일 수도 있다. 그러나 신은 대홍수를 일으키기 전에 조금 망설였으며, 모든 피조물을 파괴하는 것이 애석한 일이라고 느꼈다. 그래서 신은 노아를 찾았고 방주를 만들어 자신을 따르는 생명이 재난에서 벗어날 수 있도록 했다. 여기에서 우리는 불경에서 이야기하는 불가사의를 또 찾아볼 수 있다.

'불가사의'라는 한자 번역은 상당히 간소화된 것이다. 우리가

'상상이 불가한' 정도가 어디까지 미치는지 그 도착점을 모를 때 비로소 불가사의라고 한다. 무릇 상상할 수 있거나 추론할 수 있는 상태는 불가사의가 아니다. 불교나 기독교를 막론하고 종교 철학 시스템에서 '신학'으로 귀납되는 것과 일반적인 철학의 사유는 구별되어야 한다.

몇 년이 흐른 후 나는 대학 시절 그 철학과 친구를 다시 만났다. 장사꾼이 된 그는 시쳇말로 돈벼락을 맞았다. 말끔하게 양복을 입고 몸도 좀 불어 있었다. 나는 그에게 키르케고르 이야기를 꺼냈다. 그는 조금 뜨악해하며 내게 "키르케고르가 누구지?" 하고 물었다. 그는 키르케고르를 잊은 것 같았다. 그러나 나는 그가 대학 시절 이야기했던, 타이완은 너무 습하고 너무 더워서 철학이 존재할 수 없다는 이야기를 아직도 잊지 않고 있다. 대학 시절 철학가가 되기 위해 그는 큰돈을 들여 제습기를 사서 집 안에 설치해놓고 하루 종일 제습기를 가동시켰다. 그와의 만남은 처음으로 내게 철학과 사유가 무척이나 재미있다는 사실을 깨닫게 해주었다.

소통하지 않으면 생각은 단절된다

사유란 무엇인가? 우리는 모두 대뇌를 가지고 있으며, 이를 통해 아주 많은 사물을 사고한다. 추론과 추리, 그리고 판단. 이것이 바로 사유다.

　'언어의 고독'에서도 언급했지만, 유교 사상은 우리에게 깊은 영향을 미쳤다. 유교에서 주장하는 공자의 철학은 항상 결론을 내리는 식의 원칙을 고수한다. '자신이 하고 싶지 않은 바를 남에게 시키지 마라'는 공자의 가르침은 결론이자 유교가 신봉하는 교조적 격언이다. 이 격언을 들은 후에는 그렇게 깊이 생각할 필요가 없다. 격언에 따라 행동하면 그만이다.

　그리스의 철학은 이와 상반된다. 추론과 사변의 과정을 철학에서 가장 중요한 일환으로 여긴다. 플라톤의《대화록》〈향연〉편에 나오는 에로스^{Eros}(이 단어는 플라톤 방식의 사랑을 뜻한다)라는 하나의 주제를 토론 형식으로 다루는데, 서로 다른 입장, 즉 의사, 희곡 작가, 시인 등이 각자 에로스에 대한 해석을 제시한다. 그렇다면 결론이 있을까? 플라톤은 결론에 그다지 관심을 보이지 않았다.

　유교 철학에 관한 글을 습관적으로 읽는 사람이라면 그리스 철학 서적을 다룬 책을 읽을 때 좀 귀찮다고 느낄 수도 있다. '몇 페이지나 읽었는데 어째서 아직까지 결론이 없는 거야?' 하는 생각이 들기 때문이다. 유교 문화의 강한 영향으로 인해 그 철학과 친구의 말처럼 타이완은 사고와 변별에 능수능란하지 않고 사변할 기회가 없기 때문에 철학가가 존재할 수 없는지도 모른다.

　계엄 해제 이후, 나는 타이완에 사변의 기회가 많이 주어졌다는 사실을 발견했다. 한 사회에서 서로 판이하게 다른 아주 극단적인 의견이나 견해가 나타났을 때 바로 사변이 생겨난다. 예를 들어 란위 섬에 핵폐기물 저장소를 만든다면 결론적으로 두 종류의 답안이 도출될 수 있다. 바로 '옳다'와 '그르다'이다. 이렇듯 두 종류의 극단 사이가 바로 사변의 공간이다. 통일이냐, 아니면 독립이냐 두 가지 문제 역시 타이완에서 가장 사변의 가치가 있는 문제다. 그러나 현재까지 서로 반대되는 주장을 펼치는 두 사람이 앉아서 왜 통일에 찬성하는지, 왜 독립에 찬성하는지에 대해 진지하게 이야기하는 모습은 거의 보지 못했다. 우리는 다른 사람과 사변을 통한 의견 교환을 거의 하지 않는다. 오직 조급하게 결론을 발표할 뿐이다. 그리고 상대방의 결론이 내 것과 다를 경우, 바로 거수로 찬반을 결정한다.

타이완은 계엄 전 사변을 발전시킬 기회가 없었다. 민중이 사고할 수 있도록 허락하지 않았기 때문이다. 통일이든 독립이든 그 어느 쪽을 주장해도 감옥에 가야 했다. 툭 터놓고 이야기를 하자면 다른 사람이 어떻게 이야기하는지 그 누구도 신경 쓰지 않았다. 자신의 사고 과정을 타인과 충분하게 소통하지 않고 왜 이런 결론을 얻었는지 어떻게 타인을 설득시킬 수 있겠는가? 사고와 소통이 결여된 결과, 내가 내린 결론을 받아들이지 않으면 상대편은 바로 적이 되어 서로 대치하는 상황이 연출됐다.

나는 아주 여러 곳에서 이런 상황을 만나는데, 어떤 문제에 관해 의견을 발표할 때 A에 찬성하지도 B에 찬성하지도 않고 A에 찬성하기로 결론을 낸 사람에게 "이 결론을 얻기까지 사유의 과정을 말씀해주시겠어요?"라고 물으면 상대방은 으레 적의를 드러내며 "그럼 댁은 B에 찬성하시나 보군요" 하고 대답했다. 이처럼 소통에 대한 인내심이 부족했기 때문에 사변의 과정은 완벽하게 생략됐다.

선거를 할 때마다 각 당의 대표주자들이 맨 마지막에 "좋아요, 싫어요?", "맞아요, 틀려요?"라고 대중에게 질문을 던지면 아래 앉아 있는 사람들은 좋은지 나쁜지, 아니면 맞는지 틀리는지 오직 한 가지 대답만 선택하는 모습을 볼 수 있다. 계엄이 해제된 후 대중은 사고할 수 있는 기회를 완전히 상실했다. 사유의 가장 큰 적은 결론이다. 어떤 결론이든 너무 빨리 내리면 바로 사유의 적으로 변하게 된다.

수업을 하거나 강연을 할 때 나는 마이크, 탁자, 강단 앞에 서지만 내가 사용하는 언어는 이미 '폭력'적이다. 그래서 나는 언제나 내가 하는 이야기의 이데올로기를 다시 살펴보거나 혹은 어떻게 이 이야기를 하게 됐는지 곱씹어본다. 그러면 '여호와의 명령'으로 변하지도 않고, 수업을 받는 학생이나 혹은 강연을 듣는 청중이 나와 함께 문제에 대해 사변하도록 유도할 수 있다.

이렇게 하는 것이 꼭 좋은 반응을 얻으리라는 보장은 없다. 어떤 학생들은 이런 과정을 피곤하다고 느낀다. 왜냐하면 학생들은 이미 하나의 문제에 하나의 답을 얻어내는 게 습관이 됐기 때문이다. 교사가 직접 답안을 알려주는 것은 얼마나 편리하고 간단한가.

삶이 황당무계한 상황에 처해 있을 때

'폭력의 고독'에서 타이완에서 일어난 가장 큰 폭력 사건의 주인공 천진싱에 대해 이야기했다. 천진싱은 사형당하기 전 장기 기증 증서에 서명했다. 그런데 심장을 이식받지 않으면 곧 죽을 게 뻔한 환자가 그의 심장을 이식받기를 거절했다. 그는 흉악한 범죄자의 심장은 받을 수 없다고 했다. 심장은 단순한 내장기관이 아니기 때문에 좋은 사람의 심장과 나쁜 사람의 심장은 다르다는 것이다. 만약 우리가 내장기관을 독립적으로 운영될 수 있는 부품이라고 여긴다면, 좋은 사람의 부품이나 나쁜 사람의 부품으로 나누어 말할 수 있을까?

이 사건을 보면서 우리는 여러 가지 생각을 해볼 수 있다. 이 사건이 황당하다고 느낄 수도 있다. 그러나 중요한 건 이 사건의 모범 답안은 존재하지 않는다는 것이다. 이 사건을 어떻게 바라봐야 할 것인가? 천진싱의 장기 기증은 왜 거절당했을까? 거절한 사람은 죽을지언정 한사코 장기 이식을 거부했다. 당시 이 뉴스를 접한 나는 울어야 할지 웃어야 할지 알 수 없었다. 삶은 정말 비참하고 황당하다.

실존주의는 '황당'이라는 글자를 무척이나 좋아한다. 삶이 황당한 상황에 처했을 때가 바로 우리가 사고와 변별을 해야 할 기회다. 황당 자체는 불합리와 부조리를 대표한다. 우리는 왜 이런 황당함이 발생하는가를 사고해야 한다. 황당함은 어디에서부터 오는가? 어떻게 이 황당함을 이해해야 하는가? 사변은 이미 시작됐다.

유교 문화에서는 황당한 상황에 대한 사유 과정이 생략된다. 사람들은 "내가 책임지고 사고할게. 그리고 결론을 내린 후 이야기해줄게. 여러분은 내가 말한 대로 따라 하면 돼"라고 말한다. 공자에게는 72명의 제자가 있었다. 72명의 제자는 당연히 그의 계명을 준수해야 했다. 그런데 그의 계명을 지킨 제자가 가장 훌륭한 학생이라고 할 수 있을까? 꼭 그렇지만은 않다.

강단에 섰을 때 나를 향해 반항하는 목소리, 대립하는 목소리, 의심스러운 목소리를 만났을 때 나는 이 목소리들이 소중하다고 생각한다. 이 목소리는 쉽게 낼 수 없을 뿐 아니라 권위와 폭력을 가지고 연단에 서 있는 내 모습에 대해 유연성을 갖게 하고, 내가 단순하게 학생들을 향해 명령하달 방식의 강연을 하지 않도록 도움을 주기 때문이다.

나는 민중을 각성시킬 수 있는 정치철학가가 나타나기를 기대한다. 임종 직전에 쑨중산孫中山은 대중을 향해 각성하기를 간곡하게 요구했다. 그는 서양의 계몽훈련을 받은 철학가였지 정객이 아니다. 그는 대중에게 옳은지 그른지, 좋은지 나쁜지 알려주지 않았다. 그는 대중이 사유에 대해 자각하기를 원했다. 그는 대중이 사고할 수 없다면 그 사회의 번영과 강성함은 모두 가짜이며, 하루 아침에 파괴될 수도 있다는 것을 알고 있었다. 안타깝게도 현재 정치인들의 선거는 대중에게 사유에 대한 각성을 촉구하기는커녕 그나마 남은 모든 사유마저 붕괴시킨다.

장기간 계엄령이 내려지자 "어떤 정당, 혹은 어떤 정치인이 공직에서 물러나야 하고 누가 사죄를 해야 하는가"만이 관심의 초점이 되었다. 그런데 비단 정치인뿐만 아니라 미디어 역시 우리가 사건에 대한 사고를 할 수 없도록 폭력을 행사한다. 이들은 우리에게 직접 결론을 내려준다. 철학과 친구가 툭 내뱉은 대로 "타이완에는 철학이 없어"라는 황당한 이야기가 옳은 것일까? 타이완은 사유의 가능성이 없기에 완전히 절망적인가? 이것도 아니면 타이완은 사유를 개발할 기회가 주어질 때까지 기다려야 하는가?

태양은 생각하는 뇌를 지치게 한다

사유는 기온, 기후와 관계 있을까? 예술사를 연구할 때 빛의 변화 흐름을 추구하는 유파, 예를 들어 인상파 화가들의 작품은 대부분 감각기관에 따른 묘사를 위주로 한다. 이들이 추구하는 것은 일종의 '감각기관'이다. 그런데 한랭한 북쪽에 위치한 나라, 예를 들어 벨기에 북방의 플랑드르 유파는 침착하고 이성적으로 모든 사물을 관찰하고 분석해 물체를 매우 정확하게 표현했다.

철학자 키르케고르가 태어난 북유럽의 사람들은 언제나 냉정함을 유지하고 함부로 격정을 드러내지 않았다. 남쪽 이탈리아에서는 남성들이 여성의 두 눈을 보고 영탄조의 노래를 부른다. 우리는 오페라의 영탄조가 바로 도취임을 잘 알고 있다. 내가 알고 있는 한 프랑스 소녀가 내게 "북유럽 사람들이 연애를 하면 열정적이지는 않지만 좀처럼 변하지 않죠. 이탈리아 남성이 부르는 아름다운 영탄조의 노래는 정말 낭만적이에요. 그런데 다음 날 갑자기 사라져버리기도 해요. 설사 찾아내더라도 그는 제가 누구인지도 잊은 지 오래죠" 하고 말했다.

우리의 사유 패턴은 정말 날씨의 영향을 받는 것 같다. 날씨가 몹시 추울 때면 머리가 특별히 맑아지고, 더울 때면 정신이 혼미해진다. 나는 보통 7월과 8월에는 타이완을 떠난다. 이 계절에는 타이완에서 일을 하기 어렵다. 타이완의 더위는 피부에 흐르는 땀과 공기 중의 습도가 어우러져 숨이 턱턱 막히는 듯하다. 태양빛이 눈을 자극할 때면 나는 머릿속이 혼탁하고 혼미한 변화가 시작되는 것을 느낀다.

고난은 삶의 욕망을 불러일으킨다

타이완 중남부에 사는 사람들과 타이완 북부 지방에 사는 사람들은 정말 다르다. 나는 타이완 남부 사람들의 성격을 정말 좋아한다. 이들처럼 화끈하고 시원시원하고 의리 있는 성격을 우리는 '쏭sóng' 이라고 한다. 이는 감각적이고 직접적인 의미를 담고 있는 어휘이지만 꼭 나쁜 것만은 아니다. 창의적인 일을 하는 데 있어 이 표현을 사용한다면 이는 강력한 힘을 뜻한다.

타이완의 남부와 북부는 성격이 참 다르다. 이런 점은 선거를 할 때 특히 두드러진다. 북부 사람들은 선거를 냉정한 시선으로 바라본다. 개인적인 견해를 함부로 밝히지 않기 때문에 투표 당일이 되어야 그가 누구에게 투표할 것인지 알 수 있다. 그러나 가오슝의 류허六合 야시장에서는 어디든 앉아서 한두 마디만 이야기를 나눠도 이 사람이 누구에게 표를 던질 것인지 금세 알 수 있다. 상대방이 이를 숨기지 않기 때문이다.

모든 성격에는 양면성이 있다. 사유의 측면에서 볼 때 우리는 '누가 좋고 누가 나쁘고' 같은 종류의 절대적인 판단을 이야기하기보다는 어떻게 균형을 맞출 것인가를 사고해야 한다.

북유럽 사람들은 이성적인 사고를 하기로 유명하지만, 전 세계에서 자살률이 가장 높다. 나는 덴마크 친구에게 "덴마크는 사회복지가 그렇게 잘 되어 있는데 왜 그렇게 많은 사람이 자살을 하는 거야?" 하고 물어보았다. 그는 "너무 잘 되어 있기 때문이지. 사람들은 말이야, 어려움이 없으면 삶에 대한 욕망이 생기지 않아" 하고 대답했다.

인생에서 이렇게 괴상망측한 경우도 있다. 어려운 상황은 인간의 생존을 보장한다, 마치 폭력처럼. 폭력이 좋은 것인지 그렇지 않은 것인지 설문조사하면 99.9퍼센트의 사람이 나쁜 것이라고 답할 것이다. 그렇다고 0.1퍼센트의 의견이 중요하지 않은 것은 아니다.

폭력에 항거하기는 정말 어렵다. 폭력이 완전히 사라진 문화는 결국 문화의 원시성을 잃게 된다. 여기서 말하는 원시성은 '야만'이 아니라 원시 생명력과 충돌하는 역량을 가리킨다.

타이완 남부 지방에서 지통乩童. 일종의 영매로 도교의식 중 신이나 귀신과 인간 사이의 매개체를 말한다.을 본 적 있는가? 묘회廟會. 풍속과 종교활동이 함께 어우러진 중국의 전통 명절 행사에서 왕찬王船 *을 불사를 때 망치로 등에 예리한 못을 박으면, 지통의 등에서 붉은 피가 줄줄 흘렀다. 그러면 뒤에 있는 사람이 곡주를 입에 머금었다가 그의 등에 뿌리는데, 이때 지통은 거의 환각 상태에 빠져든다. 란양蘭陽 평원에 가서 '창구搶孤'를 보면, 이 행사에 참여한 사람들이 맨발로 쇠기름이 칠해진 빨간 기둥을 올라가는 모습을 볼 수 있다. 자칫 잘못하면 기둥에서

---

* 타이완 서남쪽 연해에서 행하는 가장 유명하고 중요한 묘회 활동 중 하나. 왕찬은 종이로 만든 배로, 여기에 역귀를 실어 바다로 떠나보내 다시는 돌아오지 못하게 한다는 의미가 담겨 있다. 오늘날에는 그 지방의 안녕과 복을 기원하는 활동으로서 더욱 큰 의미를 갖는다.

떨어져 부상을 입기 일쑤다. 이는 타이완의 하부 문화로, 나는 이 행사를 볼 때마다 전율을 느낀다. 이 행사를 두 글자로 표현하면 바로 '폭력'이라고 정의할 수 있다.

초기 이민 문화에서 이런 종류의 의식은 젊은이들의 삶이 활력 넘치는지 시험하기 위해 사용됐다. 이 시험을 통과한 젊은이는 곧 영웅이 됐다. 그는 가장 큰 고통과 위험 그리고 가장 큰 고난을 감당할 수 있는 영웅의 자질을 갖췄음이 증명된 것이기 때문이다. 세계 각 지역의 소수민족이 여전히 성년식을 치르는 것에서 그 흔적을 찾아볼 수 있다.

아프리카 어느 부족은 성년식을 거행할 때 칼로 몸에 한 줄 한 줄 그어서 상처를 낸다. 그리고 상처 난 부위에 약물을 넣으면 상처가 볼록하게 올라오는데, 이는 이 부족에게 아름다움의 상징이다. 예술사에서 이는 아주 중요한 연구 주제다. 이러한 흉터는 그가 '용사'임을 나타낸다. 100여 군데 넘게 얼굴과 몸에 이런 흉터가 있는 사람도 있다. 이들 부족은 남녀 모두에게 이런 흉터가 있다. 이 흉터를 바라보는 우리는 추하다거나 상처를 입었을 때 무척 아팠을 거라는 생각을 하게 된다. 그러나 이들에게 이 상처는 일종의 도전이며, 그 흉터는 아름다움 자체다. 척박한 환경 속에서 살아가면서 야수와 사투를 벌여 남은 흉터는 우리에게 두려움이 없음을 상징한다.

이 역시 폭력이다. 생명력과 폭력의 관계는 매우 미묘하다.

경기장에서 충돌하는 젊은이, 오토바이를 타고 도로를 질주하는 것 모두 폭력이다. 우리는 어떻게 밸런스를 맞춰야 할 것인가?

타자에 대한 이해에서 사유는 시작된다

한동안 타이완에서는 오토바이 폭주 문화가 성행했다. 성행이란 말은 매체에서 특별히 많이 보도되고 다루었다는 의미이지 매체가 적게 보도를 한다고 해서 그 사건이 존재하지 않는다는 의미는 아니다. 1980년대 타이베이 다두루는 폭주족의 성지였다. 매일 밤 대규모의 경찰력을 투입해도 그곳을 지켜낼 수 없었다. 폭주족은 경찰의 출동에도 아랑곳하지 않았다. 나는 수업 시간에 학생들에게 휴강하고 다두루에 가서 폭주족을 조사해보자고 제안했다. 학생들은 휴강이라는 말에 신이 나서는 나를 따라 다두루로 향했다. 나는 학생들에게 각자 폭주족을 한 사람씩 만나 인터뷰하고 그 내용을 보고서로 제출하라고 했다. 인터뷰할 내용은 "왜 다두루에서 스피드를 즐기는가, 스피드를 통해 추구하는 바가 무엇인가"였다.

인터뷰 후 학생들은 자신과 폭주족을 비교한 흥미진진한 결과를 보고서로 작성했다. 폭주족과 학생들은 우선 배경부터 확연히 달랐다. 폭주족은 대부분 학교를 다니지 않았고, 이들 중 대다수는 중학교 때 문제아 반에 속했다. 인간은 어떤 한 면을 포기하면 또 다른 방법으로 자신을 증명하려고 한다. 학생들이 공부를 하고 시험을 볼 때 폭주족은 중학교를 졸업한 후 바로 어둠의 아이들이 됐다. 학생들이 부모에게 돈을 타서 학비를 납부할 때, 이들은 스스로 자신의 생계를 책임지거나 혹은 몇 달 동안 월급을 모아 오토바이를 사서 소유한 물건을 통해 자신의 가치를 증명해보였다.

이들은 자신이 산 오토바이를 타고 가속 페달을 밟을 때, 자신의 존재 가치를 느꼈다. 죽음 따위는 개의치 않았다. 인터뷰하는 도중에 정말 아주 위험한 상황이 발생해 우리가 이들에게 "위험해!"라고 외쳐도 이들은 그저 웃기만 할 뿐이었다. 앞에서 오토바이를 타고 달리던 사람이 오토바이에서 떨어져 죽어도 뒤따라오는 사람들은 계속 앞을 향해 질주했다.

이 과제는 학생들에게 큰 영향을 미쳤다. 인터뷰를 통해 학생들은 이 같은 사회현상에 대해 깊이 사고할 수 있게 됐다. 뿐만 아니라 폭주족을 보면서 "폭주족은 모두 나쁜 애들이야"라고 속단하지도 않게 됐다. 부모된 입장에서 대부분의 어른이 폭주족을 불량 청소년이라고 단정 짓겠지만, 이런 논조와 표현은 전체 사건에 대해 반성할 수 없도록 만든다.

차를 타고 가다가 폭주족을 봤을 때 엄마에게 "너는 저 아이들처럼 하면 안 돼"라는 말을 듣는다면, 이 아이들은 이 문제를 깊이 생각해보지 않을 것이다. 그런데 아이가 차에서 내려 폭주족과 이야기를 나눈다면 곧 사유가 시작될 것이다. 내 말은 폭주족 아이들도 더욱 좋은 교육과 교양으로 가르침을 받을 기회가 있어야 하고, 차에 앉아 있는 아이 역시 폭주가 갖는 생명력을 조금이나마 느낄 기회가 있어야 한다는 뜻이다. 양 극단으로 치달은 두 가지 상황에서 중간을 향해 갈수록 사유가 발생할 가능성이 더욱 커지기 때문이다.

양 극단에서 가운데로 가까워질수록 헤겔의 '정반합'과 같아진다. 정과 반은 양 극단으로, 한쪽에서 가장 오른쪽에 있는 견해를 제시하면 다른 한쪽에서는 가장 왼쪽에 있는 견해를 제시하고, 마지막에 양자가 서로 합이 되도록 하는 과정이다. 정반합은 일종의 변증법으로 그리스 논리학에서 진화되어 나왔으며, 우리 교육에서 가장 결핍된 훈련이기도 하다. 현재의 교육은 시험으로 모든 것을 평가하는데, 시험 문제에서 ○× 문제나 선택형 문제가 많아질수록 학생들은 깊이 생각할 필요가 없어진다. 이런 교육 시스템 아래서 교육 받는다면 당장 결론을 내지 않으면 참을 수 없게 된다. 모든 시험은 즉시 결론을 내야 한다. 그러나 이 결론 자체는 그 어떤 의미도, 사변의 과정도 없다.

사고와 변별의 과정이란 무엇인가? 바로 주도면밀하게 사고하기 전까지는 결론을 내리지 않는 것이다. 다각도로 검토하고 이를 바탕으로 추론하는 과정에서 우리는 자신의 생각과 견해를 정리해낼 수 있다.

재빨리 결론을 내리는 유교에 비해 장자는 비교적 더 많은 사변의 가능성을 제공한다. 장자는 놀기 좋아하는 사람이었다. 놀기 좋아하는 사람은 사변 능력이 강하다. 현재 서양의 교육은 놀이를 통한 학습을 강조하는데, 놀이 자체가 곧 사변이기 때문이다. 쥐렌환九連環 * 같은 놀이는 일단 시작하면 몰입할 수밖에 없다. 이 놀이의 가장 큰 즐거움은 놀이에서 주어진 미션을 완성하는 것이 아니라 이 미션을 완성하기 위해 어떻게 사고하는가 하는, 즉 놀이를 하는 전체 과정이다. 이와 같이 아이들이 놀이하는 과정에서 사변 능력을 배양하는 교육 방식이 우리에게는 부족하다. 아이들에게 결론을 내려주는 방식이 반드시 나쁘다고는 할 수 없지만, 성급한 결론을 내려주면 이 결론은 의미를 잃어버리기 쉽다.

사유의 고독은 단절에서 비롯된다

다시 폭력 문제로 되돌아가보자. 만약 우리가 내린 결론이 오직 하나, '폭력은 나쁜 것'이라면 똑같은 살인, 즉 걸프 전쟁의 영웅을 워싱턴에서 폭도로 변하게 만든 살인은 어떻게 해석해야 할 것인가? 난징 대학살이 벌어졌을 때, 중국인을 도살한 일본인

• 유객주(留客珠)나 유객환(留客環)과 비슷한 중국의 놀이기구로, 한쪽 끈의 고리에 달린 구슬을 다른 쪽 끈의 고리로 옮기는 일종의 두뇌 개발용 놀이기구

은 자국으로 돌아가 천황에게 훈장을 받고 영웅으로 추대됐을 것이다. 무엇을 합법적인 폭력이라 하고, 무엇을 비합법적인 폭력이라고 해야 하는가? 좀 더 면밀하게 살펴보면 폭력이라는 문제는 그렇게 쉽게 단정 지을 수 없는 것임을 알게 된다.

문화가 서로 다를 경우 '폭력'에 대한 해석 역시 다를 수 있다. 앞에서 언급한 아프리카의 성년식에서 부모는 자녀의 얼굴이나 몸에 칼로 상처를 낸다. 타이완의 타이야泰雅 부족이 얼굴에 글자를 새겨 넣는 칭몐黥面 문화도 마찬가지다. 칭黥은 중국 고대 형벌로, 여기에 내포된 폄하의 뜻을 피하기 위해 얼굴에 문신한다는 의미의 원몐紋面을 사용하는 사람도 있다. 젊은이들 사이에 유행하는 타투도 신체에 대한 폭력으로 간주한다면 보통은 이를 이해하기 어려울 것이다. 그러나 타투를 하는 사람에게 이는 원시의 기억을 불러일으키는 행동에 불과하다.

어렸을 적 아버지와 함께 온천하러 가서 문신을 한 사람들을 본 적이 있다. 아버지는 나지막하게 "저 사람은 조폭, 깡패…"라고 말씀하시고는 더는 이야기를 못 하셨다. 지금은 예전과 다르다. 유럽이나 미국의 훌륭한 가정 출신 아이들도 문신을 한다. 중국의 옛 문헌에도 단발과 문신에 대한 기록이 있다. 고도의 문명 사회로 진입한 후 어떤 사람들은 자발적으로 단발과 문신을 갈망하고 있다.

인터넷 사이트에서 한 젊은이가 익명으로 올린 글을 읽은 적이 있다. 이 젊은이는 엄마가 볼 수 없는 곳에 피어싱을 했다고 적었다. 그는 세 군데 피어싱을 했는데, 그 세 군데가 어디인지 안다면 여러분도 나처럼 깜짝 놀랄 것이다. 바로 유두와 배꼽, 그리고 생식기다. 내가 유럽에서 보았던, 특히 영국에서 가장 많이 봤는데, 피어싱을 하는 사람들이 가장 선호하는 몸의 부위는 귀, 코 그리고 입술 부위였다. 영국 펑크족 중에는 온몸에 피어싱을 한 사람도 있다. 그러나 이 젊은이가 이야기한 세 군데, 즉 '엄마가 볼 수 없는 곳'은 다른 사람들도 볼 수 없는 곳이다. 그렇다면 그가 피어싱을 한 의미는 무엇일까?

피어싱은 타투보다 자신의 몸에 폭력을 가한 기억을 훨씬 더 강하게 만든다. 분명 고통스러운데도 인류는 왜 이렇게 오랫동안 이런 행위를 하고 있을까? 단지 아프리카의 부족민, 호주의 원주민뿐만 아니라 가장 문명화돼 있다는 뉴욕, 런던, 파리 그리고 가장 훌륭한 가문, 가장 교양을 갖춘 가정, 가장 문명화된 젊은이들도 피어싱을 하고 있는데 그 의미는 과연 무엇일까? 미학, 인간행동학^{Praxeology}의 측면에서 이를 폭력의 문제로 본다면 섣부르게 판단하고 결론을 내릴 수 없다.

부모나 스승 그리고 어른이 아이들에게 폭주족이 되라거나, 타투를 하라거나, 피어싱을 하라고 독려하는 경우는 거의 없다. 따라서 우리는 사유할 방법이 없다. 그 이유의 한 부분은 우리가 집단과 집단 사이의 격차를 뛰어넘기 어렵기 때문이다. 집단 간의 격차가 꼭 세대 차이를 뜻하는 것은 아니다. 같은 연령의 서로 다른 분야에 종사하는 사람들 사이에도 서로에 대한 거리감 때문에 이해에 어려움을 겪는 일이 비일비재하다. 분야와 분야 사이의 소통 불가능은 사회가 사고와 분별을 할 수 없도록 만든다. 왜냐하면 사유의 출발점은 모두가 하나의 사물에 공감해야 하기 때문이다. 바라보는 시각이 달라도 동일한 것에 초점을 두고 의견을 내놓아야지, 서로 엉뚱한 이야기를 해서는 안 된다.

예를 들어 내 또래 사람들은 일을 하든 생활하는 데 있어서든 인터넷에 접속할 필요가 그리 많지 않다. 그러나 인터넷에 접속하지 않았으면 나는 인터넷상에 게재된 젊은이들의 글을 볼 수 없었을 것이다. 과거에는 전혀 몰랐던 새로운 정보를 알게 되면서 나는 또 다른 분야로 도약할 수 있었다. 만약 내가 인터넷에 접속하지 않았다면 학생들 중 또 누군가가 엄마가 볼 수 없는 곳에 피어싱을 했는지, 문신을 했는지 알 수 없었을 것이다. 그들은 내게 속내를 털어놓지 않았을 것이다. 나는 선생이기 때문에, 학생들에게 '웬만한 건 다 반대하는 사람'으로 규정됐기 때문에 학생들이 나를 찾아와 토론하려고 들지 않을 것이다. 이런 상태가 계속 유지된다면 나는 이들과 타투라는 일에 대해 생각을 나눌 수 없을 것이다.

타이완에서는 이러한 현상이 보편화되어 있다. 배역이 정해져 있기 때문에 토론의 공간을 잃어버렸다. 나는 이것이 세대 차이의 문제만은 아니라고 생각한다. 우리가 사유 과정을 중시하지 않고 쉽고 빠르게 결론을 내리기 때문에 이런 현상이 빚어지는 것이다. 이렇듯 단절된 격차는 사유의 고독을 조성하는 주요한 원인이 된다.

의심하고, 살펴보고, 생각하라

철학은 사유를 검사하고 살피지만, 정작 철학을 공부한 사람은 철학에 사유가 있다고 말하지 않는다. 만약 철학을 제대로 공부할 기회가 주어진다면 나는 중국 철학, 인도 철학, 기독교 철학, 서양 철학 등등을 공부할 것이다. 그러나 이는 독서나 공부일 뿐, 진정한 철학이라고 말할 수는 없다.

여러분은 장자가 장자 이전의 수많은 철학자의 책을 읽었다고 생각하는가? 아마도 아닐 것이다. 장자는 진흙 속을 기어 다니는 거북이를 보며 지금이 더 행복할까, 아니면 이 거북이를 잡아 죽인 후 황금으로 만든 상자에 넣어 황궁에 진열해놓으면 이 거북이가 더 행복할까 고민했다. 이것이야말로 철학이다.

철학은 우리가 마주하는 현상에 대해 사고하는 것을 말한다. 장자의 우언을 많이 읽었다고 한들 우리 앞에 놓여 있는 현상을 분석할 수는 없다. 이것은 철학이 아닌 독서일 뿐이다. 그리스어의 '필로소피^{philosophy}'는 '철학은 지혜를 사랑한다'라는 뜻이다. 철학은 지혜와 사변을 열렬히 사랑한다. 단순히 다른 사람이 했던 이야기를 읽거나, 단순히 타인들의 생각을 계승하거나 모방하는 것을 철학이라고 부를 수는 없다. 왜냐하면 철학의 출발점은 의심이기 때문이다.

공자는 "스스로 하고 싶지 않은 바를 다른 사람에게 시키지 마라"고 이야기했다. 이 말이 과연 옳은 말일까? 공자가 한 이 말의 앞뒤를, 겉과 속을 모두 살펴보고 생각해보고 나서, 마지막에 공자의 말이 옳았다고 동의한다면 이때는 사변의 과정을 거쳤다고 볼 수 있다. 이러한 사고와 분별의 과정 없이 그냥 그의 말을 따른다면 이것은 철학이라고 부를 수도 없고, 사유라고 부를 수도 없다.

매일같이 뉴스에 보도되는 수많은 사건이 우리의 사유 능력에 도전장을 내민다. 뉴스에서 모 경찰서장이 누군가와 입을 맞춘 것으로 의심받고 있다는 보도를 접하면 우리는 이 사건을 놓고 사유하기 시작하는가, 아니면 매체가 보도한 바를 곧이곧대로 믿는가. 만약 미디어가 우리에게 그가 그렇게 했을 것이라고 당연히 받아들이게 만든다면 이는 엄연한 폭력이다. 만약 우리 모두가 이를 '당연한 것으로' 느낀다면 이것이 바로 폭력이다. 이 폭력은 사고의 과정이 결여된 폭력이다. 사건의 진상이 '사실무근'으로 밝혀진다면 모두가 깜짝 놀라 감히 입 밖으로 말도 못 꺼내고 오직 마음속으로 '나는 왜 그때 그 사람이 분명 그런 일을 저질렀을 것이라고 철석같이 믿었을까?' 하고 생각할 것이다.

우리는 아주 쉽게 미디어에 코가 꿰인다. 우리의 판단력과 사고력이 갈수록 약해지고 있기 때문이다. 심지어 우리는 "다른 사람들이 모두 그렇다고 하니 난들 어쩌겠어? 나도 그렇게 얘기했지 뭐. 그런데 아무래도 내 생각이 짧았어"라고 얘기한다.

파리 유학 시절 문화혁명을 몸소 겪은 친구가 있었는데, 그는 문화혁명에 대해 이렇게 말했다.

"문화혁명 때, 사실 그렇게 힘들지 않았어. 누군가 나서서 이것이 어떻고, 저것이 어떻고 하고 이야기하면 절대로 먼저 움직여선 안 돼. 먼저 관찰하고 난 다음 절반 이상의 사람이 이렇게 이야기를 하면 거기 동조하면 돼. 말하자면 절대로 뒷북치는 몇 명이나 앞에서 선도하는 몇 명 안에 끼지 않아야 해. 여기에 끼면 운수 사납게 되거든. 줄을 잘못 서는 것도 안 되지."

이 이야기를 듣고 나는 중국과 타이완에 한 가지 공통점이 있다면 바로 사변을 발전시킬 능력이 없다는 점이라는 것을 깨달았다.

사유하는 자는 고독하다

99.9퍼센트의 사람이 폭력이 나쁜 것이라고 말할 때, 나머지 0.1퍼센트의 사람이 "폭력이란…" 이렇게 말머리를 꺼낸다. 그러

면 모두들 그에게 "당신은 사람 아니야? 어떻게 폭력에 찬성할 수 있어?" 하고 욕하기 시작한다. 이 0.1퍼센트의 사람은 찬성이나 반대를 선택했다기보다는 자신의 생각을 이야기하려던 것일 뿐이다.

나는 사유의 고독이 이 책에서 논한 여섯 가지 고독 중 가장 큰 고독이라고 생각한다. 생각하지 않는 사회에서 생각하는 한 사람으로 살아가야 하는 그의 마음과 영혼은 가장 적막하고, 가장 고독할 것이다. 생각하는 사람은 반드시 먼저 고독을 참아내야 한다. 그가 하는 이야기를 아마도 다른 사람은 이해할 수도 없고, 수용할 수도 없으며, 심지어 비난할 수도 있기 때문이다. 고독한 사람으로서 자신의 사유하는 습관을 끝까지 고집스럽게 지켜낼 수 있는가? 이는 아주 어려운 시험이다.

장자와 혜시의 토론, 즉 "그대가 물고기가 아니니 어찌 물고기의 즐거움을 알겠는가"라는 이야기에서 두 사람의 대화는 사변의 과정이다. 만약 우리가 물고기를 보면서 곁에 있는 사람에게 "물고기가 아주 즐거워하는군"이라고 말한다면 우리 곁에 있는 그 사람은 절대로 "그대가 물고기가 아닌데 어찌 물고기의 즐거움을 알겠는가"라고 대답하진 않을 것이다. 입장을 바꿔서 만약 친구가 "물고기가 아주 즐거워하는군"이라고 말한다면 우리는 '이 친구가 오늘 왜 이러지?' 라고 생각할 수도 있다. 이런 대화가 점점 적어진다는 사실은 우리 사회에서 철학과 사변이 갈 수록 적어지고 있음을 의미한다.

우리가 모두 똑같은 이야기를 한다면, 텔레비전에서 계속 똑같은 내용을 반복해서 보도한다면, 우리는 사유할 수 없을 것이다. 대립은 사고와 변별을 만들어낸다. 타이완 사회에는 대립은 있지만 사변은 도출되지 않는다. 우리의 대립은 단순히 상대방을 패배시키려는 것이다. 이렇게 하면 한 가지 결론을 얻을 수 있는데 바로 쌍방 모두 손해를 입는다는 것이다.

계엄 해제 이전을 우리가 사고를 할 수 없었던 시대라고 하자, 친구들은 계엄 해제 이전에는 최소한 질서가 있었다고 말한다. 그러나 나는 이 말에 동의하지 않는다. 왜냐하면 명령에 따라 취한 동작을 질서라고 말할 수는 없기 때문이다. 질서는 당연히 개개인 모두 각자 의견이 있어야 하지만 서로 존중도 해야 한다. 음악의 개념에서 출발한 '하모니어스harmonious', 화목과 조화는 서로 다른 목소리를 융합해 가장 아름다운 '하모니harmony', 즉 화음을 만들어내는 것으로 단순하게 소리를 의미하는 게 아니다.

오직 하나의 목소리만 존재하는 사회는 문제 있는 사회다. 문화혁명 당시 중국 사회는 목소리가 하나로 통일돼 있었다. 마오쩌둥이 무어라 이야기하면 그 밑에 있는 사람들은 일제히 하나의 목소리를 냈지만, 그 누구도 이를 질서라 하지도 않고 조화라 부르지도 않는다.

나는 계엄 해제 후 하나의 목소리가 다양한 목소리로 변하는 타이완을 기대했다. 그러나 안타깝게도 지금까지 내 바람은 이루어지지 않고 있다. 오직 대립만 있고 사변이 없다는 의미는 모두 자신의 목소리를 유일한 목소리로 만들고 싶어 한다는 뜻이다. 이는 매우 위험한 일이다.

오직 하나의 목소리만 존재한다는 것은 100퍼센트 좋은 일이 아니다. 어떤 목소리든 모두 다 존재 가치가 있으며, 존재 이유가 있다. 그러나 그 어떤 목소리도 반드시 대치되는 목소리가 있어야만 상호작용을 일으키게 되고, 상호작용을 일으켜야만 비로소 바람직한 현상으로 간주된다.

사유는 학교에만 존재하는 공허한 이론이 되어서는 안 된다. 그런데 한 가지 사건을 두고 도시 생활자와 시골 생활자는 서로 다른 각도에서 바라보고 사고한다.

1970년대 내가 막 타이완으로 돌아왔을 때, 펑페이페이鳳飛飛에 관한 글을 한 편 쓴 적이 있다. 요즘 젊은이들은 잘 모르는 1970년대에 유명했던 이 '모자 쓴 여자 가수 왕'은 별명처럼 방송에 출현할 때마다 모자를 썼다. 이런 모습은 여느 가수들의 이미지와 무척 달랐다. 기억을 더듬어보면 당시는 타이완이 농업 경제에서 가공무역경제로 서서히 전환되던 시기로, 난쯔男梓 등 가공무역공단이 들어선 농촌 지역의 수많은 처녀가 모두 팔을 걷어붙이고 공장 여공으로 나섰다. 당시 펑페이페이는 매우 친근한 이미지로 다가왔다. 그녀의 모자는 '변화'라는 기호의 상징이었다.

우리는 유행하는 문화는 철학이 아니라고 여긴다. 철학도 유행에 괘념치 않는다. 그러나 유행 속에는 최대의 사고 가능성이 담겨 있다. 펑페이페이도 일종의 유행이었고, 덩리쥔도 일종의 유행이었다. 군대의 노병들은 덩리쥔을 좋아했다. 그녀는 여성의 부드러운 이미지를 상징했다. 그녀의 목소리는 평생 처량한 떠돌이 신세였던 노병들을 위로해주었다. 그런데 왜 펑페이페이의 목소리가 아니라 덩리쥔의 목소리였을까? 이것이 바로 기호의 차이다. 덩리쥔은 대륙에서도 인기가 높았는데, 그 까닭은 문화혁명 후 대륙 사람들과 타이완 노병의 경험이 비슷했기 때문이다. 오랫동안 방황과 유랑을 경험한 이들에게는 부드러운 여성의 목소리가 주는 위로가 필요했다.

당시 유행을 분석해보면 무척이나 재미있다. 그러나 꽃보다 남자, 남성 아이돌 F4가 왜 인기몰이를 하고 있는지 분석할 때 나는 좀 당혹스러웠다. 분석하기가 쉽지 않았지만 난 포기하지 않았다. 나는 왜 F4 아이돌의 얼굴이 대세가 됐는지 정말 궁금했다. 아름다움을 탐구하고 논하는 나에게 파리 루브르박물관의 〈모나리자의 미소〉가 얼마나 아름다운가 논하라는 것은 아주 간단한 문제다. 왜냐하면 모두가 이 작품이 아름답다고 말하기 때문이다. 그런데 왜 모두가 이 아이돌을 숭배하는 걸까? F4는 왜 이 시점에 인기몰이를 하고 있는 걸까? 작금의 세태가 바로 열심히 연구해야 할 출발점이다.

최근 버스를 타다 보면 손에 휴대전화를 들고 있는 저우제룬周杰倫의 광고 포스터를 거의 매일 보게 된다. 저우제룬의 얼굴을 스케치해서 열심히 연구하고 싶을 정도다. 왜 이 얼굴이 유행하게 됐을까? 저우제룬은 요즘 대세인 조각 미남도 아니고 그렇다고 과거에 인기를 끌던 그런 호남형 얼굴도 아니다. 저우제룬은 내게 있어서 풀어야 할 숙제다. 나는 이 숙제를 마쳐야 한다. 그렇지 않으면 그의 팬들과 소통할 수 없기 때문이다. 아마도 대부분의 학생이 그의 팬일 것이다.

저우제룬을 연구한 끝에 난 타협하는 방법을 배웠다. 밥을 먹을 때 "저우제룬은 잘생겼어!"라고 학생들의 비위를 은근슬쩍 맞추는 것이다. 타협할 수 없을 때면 나는 학생들에게 내 청춘 시절의 우상인 제임스 딘에 관해 이야기한다. 머리를 깔끔하게 빗어넘기고 가죽 재킷의 깃을 세운 그는 다른 사람들이 그에게 수없이 잘못을 저질러도 언제나 시니컬하다. 얼음 덩어리 위에서 하룻밤 자고 일어나 그 위에 생긴 사람 모양의 자국을 보고 그저 "멋지군!" 하고 무덤덤하게 말한다. 〈에덴의 동쪽〉, 〈이유 없는 반항〉 같은 영화는 그 시절 우리 젊은 세대들의 반항을 나타내는 기호였다. 시대마다 새로운 기호가 출현한다. 이는 같을 수도 있고 완전히 다를 수도 있지만, 새로운 기호에 대한 관심이 바로 사유의 출발점이다.

도시의 예술가는 사회 속에 존재하는 하나의 현상이자 일종의 사유다. 예술가는 서로 다른 사회 속에서 심미에 대한 가치를 창조해낸다. 사유를 살펴보는 것은 정말 재미있다. 심미를 경시하지 마라. 심미는 일종의 이데올로기이자, 진정한 이데올로기이다. 이런 이데올로기는 심미를 통해 그가 인식하는 가치를 선별해낸다. 당나라의 미인도와 현대 미녀들의 사진을 함께 놓고 비교해보면 심미의 기준이 다름을 알 수 있다. 당나라 사람들은 왜 뚱뚱한 여인을 아름답다고 느꼈을까? 현대인들은 왜 마른 몸매가 아름답다고 느낄까? 그 이면에는 분명 원인이 있을 것이다.

그런가 하면 '병적인 아름다움'이 유행한 시대도 있었다. 최소한 600년 이상 중국 여인들은 자신의 발을 동여맸는데, 이로 인해 뼈의 형태가 변형됐다. 이는 신체에 치명적인 손상을 입히는 무시무시한 폭력이다. 지금 우리는 스모키 화장이 예쁘다고 느낀다. 이상은李商隱이 살던 당나라 때는 '팔자궁미봉액황八字宮眉捧額黄'이라는 화장 방법이 유행했다. '팔자궁미봉액황'은 눈썹을 아래쪽으로 그려 팔자 눈썹으로 만들고 거위 배처럼 연한 노란색을 이마 전체에 바르는 화장술이다. 지금 우리가 이런 화장을 한다면 모두들 놀라 까무러칠 일이지만 당시에는 가장 유행하는 화장법이었다.

아름다움은 시대에 따라 다르고, 이데올로기에 따라 다르다. 아름다움은 부단히, 끊임없이, 줄기차게 변한다. 따라서 심미에 대해 사고하고 변별할 때는 맨 먼저 '선입견'을 내려놓아야 한다. 선입견이란 바로 우리가 원래 보유하고 있던 심미의 기준이다.

여기서 주의해야 할 것은 선입견에는 우리가 이미 알고 있는 지식이 포함된다는 점이다. 아울러 우리의 지식은 바로 사유에 방해가 된다. 왜냐하면 지식 자체는 이미 만들어진 관념이기 때문에 이것이 사유 과정에 개입되면 바로 '선입견'으로 변하기 때문이다. 선입견이 있다는 의미는 우리가 뭔가를 검증하기도 전에 이미 입장 정리를 했다는 뜻이며, 이미 결론을 내렸다는 뜻이기도 하다. 또한 덩달아 우리의 사유 작용도 멈췄다는 뜻이다. 텔레비전을 켜고 우리가 얼마나 많은 선입견을 가지고 있는지 살펴보는 것도 괜찮은 방법이다.

사실 대부분의 사람은 사물에 대해 이미 고정된 선입견이 있다. 내가 말하려는 바는 우리는 99.9퍼센트와 다른 역할을 해야 한다는 뜻이다. 0.1퍼센트의 역할을 고수하는 것은 정말로 어렵다. 0.1퍼센트를 고집한다면 풍속을 어지럽히는 사람으로 낙인찍힐 수도 있고, 다른 이들의 주목을 끌 수도 있고, 화살의 표적이 될 수도 있다. 사고하는 사람은 이러한 고독을 기꺼이 감당해야 한다.

고독은 사유의 시작이다

이 책에서 나는 줄곧 한 가지, 바로 우리 사회에는 군중 속에서 걸어나온 고독자가 필요하다고 강조했다. 고독자는 사고할 줄 아는 사람이기에 그는 군중 속에서 걸어 나오며 고개를 돌려 군중의 상태를 바라본다. 만약 그가 계속 군중 속에 묻혀 있다면 그는 자각할 수 없을 것이다. 나도 마찬가지다. 내가 군중 속에 갇혀 있다면 나는 근본적으로 사고 능력을 박탈당할 것이다. 고독은 사고의 시작이다. 그런데 우리는 왜 자신을 고독하게 가만히 내버려두지 않는 걸까? 문화혁명을 겪어낸 대륙의 친구들이 "절대로 앞장 서는 몇몇도 되지 말고, 뒷북치는 맨 마지막 주자 몇몇도 되지 마라"라고 했던 이야기처럼, 군중 속에 묻혀 있으면 우리는 매우 안전하다고 느낀다. 대다수의 사람과 마찬가지로 눈에 띄지 않기 때문이다.

생각하는 사람은 고독하다. 정말, 정말, 정말 고독하다. 장자는 너무 고독해서 천지의 정신과 교제했다. 그는 사람들과 교제하지 않았다. 그는 인간 군상에서 걸어 나와 뒤돌아서서 그들의 모습을 바라보았다. 그래서 그는 진흙 속을 기어 다니는 거북이가 더 행복할까, 아니면 죽어서 황금 상자에 모셔놓은 거북이가 더 행복할까 고민할 수 있었다. 즉 군중 속에서 걸어 나온 사람이 행복할까, 아니면 명예와 재물을 추구하고자, 벼슬아치가 되고자 노력하는 사람이 행복할까? 장자는 조급해하고 불안에 떠는 사람에게 연민을 느꼈다.

장자는 진흙 속을 기어다니는 살아 숨 쉬는 거북이가 되고 싶다고 분명하게 자신의 의사를 표현했다. 그에게 있어 진정한 자아는 살아 숨 쉬는 거북이지, 황금 상자에 담겨 황궁에서 떠받들어지는 거북이가 아니었다. 황금 상자에 담긴 거북이가 고귀하다고 생각할 수도 있지만, 모두에게 추앙받더라도 그 안에 생명이 없다면 자신과는 전혀 관련 없다는 사실을 장자는 알았다. 장자는 우아한 죽음보다는 다른 사람이 보기에 궁색하고 초라하고 비루하기 짝이 없어 진흙 속에서 뒹굴망정 그래도 살아 있기를 원했다. 이런 삶이야말로 진정으로 살아있음을 느낄 수 있는 삶 아니겠는가! 이 우언에 담긴 속뜻은 진정한 철학가라면 마땅히 사고할 줄 알아야 하고, 이 방법을 사람들에게 가르쳐주어 훌륭한 인간 본성을 계승시키고 발양시켜야 한다는 것이다.

그러나 오늘날 우리는 장자처럼 고독하게 사유하는 사람을 찾아볼 수 없을 뿐만 아니라 그가 또 다른 우언에서 이야기한 대로 '크기만 하고 쓸모없는' 사람도 찾아볼 수 없다. 우리는 모두 유용한 사람이 되고 싶어 한다. 나무에 비유하면 우리 자신은 집을 짓거나 배를 만드는 데 쓰이는 재목이 되기를 원한다. 그러나 장자는 겉보기에는 별로 쓸모없어 보이는 것일수록 실제로는 더 유용하게 쓸 수 있고, 언젠가는 더 필요할 수도 있다는 의미의 '무용지용無用之用'을 거론하며 우리에게 쓸모없는 0.1퍼센트를 허용하라고 일깨웠다. 먼저 자신을 되돌아 보자. 나는 사회에 쓸모 있는 사람인가? 만약 내가 사회에서 이용만 당하는 기계 같은 존재라면, 사고 능력이 필요하지 않는 역할을 하게 될 것이다. 그럼 사회에서 '조금밖에 활용 안 되는', 다시 말해 공헌도가 낮을 수밖에 없다.

장자는 오랫동안 독립적으로 사고하는 사람으로서 품위를 유지했다. 그는 사회의 주류 문화에 편승해본 적이 없다. 위진魏晋 시대 그의 사상은 인기몰이를 했지만 그 중요성은 유교에 미치지 못했다. 그는 개인의 해방과 자유, 고독 속에서 자아 각성을 추구했는데, 이 모두는 중요한 사유다.

〈돼지 족발에 관해서〉라는 소설을 쓸 때, 나는 소설의 배경으로 '완전萬鎭'이라는 허구의 지명을 사용했는데 이는 사실 '완롼萬巒'을 가리킨다. 나는 저마다 자기네 가게가 '유일한' 원조이자 정통임을 강조하는 돼지 족발 가게가 죽 늘어서 있는 완롼을 지날 때마다 아주 이상한 느낌을 받았다. 심지어 '유일하게' 국가 원수가 방문했음을 강조한 가게에는 국가 원수와 가게에서 파는 족발을 함께 놓고 찍은 사진도 걸려 있다. 예전에 친구들이 "조심해. 한 집만 빼놓고 대부분의 가게가 가짜거든" 하고 얘기했는데, 도대체 어디가 원조인지, 또 어째서 그 가게가 원조인지는 구체적으로 알려준 적이 없다. 나도 어디가 진짜인지 판단이 서지 않는다. 게다가 요즘에는 사진 합성 기술이 워낙 발달해서 저마다 가게 앞에 걸어놓은 '증거'로는 아무것도 알아낼 수 없다.

왜 하필 족발을 선택했을까? 나는 《왜냐하면 고독하기 때문에》라는 소설에서 혀, 두 발, 손가락에 관한 이야기를 다뤘다. 나는 인간의 몸은 몸의 일부로 여겨지는 수많은 지체로 이루어졌다고 생각한다. 만약 우리가 이 지체들을 독립된 주체라고 생각하지 않으면 어찌 될까?

현대인들이 마주하는 어려움은 바로 우리 몸의 어떤 기관도 모두 교체 가능하다는 사실이다. 이쯤 해서 우리는 "인간이란 도대체 무엇인가?" 하는 문제를 생각해보게 된다. 과거 우리는 인간이기 때문에 인간으로 여겼다. 마치 인간이라고 하면 인간만이 가질 수 있는 그 무엇인가가 있다고 생각해 인간으로 취급했다. 그렇다면 그 '무엇인가'가 과연 무엇일까? 딱 꼬집어 그것이 무엇인지 말할 순 없다. 그러나 우리 몸의 각 기관을 교체할 수 있는 지금, 인간은 수많은 부속품을 조립해 하나의 전체를 완성하는 존재로 변해버렸다. 그렇다면 조립할 수 있는 부품은 도대체 나일까, 내가 아닐까?

〈돼지 족발에 관하여〉는 시민광장에 돼지 족발로 만든 조형물을 세우려는 이야기가 발단이다. 이 조형물을 디자인한 사람은 리췬李君이라는 예술가다. 타이완 사회에서 예술가는 종종 튀는 행동을 하는 사람으로 여겨진다. 예를 들면 모두가 머리를 짧게 자를 때 머리를 치렁치렁하게 기른다거나, 모두가 샤워를 하는데 절대 샤워를 하지 않는다거나 하는 그런 부류의 사람들이다. 우리는 예술가라면 모두 괴벽을 가지고 있거나 사회의 공동 규칙을 준수하지 않는 것으로 인식한다. 우리는 예술가라면 튀는 행동이나 혹은 몸짓으로 그들만의 사유를 표현하기도 한다.

짧게 땋은 머리가 마치 돼지꼬리같이 생긴 예술가 리쥔은 완전이라는 지역이 족발 파는 곳으로 유명하기 때문에 이곳의 공공예술 소재도 돼지 족발이 되어야 마땅하다고 여겼다. 그래서 그는 2,741개의 돼지 족발로 된 조형물의 모형을 제작해서 관청에 보낸다. 관청 회계 담당자는 그에게 족발 1개를 빼자고 제안한다. 그 이유는 2,740개는 짝수여서 계산하기 쉽다는 거였다.

이 소설의 시작 부분에는 돼지 족발 하나 때문에 박이 터져라 싸우는 예술가와 회계 담당자의 재미있고 황당한 이야기가 펼쳐진다. 회계 담당자는 겨우 족발 하나를 빼자는 데 그게 무슨 대수냐고 벅벅 우긴다. 우리 사회에서 0.1퍼센트의 의견을 무시하는 게 무슨 대수겠는가? 예술가는 마치 부모님이 돌아가시기라도 한 것처럼 상심해서는 족발 하나가 자신의 예술작품을 망칠 수 있다고 협박한다. 예술가가 고집하는 것을 종종 다른 분야의 사람들은 이해할 수 없다.

다툼이 벌어지자 리쥔이라는 예술가도 성깔이 만만치 않았다. 그는 상의를 벗어젖히고 족발 모형 앞에서 찍은 사진을 붙인, 피해자임을 자처하는 대자보를 만들어 여기저기 붙였다. 그리고 그는 시장이 나서서 이 일을 해결할 때까지 기다렸다. 한동안 타이완에서는 이처럼 피해자로 자처하는 것이 유행이었다 시장은 기독교인으로, 아주 똑똑한 사람이었다. 그는 이 도시를 구제불능에 타락하고 도덕이 땅에 떨어질 대로 떨어진 곳으로 이해했다. 그렇지만 그는 이 도시의 시장이었으므로 반드시 모두에게 자신감 있고 희망을 줄 수 있는 모습으로 보여야 했다. 그래서 그는 매일 이른 아침 수영을 하며 삶은 이토록 즐거운 것이라고 시민들에게 자신의 삶을 전시했다. 사람들이 그에게 예술가와 회계 담당자 간의 다툼을 어떻게 생각하는지 물었다. 그는 직접적인 대답을 회피한 채 단지 "우리 시가 재능 있는 젊은이를 매장시켜서는 안 되죠"라고 대답했다.

이 이야기가 의미하는 바가 무엇인지 모두가 열심히 추측한 결과, 시장이 예술가를 보호하겠다는 의지를 내비친 것으로 파악하고 족발 조형물이 통과될 것이라는 데 의견이 모아졌다.

타이완 매체들이 보도하는 사건들도 족발 사건과 비슷하지 않은가? 시장이 알 듯 모를 듯한 이야기를 한 후 황당한 결론이 내려지고 이 사건은 눈덩이처럼 점점 커졌다.

결국 완전은 동으로 만든 2,741개의 돼지 족발이 서로 꽉 끌어안고 있는 모양의 조형물을 완성했다. 제막식 당일, 예술가 리췬은 짧게 땋은 머리를 싹둑 자르고 양복을 입었다. 리췬은 시장에게 총애를 받는 마당에 중산층처럼 보이는 차림새를 하는 게 마땅하다고 생각했다.

이 부분은 신문에 보도된 실제 사건에서 영감을 받았다. 내가 소설을 쓰고 있을 무렵, 타이완의 한 화가가 총통을 만났다. 그때 총통이 이렇게 말했다. "예술하는 사람들은 왜 자네처럼 양복을 안 입는 거지? 혹시 양복이 없어서 그러나?" 그리고 총통은 그에게 양복을 한 벌 선물했다. 이 화가는 양복을 선물 받은 후 항상 양복만 입고 다녔다. 신문에서 이 뉴스를 접했을 때 나는 처참했다. 0.1퍼센트의 튀는 행동을 하는 사람이 없어졌으니 말이다.

튀는 행동을 하는데 따르는 어려움이라면 끝까지 버티지 못하고 곧 포기하게 된다는 점이다. 그 까닭은 우리 사회에는 여호와처럼 무형의 거대한 권위가 있지만, 우리는 그가 어디에 있는지 모른다. 만약 우리가 여호와의 은총을 받고 싶다면, 그가 우리 머리를 쓰다듬어줄 때 기분이 좋아진다면, 자연스럽게 우리에게 있는 그와 다른 점을 포기하기 시작한다. 소설 속의 예술가는 물론 '무용지용'을 이해하지 못했기에 결국 포기하고 말았다. 총통이 요구한 배역에 맞게 그가 자신이 맡은 역할을 해낸 시점부터 2,741개의 족발로 구성된 그의 예술작품은 의미를 상실했다.

아무도 이해하지 못하는 고독

우리가 모든 문제를 ○× 문제나 선택형 문제로 만들지 않는

한, 사고와 변별 자체는 결코 어렵지 않다. 사변은 '무無'에서 시작한다. 장자는 이 '무'라는 글자를 애지중지했다. 무에서 유有가 생겨난다. 철학가나 생각하는 사람에게 모든 '유'는 의미가 그리 크지 않지만 '무'는 진정한 의미를 갖고 있다. 노자뿐만 아니라 장자, 두 사람 모두 '유'보다 '무'를 훨씬 소중하게 생각했다. '무'는 만물의 시작이다. 만물은 '무'에서 시작된다. 사유할 때 '무'가 나타내는 것은 바로 우리 자신을 고독하게 미지의 영역을 향해 걸어나가게 한다. 그것은 자리매김도, 이름 짓기도 필요 없는 영역이다. 우리가 있기에 그것의 이름을 부르고, 자리매김을 할 수 있는 것이다. 우리가 진정으로 생각하는 사람이라면 이름 짓기를 마치면 반드시 다시 계속해서 미지의 영역을 향해 걸어가게 될 것이다. 그 까닭은 미지의 영역에는 아직 탐색해야 할 것이 있기 때문이다. 장자는 "삶에는 한계가 있지만 앎에는 한계가 없다 人生也有涯　知也無涯"라고 했다. 인간의 삶과 생명은 유한하지만 지식은 무한하다는 것으로, 우리가 아무리 학문을 해도 학문을 완성할 수는 없으니 부단히 미지의 세계를 향해 항해하라는 뜻이다.

그러나 대부분의 사람은 반쯤 가다가 주저앉아 더 이상 가려 하지 않는다. 오직 진정으로 사유하는 사람만이 고독을 지켜낼 수 있으며, 계속해서 걸어갈 수 있다. 결국 그 고독한 사람은 가장 앞서서 걸어갈 것이다. 그가 도달할 수 있는 영역은 물론 인류의 가장 앞자리다. 사유의 고독은 모름지기 모든 고독 가운데 가장 위대하다.

어느 사회를 막론하고 모두 이와 같다. 가만히 앉아서 한 가지 문제를 사고할 때는 꼭 자아의 고독성을 가지고 있어야 한다. 종교와 철학을 막론하고 사유하는 사람의 고독이 가장 크다. 플라톤은 소크라테스를 절대고독자의 한 사람으로 묘사했다. 그는 민주에 찬성하고, 민주를 고수했다. 그는 민주적인 방식으로 모든 것을 결정했다. 결국 이 민주적인 방식이 그가 독약을 마시고 생을 마감하도록 결정했다. 그의 학생 하나가 그에게 "도망칠 수 있어요. 민주를 받아들이지 마세요. 민주는 잘못된 거예요"라고 말했지만 소크라테스는 독약을 마시기로 결정했다. 그는 역사상 가장 위대한 사유의 고독의 희생양이었다. 민주는 우리가 생각하는 것처럼 꼭 그렇게 이상적이지만은 않다. 소크라테스는 자신의 죽음을 통해 민주를 숭배하는 모든 사람이 민주에 대해 좀더 많이 사고할 수 있도록 여지를 남겨놓았다.

종교철학자 역시 거대한 고독에 깊이 빠져든다. 석가모니는 보리수 아래 앉아 자신만의 명상의 세계로 빠져들었다. 곁에 있던 사람들은 그의 영역으로 진입할 수도, 그 사유에 대해 깨달음을 얻을 수도 없었다. 어떤 일이 벌어졌는지는 오직 석가모니만 알았다.

예술 창작도 이와 같다. 귀머거리가 된 후 베토벤은 소리가 없는 세계에서 작곡을 했다. 모네는 여든 살 때 실명한 후 오직 기억을 더듬어 그림을 그렸다. 가장 고독한 사람이 됐지만 이들은 자신의 존재와 사유를 믿었다. 세상의 그 누구도 이런 고독을 이해할 수 없다.

등산을 하면 이런 고독을 체험할 수 있다. 등산을 하다보면 우리는 곁에 있는 사람과 점점 더 이야기하기 싫어진다. 등산을 하면 숨이 차고 산 위로 올라갈수록 공기가 점점 더 희박해지기 때문에 체력을 잘 유지해야 한다. 등산하는 사람은 서로 비교적 간격을 넓게 두고 산을 오를 뿐, 이야기는 거의 나누지 않는다. 등산을 하면서 우리는 심장박동 소리를 들을 수 있으며, 우리의 호흡 소리를 들을 수 있다. 잠시 걸음을 쉴 때면 조용히 앉아 끊임없이 이어져 있는 산맥이며 넓고 넓은 하늘을 바라본다. 그러면 약간의 자부심을 동반한 고독이 솟아난다. 이처럼 진정 자신의 존재를 의식해본 적이 있는가? 주변의 모든 존재와 직접적인 친밀감을 형성해본 적이 있는가?

《어린왕자》라는 책은 항상, 말하자면 평소에 전혀 들을 수 없는 소리를 들었을 때처럼 미칠 것 같은 환희를 닮은 고독을 이야기한다. 베토벤이 귀머거리가 된 후 들은 소리는 그가 귀머거리가 되기 전에는 전혀 들을 수 없었던 소리였을 것이다. 모네가 실명한 후 보는 색깔은 그가 실명하기 전에는 전혀 볼 수 없었던 색깔이었을 것이다. 우리의 마음과 영혼이 허둥대며 누군가를 찾아 자신의 쓸쓸함을 메우려고 하지 않는다면 우리는 풍만한 희열, 그것도 일종의 미칠 것 같은 희열을 느끼게 될 것이다.

눈으로 보기에는 아무것도 보이지 않는, 기체로 가득한 풍선처럼 우리의 마음과 영혼이 고독으로 인해 부풀어 오르면 우리의 삶은 풍성한 만족으로 가득 채워질 것이다.

선종에 재미있는 이야기가 있다. 한 문하생이 하루 종일 스승에게 "저는 마음이 불안해요. 불안해요"라고 말했다. 그는 수업을 받고 싶은 마음도 없고, 숙제를 하고 싶은 마음도 없었다. 그는 노스승에게 어떻게 해야 할지 물었다. 그러자 스승이 칼 한 자루를 꺼내더니 "마음을 꺼내놓아라. 내가 너 대신 편안하게 해주마"라고 말했다.

마음은 언제나 우리 몸 안에 있다. 마음이 불안해지면 우리는 이 불안함을 몰아내기 위해 자기 밖에 있는 무엇인가를 찾으려고 한다. 그러나 모든 것은 우리 몸 안에 있다. 줄곧 바깥에서 이를 찾으려 하면 숲에 가서 물고기를 찾는 것처럼 우리는 더더욱 당혹감에 빠져들게 된다. 사유와 고독의 관계도 마찬가지다. 고개를 돌려 고독의 원만함을 인식하게 될 때, 사유는 천천히 발전한다.

우리의 도시, 우리의 섬, 우리의 정치와 우리의 매체에 대해서 말하자면, 고독은 너무 어렵기에 귀하다. 우리는 말수가 적은 리더를 원한다. 찰나의 고독한 사유를 조금이라도 노출시킬 수 있는 리더를 원한다. 보리수 아래 앉아 조용히 꽃을 집어 든 석가

모니를 보고 제자 가섭이 그의 의중을 알아차렸듯이 말이다.

'언어의 고독'에서 말을 많이 할수록 더 많은 오해와 편견을 낳고, 일이 더욱 복잡하고 꼬인다는 사실을 이야기했다. 이때야말로 고독의 역량이 더욱 필요한 때다. 고독의 힘은 모두를 침착하고 맑게 만든다. 잊지 말 것은 잔잔하기가 거울 같을 때가 물이 가장 안정된 상태가 아니라는 것이다. 그래서 외부의 이미지를 반영하지 못한다. 타이완에는 매일 거대한 풍랑이 일기 때문에 한 가지도 수면에 비칠 수 없고, 반성할 수도 없고, 그리고 침착할 수도 없다.

고독은 침잠이다. 고독이 침잠한 후 사유는 맑아진다. 좌정이나 명상은 맑고 깨끗한 마음을 찾는 데 도움을 준다. 몸 안이든 몸 밖이든 불순물은 반드시 존재한다. 우리는 불순물을 소멸시킬 수 없지만 불순물을 침전시킬 수는 있다. 불순물이 가라앉은 후 맑고 깨끗함이 떠오른다. 이때 우리의 머리는 맑고 깨끗할 것이며, 침착해질 것이다. 마음이 너무 번잡스러울 때 나는 가만히 앉아보라고 충고하고 싶다. 종교적인 이유 때문이 아니다. 잠시라도 고독을 얻을 수 있기 때문이다. 이것이 바로 장자가 이야기한 '좌망坐忘' 아닐까?

현대인은 기억에 연연해한다. 빨리 그리고 많이 기억하고자 한다. 장자는 '망각'을 중요하게 여겼다. 망각은 또 다른 침잠의 형식으로, '심재좌망心齋坐忘'이라고도 한다. '망각'은 지혜다. '망각'은 자질구레하고 복잡하고 번잡스러운 것을 떨쳐버리고 비우는 것이다. 노자는 빈 뒤에야 비로소 담을 수 있다고 했다. 잔이 가득 차 있으면 물을 담을 수 없는 것처럼 말이다. 진정 쓸 수 있는 부분은 잔의 빈 부분이지 채워져 있는 부분이 아니다. 집에 사람이 살 수 있는 것은 그 집이 비어 있기 때문이다. 노자는 줄곧 '비움'을 강조했다. 비어 있다면 통하지 않을 수 없으며, 통한다면 용납할 수밖에 없다.

물질적으로 비우는 것은 간단하지만 마음과 영혼을 비우는 것은 어렵다. 고독을 두려워하지 않고 고독을 누릴 수 있게 된 후에야 천천히 그러한 경지에 다다를 수 있다. 고독은 반드시 느려야 한다. 조급하게 A 지점에서 B 지점으로 이동할 때 모든 사고는 멈춰버린다. 삶이란 아주 간단하다. 바로 A 지점에서 B 지점, 즉 삶에서 죽음으로 이동하는 것이다. 만약 우리가 평생 바빴다면 이는 우리가 A 지점에서 B 지점으로 신속하게 이동하느라 아무것도 보지 못했음을 뜻한다. 설마 삶의 시작이 죽음을 위해서이겠는가? 1분 1초를 살아내기 위해서이겠는가? 우리가 고독과 동거할 때 더 많은 사유의 공간이 만들어지고, 삶의 여정은 더욱 여유로워진다.

얼마간 걸어보자. 차를 타지도, 전철을 타지도 말자. 비를 맞아도 괜찮다. 이때가 바로 진정으로 고독한 때다.

고독은 사유의 시작이다.

66

규범이 몸에 밴 사람에게
윤리적 고독은 아주 무서운 일이다.
윤리적 고독은 어찌할 바를 모르게 만드는데
꼭 망망대해에 있는 것처럼
느껴지기 때문이다.

99

6장

고독은 어떻게
완성되는가

윤리의 고독은 나를 가장 곤란하게 만드는 문제이자, 내가 관찰한 바에 따르면 사회를 가장 힘들게 만드는 의제다. 글자의 의미를 새겨보면 윤倫은 일종의 분류로, 합리적인 분류를 뜻한다. 우리는 누군가를 바라볼 때 윤리적 기준에 따라 성별, 연령, 혹은 서로 다른 사회계층으로 구분한다. 아버지, 어머니, 남편, 아내 모두 윤리적인 구분이다. 심지어 남자 혹은 여자도 일종의 윤리적인 분류다.

태어나면서부터 우리는 인간관계의 네트워크에 놓여 적당한 자리를 찾고 분류된다. 인류학에 비추어 우리는 이러한 구별의 합리성 및 불합리성을 검토할 기회나 이 구별의 변천에 관해 이야기할 기회가 많았다. 구분이 불합리할 때 우리는 이를 '난윤亂倫' 혹은 '근친상간'이라고 부른다. 특히 '근친상간'이라는 어휘는 매체나 혹은 일반적으로 도덕 개념을 들먹일 때 빈번히 사용되는 어휘다. 설문지를 만들 때 "근친상간에 찬성하십니까?"라는 문항을 넣는다면 아마 99.9퍼센트가 찬성하지 않는다고 답할 것이다. '사유의 고독'에서도 언급했지만 사회의 0.1퍼센트 혹은 0.01퍼센트 사람들의 생각도 관심을 가져야 할 가치가 충분하다. 당장 찬성 혹은 반대를 표명하지 않아도 된다. 찬성 혹은 반대라는 명확한 대답을 하기 전에 먼저 무엇이 근친상간인지 생각해봐도 된다.

윤리가 넘어야 할 난관

'근친상간'은 기존 인간관계의 분류를 새롭게 조정하고, 분류 원칙을 뒤엎고, 기존 분류 원칙에 회의를 품게 하여 새로운 분류 방식을 제시하는 촉매가 된다. 지금으로부터 4000년 전, 이집트 문명이 발달했다. 이집트 파라오 왕실은 1000년이라는 오랜 시간 동안 '근친상간'이라는 분류를 원칙으로 통혼했다. 인류학에서는 이를 '혈연 간 결혼'이라고 부르는데, 황실의 의도는 혈통을 순수하게 유지하려는 것이었다. 황실 귀족은 다른 가문의 사람들과 통혼할 수 없었다. 그러던 어느 날 고대 이집트인들은 같은 혈통끼리 결혼할 경우 태어난 아이들의 지적 능력이 일반인에 비해 현저히 떨어지는 등 유전상 문제가 발생한다는 사실을 깨닫게 됐다. 그래서 혼인 제도가 동일한 혈통을 갖고 있는 가족 간 '근친상간' 대신 '혈통 외 결혼'으로 변화하여 발전하게 됐다.

인류학에서 이해하는 소위 '윤리'와 '근친상간'은 서로 다른 세대가 갖는 도덕적인 견해에 대한 적응이다. '근친상간'이 허용되던 시기, 이집트의 파라오는 여동생을 아내로 맞이하는 것이 정상이었다. 혈통이 다른 가문의 여인을 아내로 취하는 것은 그 시대에 그야말로 '근친상간'이었다.

도덕은 인간에 대한 행위로 선입견의 범위를 설정하는데, 범위 내에 들면 윤리에 속하고 범위 밖으로 밀려나면 바로 근친상간이었다. 시대의 변화에 따라 모든 윤리의 분류도 조정 국면을 맞고 있다. 나는 인류는 오늘날에도 끊임없이 윤리를 새롭게 조정하고 있다고 믿는다. 예를 들어 과거 군주와 신하의 윤리는 이미 뒤집어졌다. 그러나 과도기인 지금, 우리 사회에는 아직도 군주에게 충성을 다해야 한다는 이데올로기가 존재한다. 이런 윤리는 우리 아버지 세대에서 더욱 잘 드러난다. 그런데 내가 보기에 이는 '어리석은 충성'이다. 그러나 나는 이 문제를 아버지와 토론할 수 없다. 이런 이야기를 꺼내자마자 아버지는 불쾌한 표정을 지을 것이다.

군주에게 충성하고 애국하는 논리는 바로 아버지의 중심 사상이었으므로 아버지는 절대 이를 배신할 수 없다. 고대에 군신 윤리는 최고의 윤리였다. 군주가 만약 신하의 죽음을 바라면 그 신하는 조용히 죽어줘야 했다. 이 윤리가 불합리하다는 것은 논외였다. 군신 윤리라는 면에서 보면 우리는 모두 근친상간이다. 우리는 모두 군신의 윤리를 배반했다.

오륜 중 가장 어려운 윤리는 부자 간의 윤리이며, 친자 간의 윤리다. 유교 경전 중 '백선효위선百善孝爲先 만악음위수萬惡淫爲首'라는 말이 있다. 이 말은 모든 선한 일 중에 으뜸은 효를 행하는 것이고, 모든 악한 일 중에 으뜸은 음탕함이라는 의미다. 한나라 때 과거제도인 효렴孝廉제도는 마을에서 효자를 관리로 천거하는 제도로, 무릇 효도하는 사람은 반드시 좋은 관리가 될 수 있다고 여겼다. 그러나 동한東漢의 정치는 효렴제도로 인해 관료 체제가 개혁되기는커녕 오히려 더욱 나약하고 위선적인 관리가 양산됐다. 심지어 마을 사람들과 짜고 효도하는 척 꾸며내기도 해, 효렴은 관객에게 보여주는 연극으로 변해버렸다.

그런데 타이완에서는 이런 관객 서비스 차원의 효도 연극이 오늘날에도 빈번히 벌어지고 있다. 장례를 치르기 위해 초상집에서는 '효녀백금 오자곡묘孝女白琴 五子哭墓'라고 해서 상주 대신 곡을 하는 사람을 청해온다. 효도라는 본질적이고 위대한 윤리가 왜곡되어 빈껍데기만 남은 연극 형태로 변해버린 것이다.

앞서 근친상간에 대해 이야기했는데, 사실 근친상간에는 토론할 만한 여러 가지 주제가 있다. 오늘날 우리는 모두 근친상간을 하고 있다고 봐도 과언이 아니다. 우리는 군신 간 윤리를 위반했다. 우리는 "군주가 원한다면 신하는 기꺼이 목숨을 내놓아야 한다"는 최고의 윤리 덕목을 전복시켰다. 그러나 가장 통과하기 어려운 관문은, 물론 내게 있어서도 가장 어려운 난제는, 우리를 억압하는 부모 자식 간의 윤리다.

중국 고대 문학에서 부모 자식 간의 윤리를 배반한 예를 찾아볼 수 있는데, 바로《봉신방封神榜》의 나타哪吒다. 문헌에서 나타는 살을 잘라 아버지에게 돌려주고, 뼈를 잘라 어머니에게 돌려주었다고 적혀 있다. 나타는 아버지의 권위에 반항한 후, 자기 때문에 부모님이 용왕에게 핍박을 받자 부모의 죄를 대신 받고자 자살을 선택했다. 신체발부는 부모님으로부터 온 것이므로 선택한 자살 방법은 자신의 살과 뼈를 발라내 부모에게 돌려주는 것이었다.《봉신방》에 적혀 있는 이 같은 나타의 행동에는 윤리에 대한 전복이 감추어져 있다. 최근 타이완의 영화감독 차이밍량蔡明亮이 만든 영화〈청소년 나타〉는 청소년의 반항적인 이미지를 나타의 모습을 빌려 우리 사회에 이미 존재하는 윤리에 대한 반전을 꾀했다.

서양에서는 친자 간 윤리에 대한 압박이 우리보다 덜 심하다. 그리스 신화에서 아버지의 경고를 듣지 않은 이카루스는 결국 비극의 주인공이 되어버린다. 아버지는 이카루스에게 날개가 밀랍으로 만들어졌으므로 열을 받으면 녹아내리니 절대로 태양 가까이 날아오르지 말라고 신신당부한다. 그러나 이카루스는 하늘 높이 날고 싶었다. 높이 날 수만 있다면 죽어도 상관없다고 생각했다. 앞장에서 언급한 폭주족처럼 주인으로서의 쾌감을 누릴 수 있다면 죽을 가치가 충분하다고 생각한 것이다.

이카루스와 나타는 반항의 형태는 같았지만, 그 결과는 달랐다. 이카루스는 영웅으로 변했지만, 나타는 현대 중화권 문화에서 새로운 윤리로 변하리라 믿는다. 나타가 살과 뼈를 발라내 부모에게 돌려준 것은 효도가 아니라 일종의 반역이며, 아버지와 어머니의 권위에 압제당하는 자신의 고독에 대한 표현이다.

어렸을 적《봉신방》을 읽으며 나는 육신을 잃은 나타의 영혼이 표류하는 대목을 읽거나, 그의 스승인 태을진인太乙眞人이 그를 도와 연꽃에 금단을 넣어 부활하게 하고, 연꽃이 나타의 새로운 육체가 되면서 비로소 나타가 그의 아버지에게 반역을 꾀할 수 있었던 부분을 읽을 때면 이해가 되는 것 같기도 하고 그렇지 않은 것 같기도 했다. 결국 나타는 긴 창으로 아버지의 사당을 때려 부수는데, 이는 아버지의 권위를 뒤집어엎는 엄청난 행위였다.

전통적인 윤리관에서 부친의 권위에 대한 거역은 허용되지 않았다. 많은 사람이 "부모가 저지른 잘못은 잘못이 아니다"라고 이야기한다. 나도 역시 어려서부터 그렇게 교육받았지만 만약 아버지가 우리에게 "내가 이번 선거에서 당선되기 위해 뇌물을 써야겠어"라고 말한다면 동의할 수 있겠는가? 만약 아버지가 수억 원의 공금을 횡령해 개인적으로 사용한다면 이에 동의할 수 있겠는가? 많은 정치가 혹은 기업가의 가족들이 "부모가 저지른 잘못은 잘못이 아니다"라는 전제를 우선시한다면 결국에는 범인 은닉죄 같은 수습할 수 없는 지경에 이르지 않겠는가?

'사유의 고독'의 연장선상에서 나는 줄곧 우리 사회에 새로운 윤리가 세워지기를 기대한다. 즉 독립된 개인을 단위로 먼저 충분한 사고를 바탕으로 완벽한 인간이 되어야만 다시 상반되는 윤리와의 관계를 한 걸음 더 나아가 이야기할 수 있다. 자아의 윤리가 건강하지 못한 상황에서 앞서 언급한 가족 윤리에 따르다 보면 사리사욕을 위해 부정한 일을 마구 저지르는 것도 합리적인 행위로 변할 수 있다. 따라서 앞서 언급한 "부모가 저지른 잘못은 잘못이 아니다"라는 주장이 일리 있다고 느끼게 되고, 가족 내에서 정한 사적인 법이 사회 공공의 법을 넘어서게 됨으로써 현대사회 발전의 장애물이 된다.

공자가 꼭 이런 상황에 맞닥뜨렸다. 한 아버지가 양을 훔쳤다. 그러자 그 아들은 자신의 아버지를 관아에 고발했다. 사람들은 모두 이 아이가 정직하다고 말했지만 공자는 그렇게 생각하지 않았다. 그는 '어떻게 아들이 아버지를 고발할 수 있는가?'라고 생각했다. 이런 모순은 오늘날에도 여전히 존재한다. 타이완에서 벌어진 수많은 사건은 모두 이 이야기의 또 다른 버전이다. 가족 내에서 사리사욕을 도모하고 능히 법망을 피해 가족 전체를 범죄 집단으로 만드는 것도 알고 보면 바로 이러한 모순 때문으로 볼 수 있다.

만약 내가 공자였어도 이 이야기를 듣고 난감했을 것이다. 이 '난감함'은 100퍼센트로 완벽한 도덕이 없기 때문이다. 만약 우리 사회에서 아들이 아버지를 고발하는 일이 비일비재하게 발생한다면 이 사회는 철두철미하게 법률 조문에 의해 움직이는 비참한 사회라는 뜻이다. 만약 아들이 아버지를 고발하지 않는 사회라면 이 사회는 수많은 병폐와 폐단이 발생할 수밖에 없는, "부모가 저지른 잘못은 잘못이 아니다"라는 논리가 계속 이어지는 사회일 것이다.

이런 난감함은 앞장에서 언급한 사유의 양 극단을 조성한다. 만약 우리와 공자가 똑같이 관심을 갖는 바가 도덕이라면 아들은 아버지를 고발할 수 없다고 여길 것이다. 그러나 만약 우리의 관심사가 법률이라면 아들은 아버지를 고발해야 마땅하다고 느낄 것이다. 사유하는 사람이라면 중간 입장을 취해야만 사고와 변별을 할 수 있다.

공자는 이미 우리에게 '부위자인 자위부인父爲子隱 子爲父隱'이라 하여, 아버지는 아들을 감싸주고 아들은 아버지를 감싸주라는 결론을 내렸다. 이 여덟 글자를 가지고 타이완에서 발생하는 모든 크고 작은 비리 관련 사건을 살펴보면 이들은 모두 공자의 가르침을 충실하게 따랐던 것이니, 어떻게 이 문제가 해결되겠는가? 만약 실제로 아들이 아버지의 부정행위를 고발했다면 누군가는 아들이 패륜을 했다고 손가락질하리라 믿어 의심치 않는다. 그러나 조급하게 결론 내리지 말고 찬성과 반대라는 양 극단으로 달려가지 말고 좀 더 논증을 해본다면, 즉 진퇴양난의 문제를 더욱 진퇴양난으로 만들수록 사회는 더욱 건전하고 균형 잡힌 사회가 되지 않을까?

진퇴양난 중 공자가 선택한 '부위자인 자위부인'은 내게 적지 않은 감동을 주었다. 오직 법률에만 의거한 사회라면 이 사회는 얼마나 끔찍하고 무정해지겠는가. 나는 이 결론이 공자가 충분히 사고한 끝에 도달한 것임을 믿는다. 나는 공자의 결론에 꼭 반대하는 것은 아니지만, 이런 결론이 딱딱하기 그지없는 명령으로 변하고, ○× 문제로 변한다면 문제가 있다고 생각한다. 왜냐하면 이 문제를 제대로 사고하지 않았기 때문이다. 도덕과 법률은 본래 진퇴양난이 애매모호한 분야다. 이는 우리가 윤리의 고독을 이야기할 때 넘어야 할 난관이다. 이 난관을 어떻게 넘어서느냐에 대한 답은 이미 정해져 있는 것이 아니라 개인의 성향에 달려 있다.

나의 몸은 누구에게 속해 있는가

어릴 적 나타가 육신을 부모에게 돌려주고 넋이 되어 떠돌아다니다가 부모와 전혀 관계 없는 연꽃에 기탁해 환생한 이야기를 읽으며 나는 내가 할 수 있는 가장 큰 배반은 바로 혈연 따위는 필요 없으며, 오히려 혈연이 내게 커다란 부담이자 속박으로 생각하는 것임을 어렴풋하게 느꼈다. 부모님은 나의 가장 큰 원죄였다. 나는 평생 갚을 수 없는 빚을 졌다. 이들에게 나는 뼈와 살을 그리고 혈과 맥을 빚졌다. 소설 속에서 나타가 뼈와 살을 발라내 부모에게 돌려주었을 때 나는 전율을 느꼈다. 그러나 나타의 이런 행동에 대해서는 많은 사람이 수도 없이 논쟁을 해왔으므로 나는 감히 더는 그에 대해 토론할 수 없을 것 같다. 선한 일 중 가장 으뜸이 효라는 논리가 지배하는 사회에서 나타는 이 사회 밖으로 묵묵히 걸어나간 고독한 사람이다.

나타는 그리스의 이카루스와 달리 비극의 주인공이 아니다. 나타는 후세 사람들에게 추앙을 받았다. 야수파의 대표 화가 마티스의 작품 중 〈이카루스〉라는 작품이 있는데, 바로 앞에서 말한 이카루스가 주인공이다. 별이 총총한 파란 하늘로 비상하는 검은색 몸의 붉은색 심장이 마티스의 가슴에 있는 이카루스다. 비록 그는 추락했지만 그의 붉은색 심장은 뜨거웠다. 그리고 그는 젊었다. 그는 자신을 얽맨 모든 것에 반기를 들었다.

그럼 이카루스의 아버지가 틀린 걸까? 아니다. 그는 옳았다. 그는 이카루스에게 너무 높이 날지 말라고, 너무 높이 날면 날개가 녹아 떨어져 죽을 것이라고 얘기해주었다. 그러나 젊은 이카루스는 그가 얼마나 더 높이 날 수 있는지 알아보고 싶었다.

여기에서 생각해볼 문제는 우리의 신체가 누구에나 속해 있나 하는 것이다. 우리 문화에는 '신체발부 수지부모 불감훼상身體髮膚 受之父母 不敢毁傷'이라는 전제가 있다. 우리의 신체는 부모가 준 것이다. 따라서 머리칼조차 함부로 자를 수 없다. 만약 이를 위반한다면 이는 곧 부모에 대한 배신이다.

그러나 '폭력의 고독'과 '사유의 고독'에서 언급했듯, 우리는 자신의 몸에 폭력을 가하고 싶은 충동을 느낀다. 그래서 문신을 하고, 귀에 구멍을 뚫고, 피어싱을 한다. 이런 사람들은 신체발부는 엄연히 내 것인데 왜 내 맘대로 할 수 없느냐고 항의한다. 자신의 신체를 훼손해 일종의 미학으로 완성하려는 것을 우리는 이해할 수 없다. 육체의 자주성을 어떤 시선에서 바라봐야 할 것인가?

《왜냐하면 고독하기 때문에》라는 책에선 반역의 윤리를 아주 많이 찾아볼 수 있다. 〈열 받아 죽은 앵무새〉에서는 의학도가 교수에게 연정을 품고, 〈구조대원의 마지막 여름〉이라는 작품에서는 건축설계학도인 대학생이 집에 돌아오자 아버지가 자신의 남자친구인 찰리와 네덜란드에 가서 결혼하겠다고 한다. 이 모두는 우리가 알고 있는 윤리로는 이해할 수 없는 일들이다. 그러나 이런 일들이 0.1퍼센트를 차지하는 빙산의 일각으로, 우리가 알고 있는 윤리의 분류만으로 세상을 바라보기에는 부족하다는 사실을 발견할 수 있다.

그 어떤 윤리를 막론하고 윤리는 일종의 공식으로 분류되며, 대부분의 사람이 공식 바깥쪽에 있다. 그러나 이것은 '공인된' 공식이기 때문에 누구도 이에 대해 감히 의문을 제시할 수 없다. 얼핏 보기에는 문제가 없어 보이는 윤리도 아주 커다란 문제를 안고 있다.

〈구조대원의 마지막 여름〉에서 대학생의 아버지는 아내도 아들도 있는, 지극히 윤리에 부합하는 인물이다. 그러나 그는 윤리를 폭파시키는 폭탄의 뇌관을 건드린다. 그가 건설하려는 새로운 윤리는 줄곧 존재해왔지만 발견하기 쉽지 않은 게 사실이었다. 이는 우리 옆에, 우리 아버지나 남편 옆에 존재해왔지만 꼭 우리에게 발견되리라는 보장이 없다. 왜냐하면 이러한 윤리는 사회의 최대공약수에 의해 엄폐되기 때문이다. 그러나 이 사회에 고독한 이가 있다면, 그가 톡톡 튀는 사고를 할 수 있다면, 이 윤리의 장애물은 해체될 수 있다.

쾌락과 본능 그리고 윤리 사이

윤리의 고독에 관해서 이야기하는 데 있어 내 소설 《왜냐하면 고독하기 때문에》라는 작품을 예로 들고 싶다. 이 소설을 쓸 때, 내 주변에서 여러 가지 사건이 터졌다. 1980년대 후반, 아동 유괴 사건이 줄줄이 발생했다. 매일 신문을 펼치면 깜짝 놀랄 만한 기사의 헤드라인을 볼 수 있었다. 이런 유괴 사건이 자꾸 발생하는 이면에는 바로 지역사회 윤리 구조의 변화가 자리한다.

어렸을 때, 나는 다룽둥 사당 뒤쪽에 살았는데 이곳 주민들은 대문을 잠그지 않았다. 학교에서 돌아왔을 때 엄마가 집에 안 계시면 옆집 장씨 아줌마가 뛰어와서는 내게 이렇게 말했다. "엄마가 몸이 안 좋아서 병원에 약 가지러 가셨어. 우리 집에 가서 밥 먹자." 당시 지역사회 윤리는 매우 밀접해서 언제든 보호와 감시를 받고 있다고 느낄 정도였다. 여기에서 말하는 보호와 감시에는 두 가지 의미가 포함되어 있다. 엄마가 외출했을 때 장씨 아줌마가 나를 찾아와 아줌마 집에서 밥을 먹자고 하는 경우는 보호에 해당된다. 한번은 인형극을 보려고 무단결석을 하고 길을 걷는데 갑자기 등을 철썩 맞았다. 바로 장씨 아줌마였다. 장씨 아줌마는 "요 녀석 봐라. 학교 안 가고 뭐해? 너희 엄마한테 가서 이야기해야겠다" 하고 말씀하셨다. 이런 경우는 감시에 해당된다.

전통적인 지역사회 윤리에는 두 가지 측면이 있다. 돌봄이라는 측면에 주목하는 사람들은 "그 시절에는 정이 많아 참 푸근했어"라고 말한다. 그러나 내게 있어서 지역사회의 모든 일은 감시였다. 어떤 일이 일어나든지 소문이 무성했다. 당시에는 텔레비전도, 라디오도 흔하지 않았다. 가십을 다루는 매체도 없었다. 그러나 지역사회의 관계가 긴밀했기 때문에 소문은 그 어느 것보다 빨리 퍼졌다.

1980년대 타이베이에서 아파트형 지역사회가 출현하기 시작하자 갈수록 더 많은 사람이 아파트로 이사했다. 그런데 아파트 문이나 창문에는 철문이나 철망이 달려 있었다. 이웃 사이는 점차 소원해졌다. 엄마 아빠가 모두 일하러 나가면 아이들은 '열쇠 아동'으로 변했다. '열쇠 아동'은 당시 신조어로, 열쇠를 목에 걸고 다니는 아이들을 가리킨다. 이런 아이들은 학교에서 혼자 집으로 돌아오고, 밥도 혼자 먹었다.

달라진 것은 단순히 지역사회 구조뿐만이 아니었다. 내가 대학에서 교편을 잡았을 때 학생들의 가정환경 조사서를 보면 한부모 가정이 갈수록 많아졌는데, 그 비율이 3분의 1에서 2분의 1까지 높아졌다. 내가 어렸을 적에는 있을 수 없는 일이었다. 부부 사이가 화목하지 않아도, 가정 폭력이 심각해도 이혼하는 부부는 거의 드물었다. 도덕이나 윤리 규범 탓에 이혼이 아주 부끄러운 일로 여겨졌기 때문이다. 1980년대 이후, 이혼에 대한 여성들의 인식이 제고됐다. 이와 같은 인식 제고는 단지 여성에게서만 이뤄진 것은 아니지만, 그래도 여성은 남성에 비해 이혼을 쉽게 받아들일 수 없었다.

이 시기 사회 전체가 변화를 겪고 있었다. 경제적인 시스템, 지역사회 관계만 아니라 가정 형태도 변했다. 나는《왜냐하면 고독하기 때문에》라는 소설에서 사회 전체 윤리의식의 변화 단계와 인간이 자아에 대해 시행하고 있는 새로운 위치 조정에 대해 쓰고 싶었다.

소설은 일인칭 시점으로 진행된다. 주인공 '나'는 올해 마흔 여섯, 마흔일곱쯤 된 갱년기의 여성이다. 소설은 그녀가 겪는 신체 변화와 당면한 문제에 관한 이야기다. 이 소설을 쓸 무렵 나는 우리 어머니를 생각했다. 마흔다섯 살 이후 우리 어머니는 좀 이상해지셨다. 그때 나는 스무 살 초반이었는데 갱년기에 대해서는 들어본 적도 없었지만 그게 무엇인지 딱히 알고 싶지도 않았다. 그저 왜 어머니는 항상 몸이 아프다고 하실까 하는 생각만 했다. 어머니는 이쪽이 아프다고 하시다가 곧 저쪽이 불편하다고 하셨다. 형제자매들은 이미 다 자랐기 때문에 집을 떠나 취업을 하거나 학업에 매진하고 있었다. 막내 남동생도 대학 기숙사에서 살고 있었다.

어머니는 내게 자주 전화를 하셨는데, 얼른 집에 와서 병원에 가자는 내용이었다. 어머니의 전화는 1년이 넘게 계속됐다. 하루는 의사 선생님이 내게 살짝 이런 말씀을 하셨다. "자네 신경 좀 써드려. 어머니가 갱년기이신 것 같아. 자네 어머니는 별다른 증세가 없는데 계속 몸이 안 좋다고 하시거든." 이때 난생처음으로 '갱년기'라는 단어를 들었다. 나는 책을 뒤져보았다. 갱년기는 자연스러운 생리 현상이었다. 여섯 아이를 키운 전업주부인 어머니는 자식들이 성인이 되어 집을 떠난 후 공허하고 쓸쓸한 집안에 적응이 안 되셨던 모양이다. 어머니는 그래서 병을 핑계로 자식들이 집에 돌아와 자신을 돌봐주기를 바라셨던 것이리라.

의사 선생님의 얘기처럼 어머니가 겪고 있는 심리적 아픔은 신체적 아픔보다 훨씬 심각했다. 평생 가정을 위해 헌신하신 어머니는 헌신에 대한 관성의 법칙이 작용하고 있었다. 자식들은 모두 자신만의 세계를 찾았지만 가속도가 붙은 어머니의 관성의 법칙은 단번에 멈출 수 없었다. 그동안 그 누구도 어머니에게 관심 있는 분야에 도전해보라고 용기를 북돋워주지 않았다.

소설 속의 '나'는 자신의 젊은 시절을 추억하기도 하고, 현재 느끼고 있는 자신의 심리 상태를 대수롭지 않게 여겼던 그 시절 우리 어머니를 롤 모델로 삼았다. 소설 속의 '나'는 자식들이 떠난 후 텅 비어버린 큰 집이 더는 필요 없어 집을 팔고 남편과 함께 자그마한 저층 아파트로 이사를 간다.

소설 속의 '나'와 그녀의 남편은 부부 사이지만 그리 살갑지 않아 서로 속내를 털어놓지도 못하고, 외국 영화에서 흔히 보는 포옹이나 키스도 하지 않는다. 내 기억에 부모님이 우리가 보는 앞에서 외국 영화에서 흔히 볼 수 있는 행동을 한 적은 한 번도 없으시지만, 분명 우리는 그들 사이에서 태어났다. 내 말의 뜻은 그 시절 아이를 낳는 것과 사랑은 별개의 문제였다는 뜻이다. 나는 우리 아버지가 어머니에게 "여보, 당신을 사랑해"라는 말씀을 한 번도 하시지 않았으리라 믿는다. 노인이 된 후 두 분 사이의 대화는 점점 적어졌다. 기억을 더듬어보면 아버지는 노인이 되신 후 하시는 말씀이 하루에 채 열 마디도 되지 않았다.

소설 속의 '나'보다 두 살 많은 남편은 돋보기를 쓰고 매일 신문을 읽는다. 그녀는 남편과 대화를 나누고 싶지만, 그녀의 남편은 그녀가 하는 모든 이야기에 심드렁해한다. 그녀는 아파트 3층에 산다. 그리고 4층에는 두 집이 산다. 한 집은 싱글인 류劉 선생님이 사는데 어린아이를 좋아하기로 소문이 자자한 나이 지긋한 남자다. 나머지 한 집은 싱글맘 장위샤張玉霞가 와와娃娃라는 이름을 가진 사내아이와 함께 살고 있다.

장위샤는 직장 여성이다. 장위샤는 자신의 일이 있는 반면 소설 속 '나'는 오직 아이들과 남편만을 바라보고 살았다. 그녀의 하나밖에 없는 아들 스청時承이 미국으로 유학을 떠난 후, 남편이 출근하고 나면 아파트에 혼자 남은 그녀는 더 없이 쓸쓸했다. 그래서 그녀는 청각으로 아파트에서 발생하는 모든 일을 판단하기 시작했다. 그녀는 발걸음 소리가 빠르고 느린지, 가벼운지 무거운지, 혹은 열쇠로 현관문을 여는 소리만으로 위층의 누구인지를 알 수 있었다. 예를 들어 장위샤가 문을 여는 소리는 재빨랐다. 한 바퀴, 두 바퀴 재빨리 열쇠를 돌린다. 그러고 나서 꽝 하고 철문 닫히는 소리가 나면 아파트는 다시 깊은 정적에 빠져들었다. 장위샤의 아들 와와는 여덟 살짜리 사내아이다. 와와는 고양이처럼 발걸음이 가볍고 경쾌하다. 현관문을 여는 소리도 아주 작게 들린다. 마치 다른 사람에게 그가 집에 돌아오고 나가는 사실을 알리고 싶지 않은 것처럼.

소설 속의 '나'는 가장 쓸쓸하고 외로운 사람이지만, 아파트에 사는 다른 사람의 심리 문제를 분석하고 있다. 아파트에 살아봤다면 아파트가 청각 위주의 아주 이상한 세계임에 충분히 공감할 수 있을 것이다. 아파트에서는 위층에서 무엇을 하는지 소리만으로 판단한다. 그러나 문이 열리고 서로 계단에서 마주쳐도 오직 "안녕하세요"라는 단 한마디만 주고받을 뿐 더는 이야기를 하지 않는다. 아파트의 윤리는 소원하다.

소설 속의 '나'는 지금 갱년기를 겪고 있지만 남편은 이런 그녀에게 무심하다. 그래서 그녀는 친구를 찾아보려고 시도한다. 그녀는 장위샤와 사귀려고 마음먹는다. 그러다 우연히 와와를 만난다. 그녀는 와와에게 성씨가 무엇인지 묻는다. 와와는 "장"이라고 대답한다. 어느 날, 장위샤와 마주친 그녀는 "장 타이타이★★"라고 불렀다. 그러자 장위샤는 뜻밖에도 "장위샤라고 불러주세요. 저는 지금 싱글맘이에요. 와와도 제 성을 따라서 성이 장씨예요"라고 대답한다.

소설 속의 '나'는 큰 충격을 받았다. 그녀 세대의 윤리에는 싱글맘이 없었다. 엄마의 성씨를 따르는 법도 없었다. 그녀는 어떻게 대답해야 좋을지 몰라 그냥 멍하니 서 있었다. 소설 속 장위샤는 타이완의 조그만 소도시 우체국 여직원이었다. 그녀는 소도시에 군복무하러 온 남자를 알게 됐고, 두 사람은 서로 사귀게 됐다. 두 사람은 관계를 가졌고, 이 남자가 군대를 제대해 소도시를 떠날 무렵 그녀는 임신 사실을 알게 됐다. 그러나 그녀는 남자의 주소조차 모른다는 사실을 그제야 깨달았다. 그녀는 남자가 제대한 군대를 찾아간 다음에야 이 남자가 군에 입대하던 첫날 했던 이야기를 듣게 됐다. "2년 동안 군대에서 썩기에는 너무 심심하겠지? 여기서 지내는 동안 연애나 한번 해봐야겠어. 2년 후 제대해서 떠날 때는 서로 상관 안 하고 헤어지면 되고." 장위샤는 그렇지만 와와를 낳았다. 그녀의 유일무이한 첫 번째 연애 경험은 원한으로 가득 찼지만, 그러나 그녀는 홀로 와와를 키우고 있고 와와에게 자신의 성을 물려주었다.

이런 윤리를 일인칭 소설 속의 주인공 '나'는 도무지 이해할 수 없었다. 그러나 1980년대 젊은 여성들 사이에서는 점점 이런 일이 늘어나고 있었고, 지금 타이완에서 이런 일은 이상한 일 축에도 끼지 못한다. 우리는 뉴스를 통해 유명인이 "전 결혼하고 싶지는 않지만 아이는 갖고 싶어요"라고 하는 이야기를 종종 듣는다. 이런 신종 윤리는 천천히 받아들여지고 있는 추세다.

그러나 '나'에게는 아주 신기한 일이었다. 그래서 그날 밤 잠자리에 들었을 때 그녀는 이 이야기를 하고 싶어 오금이 다 저렸다. 그래서 그녀는 남편에게 "4층 A호에 사는 장타이타이 남편의 성씨가 장씨가 아니래요" 하고 말했다. 그녀가 말을 마치자 그녀의 남편은 침착하게 그의 돋보기를 위로 치켜 올리고 무표정하게 그녀를 응시했다. 그러고는 "남의 일에 참견 마요!"라고 한마디 하더니 여전히 무표정하게 계속 신문을 읽어 내려갔다.

이는 '나'에게 좌절감을 안겨주었다. 두 사람이 하루에 나누는 대화는 고작 열 마디도 되지 않았다. 그나마 그 열 마디는 "지루해", "참견 마요"가 대부분이었다. 오륜이라는 윤리 규정에 따르면 두 사람은 가장 친밀한 사이이기 때문에 밤에 한 침대에서 자야 했다. 그렇지만 두 사람 사이에는 육체적인 관계를 포함해 영혼의 교감까지 아무것도 없었다.

침대는 윤리적인 공간이다. 부부라면 함께 있어야 한다고 규정되어 있지만 그러나 이 침대에서 무엇을 해야 하는지, 어떤 관계를 맺어야 하는지는 윤리에 의해 정해질 수 없다. 말하자면 침대는 윤리의 공간이기는 하지만 핵심 내용이 없는 곳이다.

나는 세 가지 어휘를 들어 이 일을 설명한다. 즉 성교, 섹스, 그리고 부부관계다. 성교는 듣기에도 민망한 단어라서 우리는 거의 사용하지 않는다. 그러나 성교는 과학적인 명칭이자 객관적인 행위의 기록이다. 섹스는 주로 현대인들에게 통용되는 단어로 단순히 과학적인 행위를 넘어 감정이나 영혼의 교류를 포함한다. 그러나 우리 부모 세대는 섹스라는 단어는감히 대놓고 사용하지 못했다. 우리 부모님은 부부관계라고만 말씀하셨다.

어릴 적 나는 《후스胡適 일기》에서 "오늘 나는 아내와 부부관계 한 차례 가졌다"라는 부분을 읽었는데, 부부관계가 무엇을 의미하는지 알 수 없었다. 그래서 어머니께 여쭸더니 "아이가 그걸 알아서 뭐하려고?"라고 말씀하셨다. 나이를 먹어서야 부부관계가 성교나 섹스를 가리킨다는 사실을 알게 됐다. 부부관계를 뜻하는 한자어 돈륜敦倫에서 돈敦은 '하다', '완성하다'는 뜻이다. 따라서 '돈륜'이란 의미는 '윤리를 완성하다'라는 뜻이며, 이 행위는 윤리적 목적, 즉 아이를 낳기 위한 것이었다. 따라서 섹스라 부를 수 없었다. 섹스는 즐거움을 위한 것이기 때문이다. 이런 행위는 성교라고 부를 수도 없었다. 성교란 동물적이고 야만적이기 때문이다.

흥미로운 사실은 이 세 가지 명사가 동일한 일을 의미하지만, 세 가지 종류의 윤리를 가리킨다는 것이다. 여러분은 무엇을 하고 있는가? 자신이 하는 것이 성교인지, 아니면 섹스인지, 아니면 부부관계인지를 판단해야 한다. 이는 윤리 고독에서 다루는 첫 번째 과제다. 우리는 윤리라는 한 공간에서 어떤 모양의 행위를 완성해야 할지 찾아봐야 할 것이다. 욕망인지 아니면 쾌락인지, 일종의 동물적인 본능인지 아니면 윤리 규범을 준수하고 있는 것인지 말이다. 만약 이를 자세히 구분하고, 사고하고, 변별할 수 있다면 우리는 윤리라는 크고 또 촘촘한 영역 안에서 자신의 위치를 정할 수 있을 것이다.

자아를 찾아 떠날 기회

소설 속의 '나'가 마주한 쓸쓸함은 아파트에서 나는 소리로 다른 사람의 사정을 판별해낼 수 있을 정도에 이르렀지만, 남편은 언제나 그녀가 쓸데없이 남 참견이나 하고 있다며 싫어했다. 어느 날 그녀는 집을 떠나고 싶었다. 그녀는 '장위샤는 떳떳하게 다른 사람에게 자신은 싱글맘이라고 이야기할 수 있다. 그런데 나는 왜 안 돼? 아들도 이제 다 커서 유학 가고 없는 마당에, 홀가분하게 이혼도 할 수 있고 집을 나갈 수 있지 않겠어?' 하고 생각했다.

그녀는 집을 나섰다. 골목 어귀까지 갔을 때 안경점 주인아저씨를 만났다. 며칠 전 그녀와 남편이 함께 이 안경점에 안경을 맞추러 갔다가 두 부부는 그만 말다툼을 했다. 안경점 주인이 "집에 가시는 길이세요? 안녕히 가세요"라고 말했다. '나'는 한 걸음 한 걸음 집으로 발길을 돌렸다. 그녀는 과거에 그녀가 지켜왔던 윤리라는 것이 골목 안의 한 사람만 알아주는 윤리라는 사실을 발견했다. 그녀는 집을 떠난다면 어디로 가야 할지 알 수 없었다. 그녀는 근본적으로 주체적이고 독립적인 '한 사람'이 아니었다.

한 중년 부인이 한 지역에서 오랫동안 살면 더 이상 그녀 자신이라기보다 누구누구의 아내가 된다. 길을 가다가 누구를 만나면 그 사람은 그녀의 안부만 묻는 것이 아니라 남편의 안부까지도 묻는다. 그녀는 어디로 가야 할지 알 수 없었다. 그녀는 친척도 친구도 없었고, 수입도 없었고, 여관을 찾을 엄두도 나지 않았다. 그녀가 유일하게 가지고 있는 것은 열쇠, 집 열쇠뿐이었다.

윤리 규범이 몸에 밴 사람에게 윤리적 고독은 아주 무서운 일이다. 윤리적 고독은 어찌할 바를 모르게 만드는데, 꼭 망망대해에 있는 것처럼 느껴진다. 중년여성 '나'에게 가장 위대한 가출은 바로 골목 어귀까지 갔다가 다시 돌아오는 것이었다. 이 가출은 그녀 말고는 아무도 모르는 일이었다. 안경점 주인도 그녀가 가출하려는 마음을 품었다는 사실을 알아차리지 못했을 것이다.

사실 이 이야기는 내 친구 이야기다. 하루는 대학동창이 내게 자신의 경험담을 털어놓았다. 남편과 대판 싸운 후 친구는 집을 나가고 싶었다. 그녀는 중샤오둥루忠孝東路 역에서 한참 서 있었지만 갈 곳이 없다는 것을 깨달았다. 물론 그녀가 정말로 갈 곳이 없는 것이 아니었지만, 그녀는 당당하게 다른 사람들에게 자신의 가출을 선언할 용기가 없었다. 그녀는 떠날 수 없었다. 그녀가 이렇게 하도록 지지해주는 그 어떤 신앙도 없었다. 30년, 40년, 아니 그보다 오랫동안 자아를 상실한 채 살았던 사람은 아무리 해도 이를 찾을 수 없다.

사람들은 내게 왜 일인칭을 사용해서 이 소설을 썼는지, 왜 중년여성을 주인공으로 정했는지 물었다. 그 이유는 소설 속 '나'의 입장에서 얼마든지 소설을 쓸 수 있기 때문에 그랬던 것 같다. 만약 내가 소설 속 '나'의 입장이었다면 나는 무엇을 염려했을까? 나는 집을 떠나겠다고 말하면 떠나는 사람이다. 언제든 가방을 챙겨 유럽으로 날아가버리지만, 우리 어머니가 이런 일을 할 거라는 상상조차 할 수 없다. 심지어 우리 어머니는 하루도 혼자서 집을 떠나 있지 못할 것이다. 그렇다면 윤리는 어머니를 보호하고 있는 것일까, 아니면 속박하고 있는 것일까? 이는 또 다른 두 가지 난제다. 어머니는 자아를 찾아 떠날 기회가 있었을까? 나는 감히 이런 질문을 할 수 없다. 만약 어머니께 이 질문을 던진다면, 모르긴 몰라도 어머니는 울거나 아니면 놀라실 것이다.

내 제자 중 외국에서 장기 체류하는 학생이 있는데, 몇 년마다 한 번씩 돌아와 중남부 지역에 사시는 부모님을 찾아갔다. 이 학생의 어머니는 전화를 했다 하면 남편에 대한 불평을 잔뜩 늘어놓았다. 그녀의 남편은 도박을 좋아하는데다 저축해놓은 돈을 주식 투자로 모두 날려버렸다. 이 친구의 기억에 어렸을 때부터 어머니는 줄곧 아버지에 대한 불평불만이 많았다. 귀국한 뒤 이 친구는 여느 때처럼 어머니가 늘어놓는 불평을 듣고 있었다. 어머니는 투덜거리다가 결국은 우셨다. 그러고 나서 "나는 더 이상 못 참겠다. 난 네 아버지하고 더 이상 함께 살 수 없다"라고 말씀하셨다.

이 얘기는 이 친구의 어머니가 그간 계속 반복해서 했던 말이었다. 그는 더 이상 참을 수 없어서 어머니에게 "그럼 내일 어머니를 모시고 가서 이혼 수속 밟아드릴게요"라고 말했다. 그러자 어머니는 이번에는 대성통곡하면서 "이 불효막심한 녀석아, 네가 어떻게 그런 말을 할 수 있어? 어떻게 내가 그런 일을 할 수 있어?" 하고 말씀하셨다.

이것이 바로 윤리의 속박이다. 어머니는 이혼이라는 행위를 어떻게 해도 합리화할 수 없다. 그저 불평하고, 끊임없이 불만을 토로한다. 이런 불평불만은 윤리의 일부분으로 자리 잡는다. 어머니는 불평불만하는 역할을 맡는 데는 찬성했다. 그녀는 평생이라는 시간 동안 이런 역할을 맡기로 자처했다. 드라마 속 시어머니와 며느리의 역할도 꼭 이와 같지 않은가? 이런 스토리는 언제나 매력적이다. 이는 잠재의식 속에, 대부분 여성의 잠재의식 속에 존재하는 윤리의 고독을 대표한다.

이 친구의 어머니는 눈물과 불평을 선택할 수 있었지만 사유는 거절했다. 만약 그녀가 사유하기 시작한다면 그녀는 더 이상 울지 않을 것이다. 그녀는 이 문제를 어떻게 해결해야 할지 생각할 것이다. 그녀가 눈물을 선택했다는 것은 단순히 쌓인 감정을 배출하겠다는 의도일 뿐이다.

고독의 동의어는 이별이다. 집단과 분류와 규범과의 이별이다. 이는 자아에 대한 성찰과 커다란 용기가 필요하다. 그래야만 비로소 군중 밖으로 걸어 나와 고개를 돌려 자신이 처한 상황을 바라볼 수 있다.

만약 한 여성이 "저는 결혼도 하지 않았고, 남편도 없어요. 아이만 하나 있어요"라고 말한다면 이 여성에게는 경제적인 도움 외에 제도적인 도움도 있어야 한다는 의미다. 타이완은 지금 확실히 변화하고 있다. 각종 현상을 직면할 때 우리는 사유할 수 있다. 만약 우리가 성급히 결론을 내리지 않는다면 이런 문제는 우리가 윤리의 고독이라는 상태를 이해하는데 도움을 줄 것이다.

마음의 실종은 존재를 부정한다

중년 여성 '나'는 골목 어귀까지 나왔다가 다시 집으로 돌아가 아파트에 앉아서 줄곧 어느 집 대문이 어떻게 열리고 어떻게 닫히는지 듣고 있었다. 한번은 '나'와 장위샤가 이야기를 나눌 때, '나'는 4층 B호에 사는 류 선생이 싫다는 이야기를 꺼냈다. 그러자 장위샤는 "그분은 아이를 너무 좋아하세요! 제가 와와와 함께 있을 때 류 선생님과 몇 번 우연히 마주친 적 있는데, 우리를 보더니 걸음을 멈추고 와와를 보고 미소 지으셨어요" 하고 말했다. '나'는 그래도 류 선생이 괴상한 사람이라는 느낌을 지울 수 없었다. 류 선생에게서는 일종의 '고기나 야채가 겨울에 천천히 쪼그라들어 누렇게 건조될 때 풍기는 것과 비슷한 냄새'가 났다.

싱글남 류 선생은 초등학교 교사직에서 은퇴한 후 쓰레기 더미에서 사람들이 내다버린 서양 인형을 주웠다. 한번은 계단에서 '나'와 딱 마주쳤는데, 그는 손에 망가진 서양 인형을 들고 있었다. 그는 '나'에게 이 서양 인형이 아직 눈을 깜박거린다고 말했다. 류 선생은 망가진 서양 인형의 머리, 손, 다리를 주워 와 까만 나무로 만든 궤짝 안에 넣어두었다. 이 사건은 '나'에게 요즘 사회에서 빈번하게 발생하는 어린이 실종 사건을 연상시켰다.

실종은 꼭 구체적인 실종만 있는 것이 아니다. 마음에서도 실종이 일어날 수 있다. 프랑스 초현실주의 영화감독 루이스 브뉘엘Luis Bunuel의 〈자유의 환영Le Fantome de la liberte〉을 감상하다 보면 그가 초현실주의 기법으로 아동 실종 사건을 다룬 부분을 만날 수 있다. 교실에서 선생님이 출석을 부른다. 선생님이 알리스를 부르고 "네" 하고 대답을 하지만 선생님은 알리스가 실종됐다며 소녀의 부모에게 연락을 취해 학교에 오도록 한다. 부모님이 학교에 오자 알리스는 "저 여기 있어요" 하고 이야기하지만 엄마 아빠는 "쉬! 얘기하지 마" 하고 말한다. 그러고는 선생님에게 고개를 돌린 후 "아이가 어떻게 실종됐나요?" 하고 묻는다.

실종은 영화에서 또 다른 현상으로 변한다. 사실은 실종되지 않았지만 실종됐다고 느끼는 것이다. 예를 들어, 겉으로는 금슬이 좋은 듯하지만 실제로는 관계가 소원한 부부는 함께 한 침대에 누워 있어도 두 사람은 서로에 대해 실종된 상태나 다름없다. 우리는 줄곧 납치나 유괴를 당해야 실종됐다고 느끼지만, 만약 우리가 누군가에게 전혀 신경쓰지 않는다면 그 사람은 우리에게 있어 실종된 것이나 마찬가지다.

영화는 우리에게 실종을 심리 상태로 바라볼 수 있도록 인식의 전환을 유도한다. 실종된 사람이란 우리의 마음속에서 사라진 사람이지 구체적인 형태를 갖고 있는 사람이 아니다. 내 친구 중에 싱글맘이 있다. 아이가 어렸을 때 그녀는 직장 생활을 하느라 몹시 바빴다. 저녁에는 접대하는 일도 많았다. 그녀는 아이와 함께 있어줄 시간이 그리 많지 않았다. 아이는 목에 열쇠를 걸고 등하교했다. 친구는 이런 아이 때문에 가슴 아팠지만 아이 곁에 있어줄 수 없었다. 아이가 유괴될까 봐 걱정이던 그녀는 매일 밤 집에 돌아오면 숙제를 다 끝내놓고 잘 준비를 하고 있는 아이를 억지로 깨워서 유괴됐을 때 빠져나올 수 있는 갖가지 방법을 함께 연습했다.

한번은 그녀가 내 앞에서 시범을 보였다. 그녀는 유괴범들이 쓸 법한 모자와 마스크를 착용하고 아이에게 도망치는 연습을 시켰다. 그 순간 나는 무서웠다. 군대에서 특수훈련을 받는 것 같았다. 그러나 특수훈련보다 나를 더욱 공포에 떨게 한 것은 이 도시의 부모가 모두 유괴 사건으로 혼비백산해서 아이들이 곁에 있지 않다고 느끼고 있다는 점이었다. 아이는 분명히 그녀 앞에 있었지만 그녀는 실종됐다고 느끼고 있었다.

나는 이 친구 이야기를 소설 속에 옮겨놓았다. 장위샤와 그의 아들 와와는 매일 저녁 '특별훈련'을 했다. 그 바람에 3층에 살고 있는 '나'는 매일 밤 위층에서 나는 툭탁 소리를 들어야만 했다.

사랑에 의존할 때 자아는 상실된다

이 아파트에서 가장 쓸쓸한 사람 '나'는 집을 떠날 수 없었기에 자신의 삶을 몽땅 아들에게 걸었다. 그녀에게 가장 중요한 일은 바로 아들 스청이 보내온 편지를 읽다가 빨간 펜으로 중요한 부분에 밑줄을 긋는 것이었다. 그녀는 매번 편지를 읽을 때마다 아직 요점에 줄을 제대로 그은 것 같지 않은 느낌이 들었다. 그래서 그녀는 빨간 펜으로 줄을 다시 한 번씩 더 그었다. 그녀의 아들은 법률을 공부하고 있어서 그런지 보내오는 편지에서 부모님의 안부를 묻는 부분은 얼마 되지 않고 신문 기사를 발췌한 내용이 대부분이었다. 한번은 어린이 실종 사건을 편지에 적었는데 이 부분이 '나'의 관심을 끌었다.

이처럼 '나'라는 중년 여성은 삶의 중심이 멀고 먼 미국에서 살고 있는 아들에게 놓여 있다. 아들의 관심사는 바로 그녀의 관심사다. 우리가 윤리라는 네트워크에 놓여 있을 때 고독을 자각하기는 무척 어렵다. 왜냐하면 우리는 이미 자아를 상실했기 때문이다. 우리는 상실한 자아를 때로 '사랑'이라고 부른다. 자아를 충분히 완성할 수 없을 때, 사랑은 자아를 상실하는 중요한 원인으로 변한다.

어느 날 와와가 실종됐다. 실종은 더 이상 단순히 뉴스에서만 보는 것이 아닌, 구체적인 사건으로 변해버렸다. 게다가 '나'가 살고 있는 아파트 위층에서 일어난 일이었다. 와와의 엄마 장위샤는 거의 넋이 나간 상태였지만, '나'는 이 모든 것을 예지하고 있었다. 그녀는 퇴근 후 돌아온 장위샤가 위층으로 올라가 문을 열고 문을 닫는 소리를 들었다. 장위샤는 방문 앞으로 걸어갔다.

장위샤가 방에서 비명을 질렀다. 그런 후 머리를 산발하고 3층으로 뛰어내려와 '나'의 집 초인종을 누르더니 미친 듯이 대문을 두드렸다. 그러고 나서 장위샤는 내 품에 쓰러져 울었다.

"와와가 실종됐어요."

사람은 쓸쓸한 상태가 도를 넘으면 신경질적으로 변할 수도 있고, 그 예민함이 어떤 전조를 예지할 수도 있게도 만든다. 그리고 허상을 진실로 보게도 만든다.

브뉘엘의 또 다른 영화 〈어느 하녀의 일기Le Journal d'une femme de chambre〉에서 한 신사는 아내가 죽은 후 하녀를 고용한다. 하녀는 일기에 외모와 행동거지가 우아한 신사에 대해 적는다. 사실 그는 호색한으로, 그녀가 목욕하고 옷을 갈아입는 모습을 훔쳐본다. 이 영화는 대부분 이 신사의 표리부동한 모습을 들춰내는 데 초점을 맞추고 있다. 그런데 맨 마지막 결말에 반전이 있다. 이 신사가 하녀를 훔쳐본다는 기정사실화된 사실은 실제로 오랫동안 적막함 속에 노출되어 있던 하녀가 만들어낸 성에 대한 환상으로 밝혀진다.

소설 속에서 '나'가 들은 장위샤의 비명소리, 울음소리 그리고 계단을 뛰어내려와 초인종을 누르고 울면서 '나'의 품에 쓰러지는 장위샤의 모습은 환상일까 아니면 진실일까? 우리는 이를 알 수 없다. '나'는 장위샤를 위로한 후 경찰에 신고했다. 사흘 후 젊고 잘생긴 경찰이 찾아왔다. 그녀의 집을 찾아온 경찰은 류 선생에 대해 좀 더 자세히 알고 싶어서 왔다고 했다. 그들은 류 선생이 가장 유력한 용의자라고 했다. 왜냐하면 류 선생이 와와를 가장 사랑했기 때문이었다. 계단에서 우연히 마주쳤을 때 그는 와와에게 미소 지었고, 머리를 쓰다듬었고, 사탕을 주었다.

어린이 실종 사건이 자주 발생하던 때는 아무리 아이를 좋아하는 사람도 오해를 살까 봐 아이들에게 감히 가까이 접근조차 못했다. 아이를 너무 좋아해서 학교를 은퇴한 후에도 초등학교에서 아이들과 놀아주고, 공부를 가르쳐준다며 모두들 류 선생님을 좋은 사람이라고 칭찬했다. 그러나 어린이를 유괴한 후 돈을 요구하는 사건이 갈수록 늘어나자 사람들은 그를 의심하기 시작했다. 심지어 이 노인을 소아성애자가 아닐까 하는 의심의 눈초리로 바라보았다. 류 선생은 갑자기 자애로운 아버지에서 소아성애자로 그 이미지가 추락했다.

모든 윤리의 끈은 자신이 만들어낸 허상이다

젊은 경찰은 티 테이블 유리판 밑에 깔려 있던 스청의 사진을 보더니 곧 얼굴이 벌게졌다. 경찰은 스청을 남부의 한 소도시에서 군복무할 때 알게 됐다고 했다. 그때 그는 경찰학교에서 공부를 하고 있었고, 그들은 휴일이면 기차역에서 만나 함께 부근의 해변에 가서 놀았다고 했다.

'나'는 깜짝 놀랐다. 스청이 군복무를 할 때 그녀에게 한 번도 이 경찰과 이렇게 잘 지내고 있노라 이야기한 적이 없기 때문이었다. '나'는 몹시 씁쓸했다. 그리고 그녀의 윤리는 다시 위기를 맞았다.

나는 사실 소설 속 '나'가 안전하다고 여기는 윤리를 야금야금 해체하려고 생각했다. 모든 윤리의 끈은 자신이 만들어낸 허상이다. 사실 윤리는 그 어떤 것을 옭아맬 수 없고, 그 어떤 것하고도 연결 지을 수 없다. 자아가 완성되지 않은 상태에서 모든 윤리의 끈은 허구와 가상에 불과하다.

이 소설의 진짜 주인공은 '나'다. 소설을 읽은 사람들은 류 선생 혹은 장위샤를 주인공이라고 생각했지만 나는 소설을 쓸 때 주인공을 일인칭 '나'로 설정했다. 나는 소설 속 '나'가 천천히 윤리가 와해되는 상황을 맞닥뜨리도록 하고, 이를 사회에 존재하는 현상과 대비시키고 싶었다. '나'는 우리 어머니일 수도, 내 친구일 수도, 아니면 수많은 중년여성일 수도 있었다. 나는 이 소설에서 여성들이 윤리를 평생 짊어지고 지켜나가야 할 책임으로 여길 때 맞닥뜨릴 수 있는 어려움을 그리고 싶었다.

타이완뿐만 아니라 일본에도 비슷한 현상이 있다. 일본의 이

혼율이 가장 높은 연령대는 중년 이후다. 자식들이 장성해서 집을 떠난 후 아내는 자신의 책임과 의무를 다 했다고 느끼며, "나는 더 이상 참고 살 수 없어요"라며 이혼 이야기를 꺼낸다. 그러면 남편은 놀라 까무러칠 것이다. 이런 뉴스 보도는 갈수록 많아지고 있다. 젊은 부부만 이혼할 것이라는 우리의 고정관념과는 사뭇 다르다.

누군가 이것은 대부분의 결혼이 윤리를 완성하기 위해 존재하기 때문이라고 생각한다. 여성들은 윤리를 완성한 후 자아를 찾을 수 있다고 생각하지만, 나는 자아를 충분하게 완성한 후 윤리를 세워야 윤리가 더욱 완벽해질 수 있다고 생각한다.

소설의 대미는 수색영장을 발부받은 경찰이 류 선생의 방 안으로 들어가면서 시작된다. 경찰은 커다란 까만색 궤짝을 발견하고는 궤짝의 뚜껑을 연다. 궤짝 안에는 머리, 손, 발 등 부서지고 고장 난 서양 인형들이 들어 있다. 그는 와와를 유괴하지 않았다. 그는 단지 망가진 서양 인형을 수집했을 뿐이다. 이 궤짝을 여는 장면은 우리에게 아주 기묘한 연상 작용을 일으킨다. 쓰레기 더미를 뒤지다 보면 인형의 찢어진 몸을 발견할 수 있다. 예를 들어 멀쩡한 서양 인형은 사랑을 받지만 부서지고 망가지면(우리는 거의 신경을 쓰지 않지만) 아이들은 이 장난감에 폭력을 휘두른다. 나는 아이들이 서양 인형을 가지고 놀 때, 인형의 팔을 뽑거나 머리를 뽑는 모습을 보았다. 이렇게 잔인하게 절단된 인형의 사지는 인간과 인간 사이의 관계에 대한 연상 작용을 일으킨다.

결말에서 나는 명확한 답안을 제시하지 않았다. 이 장면 자체가 묵직한 슬픔을 하소연하고 있다. 마치 더는 그 어떤 것과 조합할 수 없는 형태 같다.

《성경》 속에도 갓난아이들을 학살한 이야기가 있다. 예수가 탄생했을 때, 사람들이 아기 예수를 두고 '왕의 왕^{The King of Kings}'이 탄생했다며 경배했다. 두려워진 왕은 그해 출생한 갓난아이를 모두 죽이라는 명령을 내렸다. 우리는 갓난아이 시체 곁에서 목놓아 우는 어머니와 칼을 잡고 갓난아이를 살해하는 군인들의 모습을 그린 서양의 회화작품을 볼 수 있다. 내 생각에 이는 일종의 잠재의식이다. 갓난아기를 살해하는 것은 가장 참기 어려운 폭력으로, '무고한 도살'이라고 할 수 있다. 갓난아이는 죄가 없다. 태어나기만 했을 뿐, 아무 짓도 하지 않았는데 살해당했다.

나는 나무 궤짝을 가득 채운 부서진 서양 인형들을 묘사하면서 이러한 잠재의식을 불러 일으키고, 생명 본능에 대한 두려움을 유발시키고 싶었다. 여기서 한 걸음 더 나아가 타이완 사회에서 윤리와 뒤얽혀 해결하지 못한 안건을 토론하고, 그것을 통해 고정된 윤리 형태에 부딪쳐 보고 싶었다. 소위 '고정'이란 불변한 것이다. 고정불변한 윤리는 그 무엇보다 위험하다.

이집트의 '혈통 내 결혼'이 고정불변의 윤리였을 때 가족이나 혈연과 통혼하지 않는 사람은 근친상간 하는 것으로 여겨졌다. 우리가 이 시대에 고수하고 있는 윤리가 또 다른 시대에는 근친상간으로 규정될지도 모를 일이다. 인류의 새로운 윤리는 어떤 상황을 맞이하게 될 것인가?

좀더 쉬운 해답을 찾아보자. 청나라 때 일부다처제는 모두 공감하고 또한 마음에 들어 하는 사회 윤리였다. 당시에는 사회적 지위가 높고 경제적으로 부유한 사람일수록 많은 첩을 얻었고, 이는 특별한 일이 아니었다. 그러나 현재의 결혼 윤리는 다르다. 동시대를 살아가는 타이완과 아랍의 결혼 윤리도 서로 다르다.

나는 윤리 자체는 유연성이 있다고 믿는다. 어떻게 윤리를 지켜나갈 것인가 혹은 빠르게 변화하는 시대 속에서 윤리의 유연성을 어떻게 유지할 수 있을까가 두 가지 난제다. 윤리의 사유에 있어 절대적인 한 개체로서 0.1퍼센트 혹은 0.01퍼센트의 개인으로 돌아와 개체가 완성되면 윤리는 비로소 틀이 만들어진다.

서양에서 윤리는 르네상스 이후 전복을 한 번 겪고 나서 '개인'으로 회귀했다. 물론 서양 사람들의 개인에 대한 관념은 동양보다 앞선 면이 있다. 그리스 시대 개인은 모든 일의 주요한 근원이었다. 개인을 윤리의 주체로 삼아 부부관계, 친자관계를 발전시켰으며, 개인을 제약하거나 무시하는 존재로 인식하지 않고 서로 협력하고 존중하는 존재로 인식했다.

중국인들이 유럽이나 미국으로 이민을 가서 만나는 첫 번째 어려움이 바로 윤리의 어려움이다. 미국으로 이민을 간 여동생이 내게 하소연했다. 여동생이 일곱 살 된 아들에게 "말을 안 들으면 때려줄 거야"라고 하자 아이는 냉큼 뛰어가더니 사회국에 전화를 했다. 그러자 사회국 직원이 집을 방문해 그녀에게 가정폭력을 행사했는지 질문했다. 여동생은 이해할 수 없었다. 여동생은 "나는 이 아이 엄마예요. 나는 아들을 끔찍하게 사랑해요"라고 말했다. 여동생은 완전히 동양적인 윤리의 각도에서 이 사건을 바라본 것이다.

우리에게 있어서 나타가 아버지에게 자신의 살을 잘라주고 어머니에게 자신의 뼈를 돌려준 것은 부모가 자식을 때리는 것은 우리 몸이 우리가 부모에게서 받은 원죄이기 때문에 당연한 일이다. 그러나 서양 사람들은 그렇게 생각하지 않는다. 그들은 아이들을 부모에게 속해 있는 존재가 아니라, 국가에서 보호해야 하는 시민으로 여긴다. 그렇기 때문에 설사 아버지, 어머니라도 자식들에게 상해를 입힐 수 없다.

현재 타이완 사회국도 미국 사회국과 마찬가지로 어린아이들이 가정폭력의 위협을 받지 않도록 보호하고 있다. 그러나 우리는 가정사에 대해 여전히 '이런 건 집안일'이라는 생각이 지배적이다. 그래서 가정 안에서 벌어지는 일은 당사자들끼리 개인적으로 해결해야 한다고 생각한다. 이같이 가정 윤리는 사적인 것이다. 그래서 우리는 대중이 토론할 일이 아니라고 생각한다.

윤리 구조에서 "아버지는 자식을 위해 숨겨주고, 자식은 아버지를 위해 숨겨준다"라는 말에는 숨겨진 문제점이 많다. 때로 딸이 아버지에게 성폭행을 당하기도 한다. 어머니는 이 일을 분명히 알고 있으면서도 입 밖으로 꺼내지 않는다. 어머니는 이를 집안 망신이라고 생각한다. 집안의 수치는 집 밖으로 소문을 낼 수 없다. 그녀는 자식을 독립된 개체, 시민의 개념으로 여기지 않는다. 따라서 사실을 은폐할 수도 있고, 사리사욕에 눈이 멀어 불법 행위를 하는 상황이 벌어진다.

타이완에는 이런 현상이 아직도 존재한다. 이 역시 두 가지 난제다. 나는 우리가 반드시 서양의 법치관을 배워야 한다고 결론을 내리지도 않았고, 또 전통적인 윤리 도덕을 준수해야 한다고도 말하지 않았다. 우리가 사고해야 할 것은 이 두 가지 난제 속에서 어떻게 이러한 일이 다시 발생하지 않도록 하는가이다.

아버지로서 아버지의 신분을 버리면 한 남자가 되고, 어머니로서 어머니의 신분을 제거하면 한 여자가 된다. 고대 이집트에서 '혈연 내 결혼'의 문화 유전자는 오늘날에 이르러서도 여전히 영향력을 미친다. 따라서 아버지와 딸 사이의 애매한 관계가 아직도 발생하고 있다. 이를 패도라고만 바라본다거나 논하지 말아야 할 것으로만 여겨서는 안 된다. 이런 사건들이 계속 발생하는 까닭은 인간 됨됨이에 문제가 있기 때문이다. 인간이 도덕적인 어려움에 처해 있을 때 비로소 도덕을 굳세게 지켜내는 일과 도덕이 의미 있게 된다.

만약 도덕을 지키는 것이 쉬운 일이라면 도덕은 의미가 없다. 내 말은 아버지가 된 사람은 반드시 본능을 이기고 욕망을 끊어 내야 평상심을 얻을 수 있고, 딸에 대한 폭력도 발생하지 않는다. 우리는 진퇴양난의 난제에 처해 있을 때 깊이 사유할 수 있다. 사유는 개인을 건강하고 성숙하게 만드는 데 도움이 된다.

개인적인 측면에서 윤리는 바로 분류와 이미 정해진 가치를 조정하는 문제다. 따라서 근친상간이라는 이 글자를 분류로 대처해서 사용할 수 있지 않을까? 더 이상 근친상간이라는 단어를 사용하지 말자. 왜냐하면 이 어휘에는 강렬한 도덕적인 비판 의식이 담겨 있기 때문이다. 도덕의 윤리를 새로이 분류하자 혹은 새로운 조정하자는 이야기는 사유의 언어로 변할 것이다. 이는 고대 이집트뿐만 아니라 중화세계에도 필요한 새로운 분류로서 맡은 역할을 정하고, 아울러 모든 배역이 서로 상호작용하고 호환할 수 있는 기회를 주는, 유연한 윤리다.

회사의 중간책임자였던 친구가 내게 자기 아내가 딸을 너무 엄격하게 다룬다고 했다. 그는 자식이라고는 딸아이 하나여서 딸을 끔찍이 아끼고 사랑했다. 그는 언제나 딸에게 가장 좋은 것을 주고자 했지만, 그의 아내는 딸을 대하는 데 원칙이 있어야 하고 좀 더 엄하게 교육을 시켜야 한다고 했다.

윤리는 사회적인 조건, 경제적인 조건과 모두 관련 있다. 윤리는 주관에 의해 결정되는 것이 아니라 수많은 객관적인 조건에 의해 분석하고 가장 합리적인 상황을 얻어내는 것이다. 객관적인 분석을 거치지 않았다면 윤리는 단순히 보수적인 개념에 불과하기 때문에 다음 세대로 유전될 때 모두 윤리로 인해 상처를 입게 될 것이다.

폭력으로써의 윤리

감히 인정할 수 없지만 윤리는 때로 너무 명확하게 폭력적이다. 나는 윤리는 사랑이라고 생각하지만, 내가 폭력의 고독 속에 던져놓고 온 문제, '어머니의 사랑은 폭력일까?' 같은 문제는 곱씹어볼 필요가 있다. 만약 선생님이 작문 숙제로 '어머니의 사랑에 대해'라는 제목을 내주었다면, 어머니의 사랑을 두고 이는 일종의 폭력이라고 쓰는 사람은 없을 것이다. 만약 0.1퍼센트의 사람이 어머니의 사랑이 폭력이라고 썼다면, 이 문제는 주목할 만한 가치가 충분하다.

옷 가게에서 어머니와 딸을 우연히 만났다. 어머니는 딸이 산 옷이 모두 흉하다면서 딸을 나무라고 있었다. 옷가게 점원들이 두 사람 사이를 부드럽게 만들어보려고 한마디씩 거들었다. 그러자 어머니는 뜬금없이 "그러니까 얘는 아직까지 결혼을 안 했다니까"라고 말했다. 가게 안에 있던 그 누구도 더 이상 아무 말도 할 수 없었다. 이 어머니는 사랑이라는 미명 아래 어떤 이야기도 다 할 수 있다고 생각하는데, 이것은 폭력이 아닐까?

나는 이 어머니와는 이야기를 나누고 싶진 않지만, 잠자코 있는 딸과는 이야기를 하고 싶었다. "왜 아무 말도 안 하고 있어요? 당신의 자아는 대체 어디로 간 거예요? 당신이 지키고 있는 윤리는 대체 무엇인가요?"

1999년 내가 〈구조대원의 마지막 여름〉이라는 소설을 쓸 때 타이완 사회에서는 윤리의 진상에 대해 폭로할 기회가 많아지고 있었다. 소설 속 주인공에게 발생한 일은 우리 주변에서도 얼마든지 발생할 수 있는 일이다. 주인공 밍은 대학생이다. 그의 아버지와 어머니는 별거하고 있다. 밍의 부모님은 대학 때 만난, 지성을 갖춘 사람들이다. 그래서 말다툼 한 번 하지 않았다. 이들이 결혼해서 아들은 낳은 까닭은 대를 이어 내려온 윤리 규칙을 준수하기 위함이었지 사랑이나 혹은 그 무엇 때문이 아니었다.

밍의 아버지가 찰리와 네덜란드에 가서 결혼하기로 결정 내렸을 때, 그는 커피숍에서 앉아 아내와 이야기를 나눴다. 그와 아내는 모두 한 인간이라는 개개인의 신분으로 되돌아갔다. 두 사람은 가정 윤리라는 허상에 구멍을 냈는데, 마치 풍선에서 바람이 새어 나오는 것 같았다. 나는 이것을 빈틈이라고 생각했다. 윤리적인 빈틈은 종종 윤리의 새로운 시작점이다.

윤리의 해피엔딩, 즉 대단원을 갈망하는 사람은 윤리에 빈틈이 나도록 가만있지 않을 것이다. 전통극은 대부분 대단원으로 끝을 맺는데, 이 대단원은 우리에게 감동을 선사한다. 우리는 때로 극이 해피엔딩으로 마무리되도록 갈망하는 자신의 모습을 발견할 수 있다.

《사랑탐모四郎探母》라는 극에서는 어떻게 대미의 대단원이 가능했을까? 전쟁을 치르는 두 나라가 있다. 전쟁에서 패한 후 양사랑楊四郎은 적국의 포로가 됐다. 그는 자신에게 노모와 아내가 있음도, 그리고 자신이 총사령관이라는 사실을 숨긴다. 그런데 번番나라 공주가 그의 무예 실력에 반했다. 두 사람은 결혼해 15년을 함께 보내며 아들을 낳는다. 두 사람은 서로를 은애했다. 이것도 진퇴양난의 두 가지 난제다. 한쪽은 어머니, 즉 선을 행함에 있어 으뜸인 효이고, 또 다른 한쪽은 아내다. 아내는 그의 아버지를 죽이고 그에게서 집과 가정을 모두 빼앗아버린 원수의 집안이지만 그는 아내를 사랑했다. 사랑은 과연 누구를 취하고 누구를 버려야 할 것인가?

나중에 사랑의 어머니 사佘씨가 친히 병력을 이끌고 국경으로 접근해왔다. 어머니를 만나러 가기 전 사랑은 번나라 공주에게 모든 사실을 솔직하게 고백했다. 번나라 공주는 남편이 자신의 가문과 원수임을 알게 됐다. 그녀는 태후蕭太后에게 이를 알려 그를 참수시키겠노라 위협한다. 그러나 이렇게 말하고 나자마자 그녀는 울음을 터뜨린다. 사랑은 그래도 그녀의 남편이었다. 얽히고설킨 윤리관계는 또 다시 진퇴양난의 곤란한 지경에 빠진다. 번나라 공주는 결국 몰래 남편과 그의 어머니의 상봉을 돕는다. 번나라 공주에게 있어서 이는 대모험이었다. 왜냐하면 양사랑이 돌아오지 않을 수도 있었기 때문이다.

양사랑은 어머니 앞에 무릎 꿇고 앉아 흐느끼며 자신이 15년 동안이나 효를 다하지 못했노라고 참회했다. 그러나 그는 어머니를 만나고 황급히 돌아가야 했다. 그러자 어머니 사씨가 그를 나무랐다.

"너는 세상에서 그 무엇보다 충효가 중요하다는 것을 모르느냐? 이를 알면서 너는 그래도 멀리 떠나겠느냐?"

양사랑은 울면서 "제가 어찌 그것을 모르겠습니까? 그러나 만약 제가 돌아가지 않으면 공주가 참수형을 당합니다. 왜냐하면 공주는 포로를 풀어주었기 때문입니다" 하고 말했다.

여기에서 우리는 매우 훌륭한 윤리의 진퇴양난을 볼 수 있으나, 맨 마지막에 대미가 대단원으로 변하는 것은 알다가도 모를 일이다. 이런 상황에서 어떻게 대단원이 가능하단 말인가! 양사랑에게는 본처가 있다는 사실을 잊지 마시길. 본처는 이때 그에게 따귀를 날리는데 그는 또 다른 윤리에 뒤엉킨다.

아름답고 추한 윤리의 모든 얼굴

《사랑탐모》는 어째서 대단원으로 막을 내릴까? 해피엔딩은 깊이 탐구할 필요가 없는 결말이기 때문이다. 그러나 철학적 사유를 하는 사람이라면, 그는 이러한 윤리 도덕에서의 진퇴양난을 역사의 가장 진실한 교훈이 되도록 할 것이다.

장아이링은《설평귀와 왕보천薛平貴與王寶釧》을 보고 대단원의 결말에 동의하지 않는다고 했다. 왕보천은 18년 동안 시안西安의 작은 토굴집, 일명 한야오寒窯에서 지내며 들에 나가 나물을 캐먹으며 생계를 유지했다. 그러는 동안 설평귀는 타지에서 대전代戰 공주를 아내로 맞았다. 다시 시안으로 돌아온 설평귀는 아내가 아직도 자신을 기억하고 있는지, 아직도 그를 사랑하는 마음이 있는지 먼저 탐색해본다. 18년간의 이별로 이미 상대방이 누구인지조차 알아볼 수 없을 정도로 모든 것을 변했다. 설평귀는 먼저 왕보천을 희롱하고자 하나 토굴집에서 사람들과 왕래도 하지 않고 고통스럽게 자신을 기다리고 있다는 사실을 알게 된다. 사실이 밝혀지고 대전 공주가 나타나 왕보천에게 "당신이 조강지처이고 제가 작은댁입니다"라고 말한다. 두 사람이 함께 설평귀를 섬긴다는 것이 대단원이다. 장아이링은 소설 속 이런 대미의 대단원이 더 무섭다고 했다. "아름답고 능력 있고 병권을 쥐고 있는 공주를 연적으로 만난다면 당신은 며칠이나 더 살 수 있겠는가"라고 소설에 썼다.

여러분은 대단원을 갈망하는가, 아니면 보기에도 불편한 것이 폭로되기를 갈망하는가?

유교의 대단원은 종종 '불편한 것'은 존재하지 않는다고 가장한다. 마치 설날에 '죽음'이라는 단어를 입 밖에도 꺼내지 않아야 하거나, 아파트에 4층이 없는 것과 같다. 죽음은 윤리에 있어 중요한 명제이기에 존재하지 않는 것은 불가능하다. 우리는 그냥 '위장'을 통해 이를 회피한다. 공자가 "아직 삶이 무엇인지도 모르면서 어찌 죽음을 알겠느냐"라고 이야기한 것이나, 혹은 우리가 평소에 죽음을 연상하는 '사死'라는 글자로 인해 '사四'라고 직접 말하지 않고 '3에 하나를 더한'이라고 말하는 것처럼 우리는 교묘하게 죽음을 피해 간다. 이때 윤리는 어떤 진상을 폭로할 수 있지 않을까? 우리는 어둡고 혼란한 상황을 감추고 태평한 것으로 꾸며내는 것을 오직 대단원의 결말로 보아야 할 것인가? 아니면 눈물을 참으며 고통의 참모습을 보아야 하는가? 이것도 진퇴양난의 난제다.

수천 년 동안 해피엔딩으로 끝난 대단원 문화는 확실하게 우리에게 감동을 주며 또한 우리에게 해피엔딩의 목마름이 생기도록 한다. 그러나 윤리는 언제나 그렇게 아름다운 것이 아니다. 윤리의 유감스러운 부분이나 윤리로 인해 고독한 사람을 우리는 어떻게 바라보아야 할 것인가?

우리와 가장 친밀한 사람과 포옹을 하더라도 우리는 고독하다. 이 순간 우리는 윤리의 본질이 고독임을 깨닫는다. 왜냐하면 촘촘한 인간관계 네트워크도 인간과 인간 사이를 하나로 합칠 수 없기 때문이다. 플라톤의 말처럼 인간은 둘로 쪼개져 있는 운명이기에 나머지 반을 찾아야 한다. 그러나 우리는 나머지 반을 언제나 잘못 찾는다. 대단원의 문화에 도취된 우리는 이미 또 다른 반쪽을 찾았다고 생각한다. 그러나 정신이 맑게 깨어 있다면 우리는 개인의 고독이 타자에 의해 대체될 수 없음을 깨닫게 된다. 그러나 이것을 사랑이 없다고 오해하지 마시길. 우리 각자가 더 독립적인 상황에서 우리의 사랑은 비로소 성숙되지만, 여기에 취하거나 의지하지 않을 것이다. 성숙한 사랑은 기대는 것이지 전적으로 상대에게 의지하는 것이 아니다. 기댄다는 의미는 우리가 피곤할 때 잠깐 거기에 기대 쉴 수 있다는 뜻이다. 그러나 의지한다는 의미는 그냥 거기에 주저앉아 더 이상 전진하지 않는 것이다.

우리는 항상 윤리를 의지할 수 있는 것으로 여긴다. 자녀는 부모에 대해, 부모는 자녀에 대해 모두 그렇다. 중국에서 외동아들 외동딸이 부모, 친할머니, 친할아버지, 외할아버지, 외할머니의 사랑을 한몸에 받는 것을 보고 누구는 이 아이가 아주 행복하다고 여기겠지만, 나는 오히려 두렵다. 뒤집어서 말하면 이 아이가 성장한 후 부모부터 외할머니까지 모두 이 아이에게 의지하게 될 것이고, 그렇게 되면 이 아이의 짐이 얼마나 무겁겠는가!

건전한 개인으로부터 출발한다면 기대는 것이 의지하는 것으로 변하지 않을 것이다. 기대는 것도 으레 그런 일상적인 것으로 변하지 않을 것이다. 독립할 수 있다면, 부모에 대해, 자녀에 대해, 사랑하는 이에 대해, 친구에 대해 지음을 만난 희열을 느낄 수 있기 때문이다. 이는 맹목적인 도취가 아니다. 이렇게 된다면 여기에서부터 만들어진 윤리는 더욱 건전하게 될 것이다.

내 마음속 서랍을 열어라

윤리의 고독은 사회에서 가장 걷기 어려운 길이며, 가장 어렵게 관찰된다. 윤리의 고독 자체가 사랑을 은폐하기 때문이다. 사랑은 항거할 수 없다. 우리는 증오와 미움에는 대항할 수 있지만 사랑에는 저항하기가 어렵다. 그러나 건강한 고독은 부당한 사랑에 항거해야 한다. 부당한 사랑을 이성적으로 분류해야 고독의 공간이 생긴다.

고독의 공간은 단순한 실질적인 공간뿐 아니라 마음과 영혼의 공간을 포함한다. 설사 가장 친한 사람을 마주하고 있어도 우리는 고독의 은밀한 부분을, 마음 속 근심걱정을 자신만이 알고 있다. 부부일지라도, 부모와 자녀일지라도 마찬가지다.《왜냐하면 고독하기 때문에》속의 중년 여성 '나'가 아들 스청이 자기와 친하게 지내는 경찰이 있다는 둥 그 경찰과 서로 즐거운 시간을 보냈다는 둥 하는 이야기를 아들로부터 듣지 못해 심기가 불편한 것처럼 말이다. 그러나 아들에게 있어서 이는 그의 삶에서 중요하고 아름다운 시간이었다. 그는 이 사건을 자신의 영혼의 서랍에 넣어둔 채 이를 열지 않을 수도 있다.

서양 심리학에선 마음 속 서랍의 문을 모두 열면 마음과 영혼이 열릴 것이라고 하지만 나는 몇 개의 서랍은 열 필요 없이 가지고 있어야 한다고 생각한다. 내가 창작을 할 때 다른 사람이 끼어들기를 원치 않는 것처럼 말이다. 이렇게 해야만 창작의 완전성을 기할 수 있고, 즐거움도 얻을 수 있다. 나는 다른 사람들이 절대로 열지 않을 서랍을 존중한다. 다른 사람이 열지 않는 서랍에만 관심을 갖는 사람은 분명 자아가 불완전한 사람이며, 관음을 통해서만 만족을 얻는 불만이 많은 사람이다.

이러한 관음 증세를 줄이고 고개를 돌려 자신을 완성해야 된다. 그러나 최근 몇 해 동안 주요 뉴스를 보면 사람들은 한결같이 다른 사람들의 서랍을 열고 싶어 하지 자신의 서랍을 열고 싶어 하지는 않는다. 이런 일에 지치지 않고 몰두하고 있는 상황이 위태로워 보인다.

새해를 며칠 앞두고 나는 내가 열지 않은 서랍이 얼마나 있는지, 서랍 안에 무엇이 있는지 생각했다. 다른 사람들이 "자기 서랍만 들여다보고 있을 정도로, 아니 그렇게 고독해요?"라고 묻는다면 나는 이렇게 대답할 것이다. "그래요. 그런데 이런 고독은 훌륭해요. 나는 내 서랍을 응시하고 있어요. 서랍이 아주 잘 정리되어 있거나 아니면 어지럽기 짝이 없거나 어쨌든 내가 직면해야 할 문제죠."

정직하고 완벽하고 즐길 줄 아는 사람은 타인의 사생활에 의지해 자신을 풍부하게 만들 필요 없이 스스로 삶이 풍부해진다.

깨진 조각을 다시 맞춰 자아를 되찾다

윤리에 대한 사유가 없으면 쉽게 타락한다. 왜냐하면 습관이 되면 그러려니 하게 되기 때문이다. 예를 들어, 시어머니와 며느리의 관계는 질질 짜는 장면을 연상시킨다. 그러나 요즘 고부간의 관계에는 여러 가지 면이 있다. 만약 여러분이 전통적이고 고정된 윤리 안에 너무 오랫동안 있었다고 느끼지만 생각은 아직 전통윤리의 제약을 받지 않는다고 생각한다면 나는 여러분에게 페드로 알모도바르와 피에르 파오르 파솔리니의 영화를 추천한다. 두 감독의 영화를 감상하고 자신을 잘 정돈해볼 기회를 가졌으면 하는 바람에서 추천하는 것이지만, 아마도 "어째서 이런 영화를 보라고 한 거야?" 하고 욕을 먹기 십상일 것 같다.

1976년 파솔리니의 영화를 감상할 때, 나도 욕하면서 영화를 봤다. 나는 어떻게 이 정도까지 예술을 가지고 장난을 쳤는지 욕을 하면서 보았다. 특히 파솔리니의 영화 중 〈메데아〉Medea, 〈십일야화〉The Decameron, 〈살로소돔의 120일〉Salo O Le 120 Giornate di Sodoma을 볼 때는 정말 오싹했다. 이 영화를 통해 우리는 미학에 반하는 것을 감상할 수 있는데, 내 기억이 맞다면 영화의 첫 장면을 보고 수많은 사람이 토악질을 했다. 스페인 감독 알모도바르의 〈내 어머니의 모든 것^{All about My Mother}〉은 완전히 윤리에 반하는 내용이다. 그러나 이 영화에는 깜짝 놀랄 만한 사랑이 나온다. 주인공은 장애인, 에이즈 환자, 그리고 창녀에게서 진실한 사랑을 발견하는데, 이는 우리가 알고 있는 윤리와 판이하게 다르다.

나는 알모도바르와 파솔리니의 영화 속에서 갈가리 찢기고 분해됐다. 그런 후 다시 유교 문화 속으로 돌아와 재정비됐다. 만약 이런 사분오열의 과정이 없었다면 나는 '아버지는 아들을 위해 숨겨주고 아들은 아버지를 위해 숨겨주는' 위험에 빠져버렸을 것이다. 어떤 교육이든 우리의 사유를 철저히 부술 수 없다면 이는 역량이 부족한 탓이다. 한 장의 그림, 한 곡의 음악, 한 편의 영화, 한 권의 문학작품 앞에서 철저하게 깨지고 부서진 후 다시 자신의 신앙으로 되돌아와 재정비해야 한다. 만약 우리가 원래의 신앙으로 되돌아와 재정비할 수 없다면 이 신앙은 믿을 가치가 없는 신앙이며, 가져다 버려도 시원치 않을 신앙이다.

모두가 파쇄된 조각을 다시 맞추는 과정을 거쳐 자신의 윤리의 고독을 되찾기를 희망한다.